Guérir par l'Amour

TITRE ORIGINAL AMERICAIN :

HEALING WITH LOVE
A Breakthrought Mind/Body medical program
for Healing Yourself and Others

Nouvelle édition française :

Novembre 2011
ISSN : 979-10-90984
ISBN : 979-10-90984-00-4

LES EDITIONS VALENTINE
122, avenue Ernest Renan - 94120 Fontenay-sous-Bois
g.dulier@wanadoo.fr

Edition originale américaine :

First published by Harper San Francisco (U.S.A.)

1re édition française :
Editions Dangles
traduit de l'anglais par Gilles Chertier - 1996

Guérir par l'Amour

Dr Leonard Laskow

A cet esprit en nous
qui a le désir d'incarner l'amour infini,
de rendre l'infini fini et le fini infini.

Remerciements

Ma plus profonde reconnaissance à mon cher ami Georges Nerfin et à sa charmante épouse Leida pour leur indéfectible support, contribution et amour. Leurs efforts ont permis de réaliser cette édition.

Un merci spécial à Marie-Claire Barsotti et Victoria Vicente pour leur infatigable et remarquable soutien pour les séminaires, traduction et leur amour.

J'apprécie grandement la participation de Ghislaine & Jean-Marie Ballester pour toute leur compétence et la présentation graphique de cette édition, ainsi que leur efficace assistance lors de séminaires.

Je suis profondément reconnaissant à ma chère épouse Sama pour son merveilleux amour, soutien et dévouement.

Enfin je tiens aussi à remercier avec la plus grande gratitude mes patients et les participants aux séminaires d'avoir partagé leur vie avec moi. Leurs expériences ont pu contribuer à la réalisation de cet ouvrage.

Dr Leonard Laskow, 2011

Avant propos

Guérir par l'Amour contient des informations et des instructions relatives à un programme que j'appelle la *guérison holoénergétique**. Il s'adresse à tous les lecteurs qui s'intéressent à l'autoguérison, car j'ai rédigé cet ouvrage de sorte que même les lecteurs qui n'ont pas de notion de médecine puissent le lire avec plaisir.

Cependant, étant médecin de formation, j'ai fait appel à mon expérience de formateur d'autres médecins pour mettre à la disposition des professionnels de la santé les connaissances nécessaires à l'intégration de ce programme dans leur pratique. Avant d'essayer d'appliquer ce programme, je vous engage vivement à lire ce livre en entier. Il vous sera en effet beaucoup plus facile de pratiquer la guérison holoénergétique si vous avez une vision d'ensemble claire de ses aspects scientifiques et intuitifs. La méthode, décrite pas à pas, a pour propos de servir à la fois de guide de l'autoguérison et de modèle.

Le contenu de ce livre repose sur des preuves scientifiques et sur ma propre expérience clinique, mais vous remarquerez également que la guérison holoénergétique fait aussi largement appel à l'intuition. Les outils permettant d'accéder à l'intuition et de vérifier l'information acquise de cette manière sont décrits dans cet ouvrage.

J'ai constaté qu'il était très utile de recourir à une sorte de *guide intérieur,* à un auxiliaire imaginaire. Un peu à la manière d'un ami cher né à l'étranger à qui vous rendez visite pour la première fois, votre guide intérieur répondra aux questions que vous vous posez au fur et à mesure de votre exploration. La méthode à utiliser pour entrer en contact avec votre guide intérieur figure dans les annexes : *Ressources.* Si vous savez déjà comment procéder, vous vous rendrez compte que ce guide intérieur vous apportera une aide inestimable pour explorer le processus de guérison holoénergétique.

N. B. : **le contenu de ce livre n'a pas pour propos de remplacer des soins médicaux.** Dans bien des maladies, le processus de guérison suppose un effort collectif impliquant des médecins et d'autres professionnels de la santé, la famille du patient, l'entière participation de celui-ci et, bien entendu, la Nature. La plupart du temps, lorsque nous faisons des choix concernant notre santé, il importe de prendre toutes ces ressources en considération.

* Le terme Holoénergétique ™ est une marque déposée de Leonard Laskow, M.D.

La prière des soignants

Seigneur,
Fais de moi l'instrument de ta santé
que j'apporte au malade
la guérison ;
au blessé
le secours ;
à celui qui souffre
le soulagement ;
à celui qui est triste
la consolation ;
à celui qui désespère
l'espoir ;
à celui qui meurt
l'acceptation et la paix.

Permets que je ne cherche pas tant
à avoir raison
qu'à consoler ;
à être obéi
qu'à comprendre ;
à être honoré
qu'à aimer…
car c'est en se donnant
qu'on guérit ;
c'est en écoutant
qu'on console,
et en mourant
qu'on naît à la vie éternelle.

Prière de saint François, adaptée par Charles E. Wise.
Cette prière figure au début du livre d'Elisabeth Kübler-Ross :
La Mort, dernière étape de la croissance (Le Rocher, Paris, 1985).

Introduction à la thérapie holoénergétique

1. Guérison et amour

Mes années de pratique thérapeutique en tant que médecin m'ont démontré que la guérison se produit naturellement et l'amour facilite la guérison.

Pour faciliter notre guérison, nous pouvons faire appel à la pensée, au cœur et aux dimensions supérieures de la conscience. Dans les chapitres qui suivent, nous allons découvrir comment nous pouvons nous rendre maîtres de nos énergies et les amplifier pour arriver à une transformation qui débouche sur une meilleure santé et un sentiment de plénitude, qu'il s'agisse de nous-mêmes ou des autres.

Avec vingt-cinq ans de carrière en tant que médecin, je pense avoir une bonne connaissance de la façon de traiter la maladie efficacement. Il m'est cependant apparu que le médecin ne fait que traiter et qu'en fait c'est la Nature qui guérit.
Ce que j'entends par là, c'est que la vie incite naturellement à guérir par ses propres moyens, à recouvrer l'intégrité de son être. Dans chacune de mes interventions chirurgicales, je dépendais en fait de la volonté de guérison du patient lui-même. En l'absence de cette pulsion naturelle, même le médecin le plus qualifié et le plus doué restait impuissant face à la maladie.

J'ai fini par m'intéresser à ce que faisaient les guérisseurs pour aider les gens à mieux se porter à une époque où il n'y avait encore ni chirurgie, ni antibiotiques. De quels outils disposaient-ils et quelle était leur attitude face à la maladie et à la guérison ? Les réponses variaient d'une culture à l'autre, mais il se dégageait une constante, à savoir la présence d'une personne qui *facilitait le processus naturel de la guérison,* concentrait son attention sur le patient et l'encourageait à guérir.
Autrement dit, l'ingrédient actif n'était pas la chirurgie, les antibiotiques

ni aucune autre méthode mécanique. Il s'agissait en fait d'**amour,** c'est-à-dire de quelque chose qui menait à une unité, une réunification, un tout. Dans les sociétés primitives, cet amour pouvait se manifester sous la forme de danses, de prières ou de chants offerts par la famille, les amis et la communauté du patient. Du temps de nos grands-parents, il s'agissait plutôt de vœux de prompt rétablissement de la part de la famille et des amis, ainsi que du réconfort apporté par le médecin de famille qui visitait ses patients à leur domicile.

Des recherches médicales récentes ont montré l'existence certaine d'un lien entre les aspects intangibles du processus de la guérison – comme les attentions prodiguées au patient alité, l'amour qui lui est témoigné – et les aspects tangibles, mesurables, comme la réduction de l'infection, la guérison plus rapide des tissus atteints et l'augmentation de l'énergie du patient. Ceux qui ont des proches et des amis pour les soutenir et les encourager montrent un taux de guérison supérieur aux patients qui sont seuls au monde.

Piqué par l'idée que je devais pouvoir orienter mon savoir-faire de façon à obtenir des résultats prévisibles, positifs, mais aussi qu'il doit être possible de répéter ce processus à l'infini, j'ai entamé des recherches sur les pratiques des guérisseurs. Bien que plutôt hésitant et sceptique au début, j'ai rapidement constaté des résultats médicalement incompréhensibles, mais dont on ne pouvait nier la réalité, aussi surprenante qu'elle fût.

Pour poursuivre mes investigations, il m'a alors fallu faire un choix conscient : il s'agissait désormais d'avoir confiance en mon expérience – malgré ses limitations – et de me consacrer à la recherche de ce qui me semblait vrai. J'ai donc dû mettre momentanément de côté tout ce qu'on m'avait enseigné. Ce faisant, je me suis rappelé que la plupart des plus grandes découvertes dans l'histoire de l'humanité étaient le fait de gens qui avaient osé, ne fût-ce qu'à titre temporaire, faire abstraction de ce qu'ils pensaient vrai et irréfutable. Après tout, ne croyait-on pas, il n'y a pas si longtemps, que la Terre était plate ?

Voici donc ce que je viens partager avec vous : les expériences, les principes, les méthodes et les procédés dont j'ai constaté la pertinence et l'efficacité. Je ne présente pas tout cela dans l'esprit d'un scientifique insistant sur l'irréfutabilité des données, mais en tant que *praticien* pour qui la vérité se mesure à l'aune des résultats.

Ce que j'ai découvert et que je présente dans ce livre, c'est un nouveau modèle que j'appelle la **thérapie holoénergétique,** *holo* signifiant globale en ce sens qu'elle fait appel à l'énergie de la « globalité », à la synergie de tout un ensemble de facteurs, supérieur à la somme des parties. Ce modèle repose sur l'élargissement du champ de la conscience, sur l'amour et sur le pouvoir que confère le choix conscient du changement. Les principes directeurs de ce processus sont :

– Le **savoir,** qui nous permet de trouver ce que nous voulons et de le mettre en lumière.
– L'**amour,** qui nous relie à ce que nous désirons.
– La **volonté,** qui nous permet d'agir en fonction de ce que nous désirons.
– Et enfin l'**âme,** qui guide notre connaissance, notre amour et notre volonté.

La thérapie holoénergétique fait appel à l'énergie, au désir, à l'imagerie et à la perspicacité. Elle permet de s'adresser aux dimensions physiques, émotionnelles, mentales et spirituelles de la vie humaine. Ce système ouvert, outre qu'il fonctionne avec efficacité et élégance, permet d'obtenir un maximum de changements avec un minimum de dépense d'énergie. Il peut être appliqué à soi-même ou intégré à pratiquement n'importe quelle autre thérapie, qu'il s'agisse d'allopathie, d'homéopathie, d'acupuncture, de chiropraxie, de psychothérapie, de soins infirmiers, esthétiques, dentaires, mais aussi aux thérapies liées à l'activité professionnelle ou autres, qu'il m'a été donné d'appliquer. Tous les professionnels de la santé pourraient avoir accès aux techniques et aux méthodes holoénergétiques, celles-ci pouvant être enseignées dans les établissements de formation. Certains seront plus enclins à faire appel aux thérapies holoénergétiques, tandis que d'autres se dirigeront plus spontanément vers la psychiatrie, la chirurgie et ainsi de suite. Néanmoins, tous les professionnels de la santé sont capables d'apprendre les techniques et méthodes holoénergétiques.

La plupart des gens qui travaillent dans le domaine de la santé ont une fibre humaniste à l'origine de leur choix de carrière. Cependant, une formation longue et rigoureuse, associée à une orientation fortement scientifique, risque d'avoir assujetti – voire supprimé – leur motivation première qui consistait à établir des rapports avec les autres en vue de les soigner. L'apprentissage du mode de fonctionnement de la guérison psychoénergétique peut réveiller cette motivation originale, rendant une dimension humaine à la pratique médicale et des professions de la santé en général. C'est du moins ce que j'ai retiré de cette expérience et j'espère qu'il en ira de même avec ceux qui liront ce livre.

2. Principes fondamentaux de la guérison

Pour la première étape de notre cheminement vers la guérison holoénergétique, nous devons comprendre que tout changement est possible et qu'il y a des choix que nous pouvons faire.
Pour « trans-former » une chose, nous devons commencer par identifier ou localiser la « forme » que nous souhaitons changer. Ce faisant, nous nous mettons en résonance avec celle-ci et en assumons la responsabilité. Ensuite, nous nous en libérons en la « dé-formant », puis en « re-construisant » l'énergie qui s'en dégage, en fonction de l'objectif fixé.

La guérison holoénergétique repose sur le principe que la matière n'est pas autre chose que de l'énergie sous forme de vibrations et que, selon les physiciens, la matière et l'énergie sont interchangeables. Le corps est composé d'une multitude d'*atomes* qui sont les éléments constitutifs de la matière. Ceux-ci, à leur tour, se composent de particules chargées positivement, appelées *protons,* d'*électrons* chargés négativement et de *neutrons* qui, comme leur nom l'indique, sont neutres. Ces particules, quant à elles, sont des champs d'énergie qui tournoient et pulsent en interaction et en interpénétration avec d'autres champs énergétiques. Cela signifie que ce que nous percevons comme notre corps physique n'est autre qu'un ensemble de champs énergétiques qui ont pris une forme particulière.

L'*énergie,* au sens large, est la capacité que possède une chose à agir sur une autre, à exercer une influence. Il ne faut pas oublier, en effet, que si nous captons l'énergie, c'est en partie grâce à notre aptitude à la mesurer ou à la percevoir. Ainsi, tout comme nous étions incapables, il y a une soixantaine d'années, de mesurer la présence de particules subatomiques, nous ne sommes pas plus en mesure, à l'heure actuelle, de détecter nombre d'énergies subtiles au moyen de nos cinq sens ou de nos instruments scientifiques les plus pointus. Seule notre intuition nous permet de déceler leur présence.

Suivant la façon dont on la mesure, on peut percevoir l'énergie sous forme d'ondes ou de particules. Au niveau subatomique, les distinctions entre énergie, forme et champ n'ont plus cours. Nous utilisons ces termes uniquement pour nous aider à comprendre et à visualiser la forme que prend l'énergie. On a dit que la conscience fournissait le moule dans lequel la matière et l'énergie prenaient forme et se manifestaient dans notre réalité tridimensionnelle en tant que fonction de notre perception.

Dans le modèle de la guérison holoénergétique, la volonté – le désir d'observation de la conscience (celle du thérapeute, qu'il s'agisse de soi-même ou d'une autre personne) – détermine la perception en cours de formation et est à l'origine de la transformation de l'énergie. C'est *la volonté de l'observateur*, qu'il soit conscient ou non, qui donne aux particules de « matière » leur forme ondulatoire et, inversement, à celle-ci sa forme de « matière ».

Cette volonté, ce désir, est un choix conscient, planifié. En donnant aux particules de matière une forme ondulatoire, la volonté consciente ou inconsciente nous permet de nous mettre en résonance (de nous fondre) avec ce que nous voulons atteindre ou influencer. En un sens, on peut dire que la conscience est alors une sorte de champ fondamental, c'est-à-dire un océan primordial qui donne naissance à des vibrations à partir desquelles se forment localement des spirales d'énergie appelées « matière ». Le champ d'énergie crée ainsi la forme, qui se structure à son tour, par résonance, en matière. Une fois structuré, ce champ s'organise de lui même, passant de l'infini à une dimension finie ; il est alors en mesure de s'influencer et de maintenir son intégrité par ses propres moyens.

Dans ce modèle, la conscience informe les énergies subtiles qui influencent le spectre électromagnétique. Si nous considérons l'énergie électromagnétique, nous constatons que tous les électrons sont entourés par un champ électrostatique, c'est-à-dire qui affecte toutes les autres particules chargées en énergie. Donc, la charge sous forme de particules – la matière – affecte le champ de la même manière que celui-ci affecte cette forme – la matière. Les champs qui entourent notre corps (ce qui ne se limite pas aux champs du spectre électromagnétique) reflètent et représentent notre état d'esprit et nos émotions, ainsi que notre condition physique.

Dans le corps, ce qui semble le plus affecté lorsque l'on altère le champ, c'est la structure de l'eau. En effet, le corps est composé de plus de 60 % d'eau. Celle-ci se compose elle-même de deux atomes d'hydrogène et d'un atome d'oxygène reliés par de l'énergie ; dans l'eau déstructurée, le lien entre deux atomes d'hydrogène forme un angle de 105°. Lorsque l'on introduit une énergie en résonance avec l'hydrogène, elle est absorbée ; le lien de l'hydrogène s'écarte alors pour former un angle de 109°. L'introduction de cette énergie a pour corollaire l'introduction d'informations qui modifient la forme de l'eau.

Par conséquent, plusieurs des caractéristiques de l'eau sont également modifiées, y compris sa capacité d'absorption de la lumière, son pH, sa tension de surface et sa solubilité. De plus, la fréquence naturelle de l'eau structurée diffère de celle de l'eau déstructurée ; elle vibre et répond à des fréquences différentes. Elle se dissocie aussi plus facilement en atomes chargés en énergie, appelés *ions*. Lorsque l'on se livre à un travail de thérapie, on crée un champ qui structure l'eau, modifie son ionisation et, partant, son pH. Les processus liés aux enzymes, essentiels à la vie, se déroulent alors différemment. Le docteur Justa Smith a mesuré la tripsyne (1) dans de l'eau traitée par un guérisseur et a découvert des changements dans son activité par rapport à son activité dans une eau non traitée. De son côté, le docteur Bernard Grad a arrosé des semis avec de l'eau traitée par un guérisseur et constaté que leur croissance augmentait de façon significative par rapports aux semis de contrôle, arrosés avec de l'eau déstructurée (2).

Dans mes recherches, lorsque j'ai traité des supports alimentaires à base aqueuse afin d'inhiber la croissance des cellules d'une tumeur, cette croissance a été ralentie de 40 % par rapport aux cellules cultivées dans des conditions idéales, mais non traitées à l'aide d'une énergie curative. Cela indique que les supports traités peuvent stocker et trans-

---

1. Enzyme du suc pancréatique, qui transforme les protéines en acides aminés.
2. J. Smith : *The Influence of Enzyme Growth by the "Laying on of Hands"*, dans *The Dimensions of Healing : A Symposium* (The Academy of Parapsychology and Medicine, Los Altos, 1972) – B. Grad : *The Biological Effects of the "Laying on of Hands" on Animals and Plants : Implications for Biology*, dans *Parapsychology : its Relation to Physics, Biology and Psychiatry*, Ed. G. Schneidler (Scarecrow Press, McTucken, 1967).

porter l'information nécessaire à l'inhibition de la croissance des cellules de la tumeur. Cela implique aussi que leur valeur thérapeutique est bien réelle, et qu'il ne s'agit pas d'un effet placebo.

Dolores Krieger a signalé des modifications dans l'hémoglobine de patients traités par l'imposition des mains, c'est-à-dire par une technique où l'interaction des champs entre le guérisseur et son patient est le principal véhicule des échanges. Cela montre que les modifications du champ énergétique affectent la forme physique. Ses travaux vont dans le sens de la théorie de Rupert Sheldrake, selon laquelle une fois que des modèles existent dans le champ universel et s'il se produit dans notre champ des changements correspondant au champ universel, cela donne naissance à une nouvelle forme (3).

Pour que le corps puisse maintenir sa structure très organisée, sa forme physique et sa forme énergétique (le champ) doivent être en résonance. Autrement dit, il doit y avoir un équilibre de la résonance entre le corps et l'esprit. L'un comme l'autre, les champs de la forme et énergétique (corps et esprit) contribuent à la création d'ondes holographiques verticales. Celles-ci sont la signature, le témoin, d'un équilibre de la résonance entre la forme et le champ. Cette signature peut, à son tour, agir de sa propre initiative pour se structurer elle-même.

Une pensée négative comme la haine peut être un élément constitutif d'une onde négative, l'autre partie (sa forme physique) étant une tumeur. Il peut alors y avoir une compatibilité de résonance entre la forme qu'est la pensée d'une part, et la tumeur d'autre part ; elles sont en équilibre. En lui-même, ce complexe ondulatoire est en équilibre, mais dans ses rapports avec le reste de la personne il peut être en déséquilibre et en dissonance avec le champ dans son ensemble.

On dit souvent que la santé est une question d'équilibre. Comme on le voit, il y a un équilibre entre le champ et la forme, mais aussi entre nos états physique, émotionnel et mental, qui reflète les rapports du Moi avec lui-même. Il y a aussi un équilibre entre ces états et notre environnement, qui reflète les rapports du Moi avec tout ce qui est autre que le Moi. Enfin, le quatrième niveau de cet équilibre se situe entre nos états physique, émotionnel, mental et spirituel ; il reflète

3. Voir Dolores Krieger : *Therapeutic Touch* (Prentice Hall, Englewood Cliffs, 1979) et Rupert Sheldrake : *Une nouvelle science de la vie* (Le Rocher, Paris, 1985).

l'équilibre entre le Moi et les aspects les plus élevés de sa spiritualité. C'est en effet sur le plan spirituel que se situe notre perception de nos aspirations et du sens que nous donnons aux choses avant de leur donner forme ou de les exprimer. Si nos actes de la vie quotidienne ne sont pas en phase avec nos aspirations spirituelles, que nous en ayons conscience ou non, on peut dire que les germes de la maladie sont semés.

Lorsque nous nous demandons « Pourquoi ? », nous nous interrogeons en fait sur nos aspirations. Young écrit (4) que toute machine comporte quatre aspects : des pièces, un plan, une alimentation et une application. La médecine moderne s'intéresse à la pathologie des « pièces », c'est-à-dire des organes, des membres, des cellules, des molécules et ainsi de suite, qui constituent le corps physique. La médecine occidentale est allée plus loin en ce sens qu'elle s'est intéressée au « plan » conceptuel et générique de ces « pièces ». Les énergies du corps et les formes énergétiques de la maladie commencent de plus en plus à faire l'objet de recherches. Toutefois, il reste encore à l'allopathie à admettre qu'au-delà du plan, il y a une raison d'être. En effet, quelle est la raison de notre existence, qu'est-ce qui nous pousse à agir, à posséder ? Comment est-ce que la connaissance et la création d'une finalité, d'une raison d'être, affecte notre vie ? En matière de thérapie holoénergétique, ce sont là des questions dominantes.

Comme nous l'avons vu, la science commence à reconnaître que nous avons une structure non seulement neurologique, hormonale, anatomique et immunologique, mais aussi énergétique. Nous sommes également structurés par la connaissance de chaque fonction. Chaque cellule, chaque organe, le corps tout entier, en fait, a conscience de sa fonction, de son rôle. Bien que chacun d'eux ne soit pas nécessairement conscient de l'existence ou de la finalité de l'ensemble qu'est l'organisme, il n'en demeure pas moins que toutes ces fonctions s'y intègrent en fonction d'une finalité supérieure.

Si nous considérons notre nature physique comme un espace tridimensionnel, nous pouvons alors voir la conscience de la fonction comme une quatrième dimension. La conscience de la finalité serait, dans ces conditions, une cinquième dimension en ce sens qu'elle organise la fonction et lui donne une signification, une raison d'être. Celle-ci, par

---

4. Arthur Young : *Which Way Out*.

conséquent, précède l'ordre et la fonction et leur donne leur valeur. Toute dissonance avec cette finalité engendre désordres et dysfonctionnements, voire la maladie.

Dans la guérison holoénergétique, il est important d'harmoniser le désir de guérir avec un but supérieur, car c'est le désir de la conscience – dont le rôle consiste entre autres à observer – qui est à l'origine de la transformation de l'énergie en matière. Aussi est-il particulièrement utile de prendre en considération le sens que nous donnons à notre vie. Cela nous apprend en effet que la finalité n'est pas seulement quelque chose qu'il faut découvrir, mais créer. Le choix d'idéaux comme la vérité, la sagesse, l'amour, la joie et la paix nous aide à créer nos objectifs et nous guide dans nos actes.

Pour fonctionner correctement, nous avons besoin de garde-fous, de limites. Nos principes et l'expansion de nos croyances ont pour corollaire des limitations qui guident notre évolution, alors que la contraction de nos croyances et les blocages la limitent. Ces limites sont créées par nos idéaux, nos objectifs, nos principes, nos croyances, nos blocages et nos actes. Nous pouvons choisir entre, d'une part, déterminer nos propres limitations en fonction de nos idéaux ou objectifs et, d'autre part, laisser les autres nous imposer les leurs. Lorsque nous nous limitons par nos blocages (« Je suis indigne d'être aimé… Je suis impardonnable… J'ai honte de moi… »), nous risquons de tomber malades. En revanche, en prenant conscience de ces blocages, nous pouvons voir s'ouvrir la voie du changement ; il devient alors possible de choisir d'autres idéaux et de créer les buts et les principes qui nous font vivre.

Pour savoir quels sont nos principes et comment nous les établissons, il faut déterminer ce que nous voulons réellement. Ce processus commence par l'origine du désir. Connaître et être connu, aimer et être aimé, créer et être créé, tout cela trouve son origine dans des désirs fondamentaux, profonds. A partir de là, nous formulons nos objectifs, comme par exemple apprendre à vivre agréablement sans causer préjudice à autrui, à guérir par l'amour, à créer consciemment ce que nous voulons, à vivre et à exprimer notre amour pleinement, à être libres d'être ce que nous sommes réellement.

Notre désir le plus profond, la semence d'où partent des racines, révèle un désir de s'unir au Grand Tout, de nous retrouver nous-mêmes. Pourtant, dès lors que ce vœu est exaucé, il disparaît. Paradoxalement, tant que nous désirons quelque chose nous sommes perpétuellement pris entre deux feux, entre séparation et attraction par rapport à l'objet du désir. Ce n'est qu'en donnant libre cours à notre désir de former une seule et même entité avec le Tout que nous arrivons à être Un. Donner libre cours au désir est en effet l'étape ultime de ce processus. Jusque là, le désir d'atteindre l'unité est la clef du Royaume des Cieux. Par contre, pour entrer au Royaume des Cieux, il nous faut laisser la clef du désir, ainsi que nos aspirations, à la porte.

Le désir fondamental est le sentiment qui nous relie à notre esprit. Nous clarifions nos désirs par la pensée, mais nous clarifions et élargissons le champ de notre pensée en les tissant en une vision. Nous focalisons alors notre attention sur cette vision, sur cette pensée et sur le désir en accord avec le but poursuivi, tout en nous mettant au diapason avec les dimensions supérieures de notre Moi. C'est ce qui nous permet de créer ce que nous voulons manifester dans le monde physique.

La fonction de la santé consiste à maintenir cet équilibre dynamique, aux niveaux et aux dimensions multiples. La fonction de guérison consiste à restaurer cet équilibre et cette harmonie, inhérents au système corps-esprit. Un tel ordre, une telle harmonie peuvent être stimulés par un mode de vie sain dans un environnement sain, en invoquant l'amour et en harmonisant tous les autres aspects de notre être avec notre essence spirituelle.

3. Appliquer les principes

La thérapie holoénergétique s'adresse aux causes fondamentales de la maladie. Elle consiste d'abord à identifier l'emplacement et la forme revêtue par les schémas énergétiques malsains. Ce système implique la nécessité de transformer les schémas énergétiques indésirables en schémas sains et harmonieux, en accord avec nos objectifs personnels et l'inclination naturelle du système corps-esprit à l'intégrité.

Une fois que l'on a identifié un schéma énergétique malsain, que l'on s'est mis « en résonance » avec lui (ce que nous examinerons plus en détail au chapitre VIII), que ce soit par des sensations, des images, la pensée, des sentiments ou une croyance, on est en mesure de changer sa forme. Cette transformation commence par la découverte d'une intention positive derrière le schéma dissonant et par le procédé qui consiste à « défaire » ou à se libérer du schéma ou de la forme malsaine pour le ou la remplacer ensuite par une forme saine. C'est un peu comme rénover une maison ; on commence par bouleverser l'ordre et la structure existants, on traverse une période de désordre ou d'absence de forme cohérente, puis on établit un nouvel ordre.

Dans le domaine de la guérison holoénergétique, on explore, on est confronté à des schémas de peur, de colère, de culpabilité, d'attendrissement sur soi-même et de honte. Il convient de les examiner attentivement, car la conscience joue un rôle important dans toute thérapie. Lorsque l'énergie revêt l'une de ces formes, elle produit une résistance au changement, empêchant par là même tout processus naturel de guérison. Il est possible de se libérer plus facilement de ces entraves en s'attaquant aux « victoires » secondaires de la maladie ; cela permet d'identifier les blessures auxquelles nous sommes en quelque sorte attachés et à cause desquelles nous rechignons à changer. Le pardon de soi et des autres sert alors à nous libérer de l'énergie astringente du blâme et de la punition.

On peut reformer les schémas énergétiques par un processus clairement défini reposant sur un amour inconditionnel. Celui-ci nous permet, peut-être pour la première fois de notre vie, de connaître – voire de nous mettre au diapason avec – les plans supérieurs de notre conscience, avec l'essence de notre être.

4. Secrets traditionnels et science moderne

La guérison holoénergétique fait appel à des outils thérapeutiques anciens, tels que l'évaluation des chakras et le sondage biomécanique (radiesthésie) des champs énergtiques, qui permettent au guérisseur de focaliser son esprit et ses énergies pour activer la zone affectée. En revanche, la guérison holoénergétique ne dépend d'aucune de ces techniques, qui viennent plutôt en complément. Il convient de noter que les techniques de la guérison holoénergétiques peuvent facilement s'intégrer, comme un module amovible en quelque sorte, à n'importe quelle pratique de soins.

Ce livre, donc, traite de **la guérison par l'amour** ; il s'agit de faciliter le passage de la maladie à la bonne santé en faisant appel à l'amour, aux énergies subtiles, à l'élargissement du champ de conscience et aux choix. Dans les pages qui suivent, vous apprendrez :

- ce que sont ces énergies subtiles.
- à déceler et à ressentir ces énergies.
- à domestiquer ces énergies en contrôlant consciemment votre respiration.
- à détercter et à mesurer les énergies subtiles avec vos mains, avec votre esprit et par sondage biomécanique.
- à amplifier et à focaliser l'énergie, à utiliser les mains, la respiration, la pensée, l'imagerie, ainsi que la volonté.
- à diriger l'énergie avec "transfert d'énergies en résonance" pour produire des changements.
- à guérir, vous-même et les autres.

Nouv vous invitons à prendre soigneusement connaissance du contenu de ce livre et à l'appliquer dans la plus large mesure possible. Plutôt que vous attacher à une technique particulière, laissez-vous guider par ce qui donne les meilleurs résultats dans votre cas. **C'est par la pratique que l'on apprend le mieux.** Les mots et les livres ne sont là que pour vous indiquer la voie à suivre, mais c'est à vous qu'il appartient de l'emprunter.

Première partie

CHAPITRE 1

Le cheminement d'un guérisseur

« Le désir et la poursuite du "grand tout" est ce que l'on appelle l'amour. »

Platon.

1. L'éthique médicale

Je suis devenu médecin parce que je voulais pouvoir venir en aide aux gens. Le premier souvenir que j'ai de ce choix remonte à mon enfance ; je n'avais alors que cinq ans. Ma mère, omnisciente et sage à mes yeux, avait beaucoup de respect pour notre médecin de famille. Je voulais être médecin pour qu'elle éprouve le même sentiment à mon égard. Dans mon esprit d'enfant, ce que je désirais, c'étaient son amour et son respect.

Des années plus tard, à la faculté de médecine, j'ai décidé de devenir obstétricien-gynécologue, car cette spécialisation comportait des éléments de psychiatrie et de chirurgie, deux domaines qui m'attiraient plus particulièrement. A l'époque, j'avais l'impression que l'obstétrique était le seul domaine de la médecine qui ne traitait pas uniquement de la maladie. La venue au monde m'apparaissait comme un événement heureux, qu'il convient de fêter et qui a quelque chose de miraculeux. J'étais toujours motivé par mon désir d'enfance d'obtenir l'amour et le respect de ma mère, mais j'y arrivais désormais par les femmes auxquelles j'avais affaire dans ma pratique médicale.

A la Faculté de Médecine, nous étions nombreux à partager le même désir de venir en aide aux autres. Cependant, à mesure que nous étions confrontés à la rigueur de notre formation et que s'installait en nous le détachement de l'objectivité que semblait exiger la médecine moderne, nous avons constaté que nous commencions à oublier ce désir d'enfance. La science médicale nous fascinait et les techniques que nous apprenions à maîtriser pour faire face aux urgences étaient d'une valeur inestimable. Mais nous savions aussi que la maladie et la santé allaient bien au-delà de ce qui nous était enseigné. Bien que nous n'en eussions pas conscience à l'époque, ce qu'il y manquait, c'était « du cœur ».

Notre formation à la Faculté nous incitait à faire abstraction de nos sentiments dans la pratique de la médecine, à croire qu'il devait y avoir une séparation entre l'objectif et le subjectif. L'objectivité, en l'occurrence, consistait en un ensemble de tests médicaux, de procédures de diagnostic et en une connaissance reposant sur la recherche scientifique. Nous pensions qu'en tant que médecins nous ne devions accorder aucun crédit à notre vécu subjectif ; au contraire, nous étions censés nous détacher de nos sentiments. Nous pensions également que nous devions faire abstraction de notre intuition, pour nous fier uniquement à ce qui pouvait être vérifié par les statistiques.

On ne saurait évidemment nier qu'en matière de médecine le détachement émotionnel est utile dans certaines situations. Il permet par exemple aux chirurgiens de garder leur sang-froid et de rester concentrés dans les moments critiques en salle d'opération. Néanmoins, comme il est également bien difficile de changer d'attitude d'un simple claquement de doigts, ce détachement a tendance à creuser un fossé émotionnel entre les patients et le corps soignant. Personnellement, cela a fini par engendrer un sentiment d'aliénation par rapport à moi-même, une faille qui m'a donné le sentiment de n'employer qu'une petite partie de mes aptitudes de thérapeute. Je suis arrivé à la conclusion que si la médecine encourageait le scientifique et le technicien, elle décourageait le guérisseur qui était en moi. En adoptant cette attitude d'objectivité, j'avais érigé une barrière entre mon humanité et le patient au profit d'un savoir que l'on pouvait quantifier, mesurer et peser au moyen de la technologie scientifique.

Depuis des siècles, les médecins et les guérisseurs de tous ordres étaient aux prises avec la question de savoir comment rester objectifs alors qu'ils souhaitaient avant tout soutenir, réconforter et guérir leurs patients. Cette même question a fini par attirer mon attention et piquer ma curiosité. Ironiquement, j'ai commencé à trouver certaines des réponses dans la science elle-même plutôt que dans la médecine. La physique moderne et l'étude de la mécanique quantique montraient depuis peu qu'il n'existe pas vraiment de séparation entre observateur et observé ; il y a toujours entre eux une corrélation dont il est impossible de ne pas tenir compte. Dans la médecine moderne, peu importe ce que je fais pour que mon engagement vis-à-vis du patient reste objectif, il existe toujours un échange d'énergies dont je suis convaincu qu'il est non seulement loin d'être négligeable, mais également chargé de sens. Il y a une cinquantaine d'années, le philosophe américain William James énonçait une vérité, importante à mes yeux, lorsqu'il écrivait : « *Le point de vue rigoureusement impersonnel de la science pourrait bien apparaître un jour comme ayant été une excentricité utile, plutôt que comme la position définitive et triomphante que le scientifique sectaire actuel affirme avec tant de confiance*. »

2. Les alternatives

Dans la vie de la plupart des gens, les grands changements et les transformations se produisent par suite d'une crise, souvent une maladie physique. Médecin moi-même, il allait de soi qu'une telle transformation dût prendre une forme médicale.

En 1971, j'avais une pratique très active dans la péninsule de Monterey en Californie, et j'étais également chef du service obstétrique et gynécologie du Community Hospital. Tout semblait me destiner à une brillante carrière dans la médecine classique. Pourtant, un jour, en jouant au tennis, je ressentis une vive douleur dans l'épaule droite. Une radiographie révéla une lésion osseuse dans le haut du bras droit, près de l'épaule. Ma première crainte fut celle d'un cancer des os. J'ai alors dû me soumettre à une biopsie et à une série d'examens médicaux. En attendant les résultats, je me suis livré à un retour en arrière sur ma vie passée. Etant médecin, je savais que l'issue du traitement habituel de ce type de cancer des os était l'amputation. Il ne faisait guère de doute que les offres d'emploi pour obstétriciens manchots seraient probablement très rares, mais tant que le cancer n'aurait pas atteint le cerveau, je pouvais toujours travailler avec mon esprit.

Depuis peu, je m'intéressais aux travaux de Masters et Johnson, dont les recherches ont conféré à l'étude de la sexualité une crédibilité lui permettant de faire son entrée dans le monde médical. A l'époque, peu de médecins se sentaient suffisamment bien informés pour intégrer ces nouvelles connaissances à leur pratique. C'était là un besoin évident qu'un obstétricien manchot pourrait au moins satisfaire : je pouvais enseigner la gynécologie et exercer une activité de conseil. J'ai donc pris des dispositions pour obtenir une bourse d'études (1) de médecine psychosomatique à l'Université de Californie (San Francisco), où je suis devenu l'intermédiaire entre la faculté d'obstétrique-gynécologie et la faculté de psychiatrie.

C'est alors que je reçus du laboratoire les résultats des examens médicaux : une affection bénigne ! Il s'agissait simplement d'un kyste osseux qui se trouvait là depuis mon enfance. En dépit de mon soulagement, il n'en demeurait pas moins que l'incident m'avait incité à me livrer à un examen minutieux de mon existence. Je pouvais continuer à exercer en tant qu'obstétricien – avec deux bras ! – mais en fait, ce que je voulais désormais, c'était quitter mon poste au Community Hospital pour aller à l'université à San Francisco grâce à ma bourse d'études et me consacrer à l'enseignement. En dépit de mon intérêt pour l'obstétrique, les horaires et le stress étaient incompatibles avec mon équilibre. Ce kyste était une invitation au changement, lequel devait affecter tous les aspects de ma vie. Je ne savais pas exactement où ils me conduiraient, mais il ne faisait aucun doute que j'étais sur la bonne voie.

Pendant plusieurs années, j'ai alors enseigné tout en exerçant dans un petit cabinet à l'University of California Hospital de San Francisco. Par la suite, j'ai eu un cabinet privé très fréquenté dans cette même ville. A cette période, j'ai commencé à retracer le cours des événements significatifs de ma vie jusqu'à l'irruption du problème à l'épaule. Il était important à mes yeux de découvrir la source de la douleur dont j'avais souffert, car je savais que le kyste n'y était pour rien. Mes investigations me ramenèrent aux événements qui entourèrent le décès de ma mère, un an avant l'apparition de la douleur à l'épaule. A l'époque de mon séjour à Stanford, elle avait commencé à se faire beaucoup de soucis au sujet de sa santé. Ce qu'elle redoutait par-dessus tout, c'était de mourir dans la solitude. Désireux de dissiper ses craintes, je suis allé la chercher à New York pour la ramener en Californie, où je l'ai installée tout près de mon domicile. Un soir, elle fut victime d'une attaque car-

1. Il s'agit ici d'une bourse d'études avec l'obligation de dispenser certains cours (N.d.T.)

diaque et mourut avant mon arrivée. Ses pires craintes s'étaient, hélas ! réalisées.

Outre le chagrin, j'ai alors ressenti de la culpabilité. Toutefois, ce sentiment dissimulait une colère que je savais pourtant injustifiée. Aussi absurde que cela pût paraître, j'en voulais à ma mère d'être décédée en mon absence ; mais cela, je ne l'ai pas compris immédiatement. J'ai réprimé mes véritables émotions, parce qu'une partie de moi n'acceptait pas cette colère. Celle-ci, refoulée de la sorte, avait fini par se transformer en culpabilité.

Lorsqu'on veut exprimer de la colère, on peut frapper quelqu'un ou quelque chose pour se défouler. Mais on peut aussi admettre sa réalité et la résoudre en remontant à sa source. Si l'on ne donne pas libre cours à sa colère ou si l'on ne trouve pas à en traiter la cause, l'énergie est bloquée. Dans mon cas, la colère s'était bloquée dans l'épaule droite et c'était elle, et non le kyste osseux, qui était à l'origine de la douleur.

Peu à peu, l'émotion suscitée par le décès de ma mère s'est estompée. Je suis passé par toute une série d'idées irrationnelles : j'avais manqué à mes promesses ; je me sentais lié à elle par la culpabilité, persuadé qu'un bon fils n'aurait jamais laissé sa mère mourir toute seule, surtout après lui avoir confié que c'était ce qu'elle redoutait le plus.

La conviction que je n'avais pas été un bon fils était en désaccord avec mes conceptions supérieures, et les pressions suscitées par cette dissonance s'étaient finalement traduites par une maladie physique. C'était comme si la douleur dans mon épaule avait été une métaphore de ma création pour le dilemme que je vivais par rapport à ce décès. Tout comme ma mère, je devais envisager l'éventualité de mourir seul, puisque je n'avais plus d'autre parent proche.

En considérant la maladie comme une transformation et en choisissant par conséquent d'évoluer, je me suis retrouvé en mesure de pardonner à la fois à ma mère et à moi-même, de me débarrasser de mon sentiment de culpabilité, pour finalement progresser plus en harmonie avec les plans supérieurs de mon Moi.

J'ai aussi fini par me rendre compte que, sur le plan spirituel, personne ne meurt seul.

3. Les réponses venues de l'intérieur

A San Francisco, je me suis senti de plus en plus attiré par les différentes méthodes de guérison. Je me rendais compte maintenant que cet intérêt était le véhicule de mon éveil spirituel. J'ai alors commencé à remettre en question mes définitions de la maladie, de la santé et de la guérison.

Au cours d'une méditation profonde lors d'une retraite, une voix intérieure m'a parlé avec une clarté et une autorité stupéfiantes, en ces termes : « Ton devoir est de guérir par l'amour. » En entendant cela, j'ai tout de suite su qu'il en était bien ainsi. « En suis-je vraiment digne ? » ai-je répliqué. La voix me répondit alors : « Tu n'en es ni plus ni moins digne que quiconque. Ton travail consiste simplement à guérir par l'amour. »

J'étais comme frappé par la foudre, les larmes aux yeux, bien audelà de la pensée, de la compréhension, en communion totale avec cette présence. Ce n'est que bien des années plus tard que je réussis à exprimer ce qui ressortit de ce moment ineffable et, à ce jour encore, j'ai la gorge nouée lorsque j'en fais le récit. Si j'évoque ici cette expérience, ô combien sacrée, c'est parce que j'ai la conviction que nous devons tous apprendre, à un moment donné de notre évolution, à guérir par l'amour. C'est en le sachant que l'on peut en encourager la manifestation.

Je me rendis compte que ma décision de devenir médecin et guérisseur ne venait pas de mon passé, mais d'un savoir intérieur qui transcendait le conscient. C'était cela qui me motivait. Je ne savais pas exactement quelle incidence tout cela aurait sur ma vie dans les années à venir, ni comment devenir guérisseur ; la seule chose dont j'étais certain, c'était d'avoir été profondément marqué par cette expérience.

Plusieurs années après, je pris part à une conférence à Asilomar, un paisible centre de retraite près de Monterey. Mon compagnon de chambre était un jeune homme atteint d'un cancer du poumon. Au milieu de la nuit, il s'éveilla et se mit à tousser ; il souffrait apparemment beaucoup. Agissant par pure intuition, j'ai placé mes mains de chaque côté de sa poitrine et me suis représenté mentalement une boule de lumière irradiante qui me pénétrait en traversant le centre du cerveau, puis en descendant jusqu'au niveau du cœur et passant enfin dans les bras, jusqu'aux mains. Le jeune homme devint plus calme, se mit à respirer plus lentement, puis me dit : « La douleur est partie. » Il se rendormit alors jusqu'au matin. Ce fut ma première expérience de guérison. Le lendemain, il me confia : « Vous savez, vous êtes vraiment un guérisseur. »

J'ai longtemps médité cette remarque. Cette nuit-là, il s'était produit quelque chose de réel et de profond, qui sortait du domaine de la médecine telle qu'elle m'avait été enseignée. Quelque chose en moi s'était éveillé à une réalité différente. Je décidai de me mettre à faire des recherches sur ce type de pratique à mon cabinet. Quand on prend une décision de cette nature, les opportunités se présentent alors souvent d'elles-mêmes, la plupart du temps de façon curieuse ; il en alla de même dans mon cas.

J'ai perdu le jeune homme de vue jusqu'à ce que, onze ans plus tard, alors que je participais à une conférence au Kansas, je le revis. Devenu chanteur, il interpréta des chansons de sa composition et fit le récit d'une « rémission spontanée » qu'il avait vécue en écoutant de la musique classique, tout en faisant appel à des représentations imagées et guidées, environ un mois et demi après notre rencontre. J'ignorais si le travail que nous avions fait ensemble avait eu un effet quelconque sur le cours de sa maladie. Toutefois, il semble évident, d'après son récit, que la guérison vient de l'esprit, et d'une façon qui dépasse notre compréhension. Comme l'esprit est libre de tout attachement, tout est possible, tout espoir est permis.

4. Le premier test

Une semaine après l'expérience d'Asilomar, une jeune femme se présenta à mon cabinet de San Francisco. Elle avait eu un abcès au pelvis quelques années plus tôt, qui avait été traité avec des antibiotiques. Lors de sa visite il n'y avait rien à signaler, hormis que cette infection avait causé des adhérences des tissus de la masse pelvienne à l'intestin. De ce fait, les rapports sexuels lui étaient douloureux et cela avait fini par rendre sa vie conjugale difficile.

La masse des adhérences était suffisamment importante pour justifier une ablation chirurgicale. Toutefois, elle ne souhaitait pas subir une telle opération et, comme il n'y avait aucune infection, les antibiotiques ne seraient d'aucun secours. Je lui ai donc suggéré de travailler avec les énergies. Elle ne savait pas ce que j'entendais par là, mais fut d'accord pour essayer. Lors de l'examen du bassin, je me suis représenté à nouveau la boule de lumière blanche irradiante entre mes mains, entourant et interpénétrant les chairs. Je gardai les mains dans cette position pendant trois ou quatre minutes. Plus tard, alors qu'elle s'apprêtait à partir, je priai ma patiente de revenir environ une semaine plus tard pour une visite de contrôle. Elle me remercia et donna son accord.

Cependant, je ne la revis pas le jour dit. Je pensai tout d'abord qu'elle avait peut-être trouvé mon traitement bizarre ; certes, il était effectivement différent des autres examens gynécologiques qu'elle avait subis jusque-là. Je supposai qu'elle était allée consulter ailleurs. Puis, huit mois plus tard, elle revint me voir. L'examen montra que la masse de chair avait disparu. Quand je lui demandai pourquoi elle n'était pas revenue à la visite de contrôle, elle me répondit : « Eh bien, en quittant votre cabinet, je me sentais très bien. Plus de douleur, plus de problème. Alors, je me suis dit qu'il n'y avait pas lieu de revenir. »

Mes craintes quant aux réactions des patients avaient retardé mes investigations de huit mois, mais à partir de ce jour-là je me sentis encouragé à poursuivre. Je me suis alors mis à explorer la thérapie énergétique avec d'autres patients que j'avais sélectionnés, mais aussi avec le personnel de mon cabinet. Au cours de mes recherches, j'appris et affinai de nombreuses techniques, adaptées par la suite en vue de leur application dans le cadre de la guérison holoénergétique.

5. Ce que savait Hippocrate

Il y a plus de deux mille ans, Hippocrate – connu encore de nos jours pour le serment que les médecins prononcent toujours – observait que certains patients « recouvrent la santé simplement parce qu'ils sont satisfaits de leur médecin ». Si l'on considère le Moi dans son ensemble – et pas seulement en opposant le côté rationnel, objectif, de l'esprit à ce vaste océan qu'est la conscience humaine – on constate qu'il représente une force contenant un potentiel de guérison. Quand ce Moi global est impliqué dans une relation thérapeutique, c'est ce que l'on appelle généralement « témoigner de la sympathie au malade à son chevet ». Quelque chose, dans la relation entre le médecin et le patient, réconforte celui-ci et facilite sa guérison.

Quel est donc cet ingrédient magique ? J'ai commencé à me rendre compte que ce qui semblait magique était en réalité la force la plus universelle de toutes : **l'amour.** Seul l'amour peut apporter le réconfort et guérir, quelle que soit la maladie, qu'elle se situe sur le plan émotionnel, mental, spirituel ou physique. A mesure que ces vérités m'apparaissaient, j'ai également pris conscience que l'enseignement en faculté de médecine non seulement ne tenait pas compte, mais niait ce qui, en nous, rend possible la guérison par les énergies : le Moi, le véhicule par lequel nous donnons et recevons l'amour.

La science a mis à notre disposition un grand nombre d'outils permettant de rendre effectifs les processus de guérison innés. Certes, je ne voudrais pour rien au monde revenir en arrière, à l'époque où il n'y avait ni chirurgie, ni vaccins, ni antibiotiques. Le défi qui consiste à restaurer ce que la médecine moderne a perdu sans pour autant perdre ce qu'elle a rendu possible n'est certes pas facile à relever. En y réfléchissant, je me suis rendu compte que la tâche était double : d'abord, il fallait commencer à rassembler des preuves empiriques de l'efficacité de l'amour dans la guérison, ensuite élaborer des outils et des techniques systématiques et aux résultats prévisibles permettant à ceux qui le désiraient de devenir guérisseurs.

6. Guérison de l'herpès : expérience clinique

Au cours de cette période, c'est avec des personnes souffrant d'herpès que j'ai mené mes recherches médicales les plus extensives. J'ai choisi cette maladie parce qu'il n'existe aucun remède connu, ce qui en fait un modèle particulièrement intéressant pour ce type de recherche. L'herpès est une maladie virale qui, de ce fait, perturbe le système immunitaire. Il a tendance à se reproduire ; on peut l'observer facilement et il est lié au stress. J'ai travaillé principalement avec des patients chez qui l'herpès se manifestait deux fois par mois, à chaque fois pendant une huitaine de jours. Trois facteurs permettent de déterminer qu'une personne peut être infectée :

1. La virulence de l'organisme à l'origine de la maladie elle-même.

2. Le nombre d'organismes infectieux auxquels la personne est exposée.

3. La capacité de l'hôte (de la personne) à résister à l'infection.

Dans mes recherches, orientées vers la résistance de l'hôte, j'ai exploré des méthodes permettant d'invoquer et de diriger l'énergie thérapeutique systémiquement et localement en même temps. Lorsque j'ai travaillé sur l'aspect systémique, je me suis concentré sur le système immunitaire de la personne, et en particulier sur le thymus, afin de stimuler sa résistance globale à la maladie. Pour le travail à un niveau plus local, je me suis concentré sur la zone physique de l'infection afin de réduire la lésion elle-même. J'ai pu de la sorte déterminer s'il était possible de stimuler à la fois les fonctions immunitaires et la résistance de la zone infectée en particulier.

Le virus de l'herpès a ceci d'inhabituel que lorsqu'il infecte le corps, il s'installe dans les nerfs qui desservent le système cutané. Le virus de l'herpès génital suit les nerfs vulvaires jusqu'au plexus honteux, près de la colonne vertébrale, où il peut rester dans un état de latence relative pendant des périodes de durée variable.

Comme les cellules nerveuses ne sont pas aussi perméables que les autres cellules du corps, elles réagissent moins facilement à ses défenses immunitaires naturelles. Le virus de l'herpès en profite pour se servir des cellules nerveuses comme d'autant de boucliers. Lorsque certaines conditions se mettent en place – stress, changement hormonal, chaleur ou friction – le virus est réactivé : il remonte le long du nerf et provoque une éruption cutanée.

Au départ, je me suis efforcé de renforcer la résistance de l'hôte en stimulant la vitalité du nerf vulvaire pour lui permettre de résister aux déplacements du virus le long de celui-ci. Pour ce faire, j'ai essayé toute une gamme d'instruments médicaux sophistiqués, y compris un électro-acuscope (qui produit des décharges électriques de l'ordre du microampère permettant d'accélérer les échanges d'aliments et de toxines au travers des membranes cellulaires). Je me suis également livré à des expériences sur l'efficacité d'un cristal conçu spécialement et sur celle de l'énergie thérapeutique de mes mains.

Outre mes recherches sur les nerfs au niveau local, je me suis intéressé au thymus du patient, glande qui joue un rôle central dans le système immunitaire. Dans le système énergétique du corps, le thymus est aussi relié au chakra cardiaque du système énergétique corporel.

Pour commencer, je me suis mis en résonance avec la personne à l'aide de ce que j'ai appelé le « processus de mise en phase transpersonnel », décrit au chapitre III. Cela m'a permis d'obtenir des informations utiles sur le schéma pathologique de la personne, d'équilibrer ses énergies et de la « recharger », puis de lui transmettre une énergie curative. Au fur et à mesure du processus de guérison, j'ai appris à me connecter à la source des schémas indésirables qui perpétuent la maladie (je reviendrai plus en détail sur le sujet de la *résonance* plus loin dans cet ouvrage).

La combinaison du travail au niveau local et général permit une réduction considérable de la gravité, de la fréquence et de la durée des récurrences. Bien que n'ayant pas effectué de statistiques sur cette phase d'observations et de découvertes, les patients m'ont appris que la fréquence de leurs éruptions d'herpès était passée de deux à quatre par mois à deux ou trois par an, voire moins.

7. Soulager la polyarthrite rhumatismale

Au cours de ces premières explorations, l'une des expériences les plus remarquables eut lieu avec une femme que j'appellerai ici Marie.

Lorsqu'elle vint me trouver, à l'âge de 62 ans, elle souffrait de polyarthrite rhumatismale aiguë. Elle marchait avec une canne, il lui était difficile de serrer le poing et elle ne pouvait plus se servir de ses mains pour écrire. Son rhumatologue avait confirmé le diagnostic par un examen sanguin positif et il la soignait à l'aide de stéroïdes.

Avec Marie, j'ai utilisé l'une des premières techniques thérapeutiques décrites dans ce livre. Au bout d'une heure, lors de sa première visite, le gonflement de ses mains, de ses genoux et de ses chevilles avait disparu. Sous le regard stupéfait de sa fille, Marie ramassa sa canne et la lui jeta, fit plusieurs flexions profondes des genoux en s'exclamant : « Regarde ! Je n'ai plus mal. Et je peux remuer les mains ! »

Marie avait aussi du diabète et une pression sanguine élevée. A la suite de mon travail, ses besoins en insuline avaient chuté des deux tiers par rapport à leur niveau précédent et son médecin interrompit le traitement contre l'hypertension. Après une autre séance au cours de laquelle je lui donnai des instructions pour stimuler son autoguérison, elle fut en mesure de réduire encore davantage ses besoins en insuline. Les examens sanguins suivants montrèrent que le facteur rhumatoïde était revenu à la normale. Quatre ans plus tard, Marie ne souffrait plus d'arthrite rhumatismale et elle n'avait plus besoin de prendre des médicaments contre le diabète ni l'hypertension.

8. Le cancer

J'ai également fait des recherches sur la dysplasie cervicale, lésion précancéreuse du col de l'utérus, sur sept patientes souffrant d'une dysplasie cervicale modérée et sur deux autres atteintes d'un cancer de l'utérus. Deux sur sept revinrent à un état normal au bout de deux séances de dix minutes de traitement holoénergétique et les frottis vaginaux révélèrent une situation normale pendant les deux ans qui suivirent. Au bout de cette période, la dysplasie cervicale recommença à se manifester de façon modérée.

L'une des femmes qui souffrait d'un cancer de l'utérus déclaré se fit faire une ponction à la suite de deux séances de thérapie holoénergétique, qui ne révéla la présence d'aucun cancer. Une autre patiente souffrant d'un carcinome vit son état revenir à une dysplasie modérée, qui fut traitée par chirurgie au laser plutôt que par une intervention chirurgicale, plus lourde et plus onéreuse, et qui aurait nécessité une anesthésie.

9. Recherches sur les bactéries et les cellules cancéreuses

Même si les résultats dont je viens de faire mention s'annonçaient prometteurs, il me fallait poursuivre mes recherches pour vérifier que la guérison holoénergétique était effective et qu'il ne s'agissait pas d'un effet placebo. Pour ce faire, j'ai commencé à travailler avec le docteur Beverly Rubik, biophysicienne qui exerçait alors à l'Université de Californie, et qui mesura les effets de mon interaction avec des bactéries de culture. J'ai alors découvert que je pouvais émettre de l'énergie avec la volonté d'inhiber la croissance des cultures bactériennes dans des éprouvettes et réduire celle-ci de 50 % par rapport aux cultures de contrôle.

Lors d'une autre expérience, j'ai soumis deux groupes identiques de bactéries à des doses d'antibiotiques variables, mais qui devaient normalement inhiber leur croissance. Toutefois, avant de dispenser les antibiotiques, j'ai concentré mon énergie sur l'un des deux groupes. Celui que mon énergie avait protégé a survécu et est resté actif, tandis que le groupe qui n'avait reçu aucune protection s'est immobilisé peu à peu et a fini par périr (2).

Lors de recherches ultérieures, je me suis rendu compte que je pouvais inhiber la croissance de tumeurs de culture de plus de 40 % en faisant appel à des images et à mes intentions en même temps qu'au transfert d'énergie. Il m'est également apparu que je pouvais stimuler la croissance de ces cellules par des variations de mes intentions et des images auxquelles je faisais appel.

Ces expériences ont fini par me convaincre que les résultats obtenus par le traitement énergétique ne pouvaient être attribués uniquement à un effet placebo induit psychologiquement, voire à la psycho-immunologie en général.

10. Le tournant

Je ne pouvais plus revenir en arrière. Une fois que j'ai su que l'amour avait réellement le pouvoir de préserver la vie, et qu'il ne s'agissait nullement d'un effet placebo, j'ai revendu mon cabinet pour me consacrer à l'exploration de la guérison par l'amour.

J'ai depuis élaboré un modèle permettant de mobiliser les énergies qui guérissent. Dans les pages suivantes, nous allons voir en quoi consiste ce modèle et donner des instructions pas à pas pour l'appliquer à l'autoguérison, mais aussi à la guérison dans un cadre clinique. Au chapitre III nous aurons une vue d'ensemble d'un nouveau modèle de guérison. C'est sur celui-ci que reposent les aspects pratiques de la thérapie holoénergétique.

Maintenant, vous allez m'accompagner dans un pays magique où les pensées sont aussi réelles que la matière, où celle-ci peut à son tour

2. Des expériences assez semblables ont été menées par Olga Worrell dans le même laboratoire.

prendre la forme de pensées et où les croyances sont le germe du vécu. Il s'agit d'un pays où règnent l'amour, la volonté et l'éveil de la conscience. C'est un lieu où nous créons notre propre réalité afin d'évoluer et de profiter de la vie, où la vérité est ce qu'elle est, mais aussi *ce que nous voulons qu'elle soit.* Enfin, c'est un lieu où la fin et les moyens se confondent, où *le procédé et le produit sont une seule et même chose.*

Ce territoire met de vastes régions inexplorées à la disposition de ceux qui sont disposés à tenter l'aventure.

Alors, maintenant, **allons à la rencontre de l'amour.**

CHAPITRE II

Les énergies subtiles de la guérison

« Nous devons considérer la vie comme une suite de choix que nous effectuons les uns après les autres. A tout moment, nous pouvons choisir de progresser ou de régresser. Nous pouvons opter pour une réaction de défense, la recherche de la sécurité, céder à la peur, ou bien au contraire choisir de progresser. Si, une douzaine de fois par jour, nous faisons ce dernier choix, cela revient à franchir une douzaine d'étapes vers la réalisation de soi. »

Abraham H. Maslow.

1. Douceur et compassion…

Terry Dobson a fait un récit qui illustre magnifiquement la façon dont l'amour peut transformer et guérir (1).

Terry étudiait les arts martiaux à Tokyo. Un après-midi languissant de printemps, il monta dans un train en banlieue. A l'un des arrêts, les portes du train s'ouvrirent et la quiétude de l'après-midi se brisa quand un homme se mit à brailler, proférant violemment des obscénités. C'était un homme corpulent, visiblement ivre, les cheveux collés par la crasse. En hurlant, il frappa vicieusement la première personne qu'il vit, une jeune femme qui tenait un bébé. Le coup dévia sur son épaule, les faisant tomber, elle et le bébé, miraculeusement indemnes, dans les bras d'un couple d'un certain âge.
Terry se leva, décidé à donner une bonne leçon à cet homme. En pleine forme physique et pratiquant l'aïkido tous les jours depuis trois ans, il n'avait cependant jamais eu l'occasion de tester ses aptitudes aux arts martiaux dans une vraie bagarre. Il trouva tout de même le temps de

1. Terry Dobson : *Safe and Alive* (J. P. Tarcher, Los Angeles, 1981).

se rappeler que son professeur lui disait que l'aïkido est l'art de la réconciliation : « Celui qui veut se battre a perdu le contact avec l'Univers. Si tu essaies de dominer les autres, tu as déjà perdu. Ce que nous apprenons ici, c'est comment résoudre le conflit, pas comment le provoquer. »

Bien que Terry ait réussi à éviter la bagarre, il mourait d'envie de jouer les héros. Il se rendit compte que ce qu'il cherchait, c'était à trouver une bonne occasion de « sauver l'innocent en punissant le coupable ». L'homme ivre du train lui en donnait l'occasion. Terry se dit que s'il n'agissait pas rapidement quelqu'un risquait d'être blessé.

Aussi, lorsqu'il se leva de son siège, l'homme reporta sa rage sur lui. « Ha-ha ! gronda-t-il. Un étranger ! Je vais t'apprendre les bonnes manières japonaises, moi ! » Pour ponctuer ses paroles, il frappa un pilier métallique du poing.

Terry lui jeta un regard de dégoût, s'efforçant d'avoir l'air aussi mauvais que possible. Il arrondit les lèvres et lui jeta un baiser ironique qui, dans son esprit, revenait à jeter son gant à la face de l'adversaire.

– Très bien ! cria l'ivrogne, tu vas l'avoir, ta leçon !

Terry se prépara à faire face alors que l'autre semblait sur le point de se jeter sur lui. Une fraction de seconde avant qu'il ne bouge, quelqu'un cria : « Hé, là ! » C'était un cri déchirant, pourtant Terry lui trouva un accent bizarrement jovial, presque musical.

L'ivrogne et Terry se retournèrent et virent un vieil homme de petite taille, âgé d'au moins 70 ans. Il ne prêta pas attention à Terry, mais regarda l'ivrogne d'un air jubilatoire, comme s'il avait eu un secret important à partager avec lui.

– Viens voir, dit le vieil homme. Viens par ici, il faut qu'on se parle.

– Et pourquoi j'irais causer avec toi ? beugla l'ivrogne en se plantant, menaçant, devant le vieillard.

Celui-ci regardait toujours l'ivrogne du même regard rayonnant.

– Qu'est-ce que tu as bu ? lui demanda-t-il, les yeux pétillants d'intérêt.

– Du saké, éructa l'autre, et d'abord, ça te regarde pas.

– Ah, mais c'est merveilleux ! dit le vieil homme. Tu vois, moi aussi, j'adore le saké. Tous les soirs, avec ma femme, nous faisons chauffer une petite bouteille de saké que nous emportons au jardin, nous nous asseyons sur le vieux banc en bois que le premier élève de mon grand-père lui a fabriqué. Nous regardons le soleil se coucher, nous regardons aussi comment pousse notre kaki. C'est mon arrière-grand-père qui l'a planté, tu sais, et nous sommes inquiets car nous nous demandons si cet arbre pourra récupérer après les tempêtes glacées de l'hiver dernier. Les kakis sont si beaux à cette époque de l'année.

Le vieil homme leva les yeux vers l'ivrogne, le regard rayonnant de bonheur à cette évocation.

Le visage de ce dernier s'était adouci quelque peu en essayant de suivre les méandres du récit du vieil homme. Même ses poings s'étaient desserrés. « Ouais, souffla-t-il, moi aussi, j'aime bien les kakis. »

– Oui, dit le vieil homme, et je suis sûr que tu as une femme merveilleuse.

– Non, répondit l'ivrogne. Elle est morte. Je n'ai pas de femme, pas de foyer, pas de travail. Je n'ai pas d'argent et nulle part où aller.

– Mon Dieu, mon Dieu, c'est terrible, dit le vieil homme. Assieds-toi donc un moment et raconte-moi tout ça.

Quelques instants plus tard, l'ivrogne était affalé sur le banc, la tête reposant sur les genoux du vieil homme. Celui-ci avait le visage empli de compassion et de plaisir, et il caressait la tête hirsute de l'ivrogne. Les larmes coulaient le long des joues de celui-ci et un spasme de désespoir lui secoua tout le corps.

En assistant à tout cela dans une attitude que Terry décrivit comme son « innocence de jeunot propret » et la vertu des « bien-pensants-qui-veulent-assurer-la-sécurité-dans-le-monde-pour-la-démocratie », il nous dit qu'il se sentit alors plus sale intérieurement que l'ivrogne ne l'était extérieurement.

C'est alors que le train arriva à son arrêt habituel et que Terry descendit. Une fois le train reparti, Terry repensa à ce qu'il avait voulu faire avec ses muscles, avec méchanceté, et à ce que le vieil homme avait fait avec quelques paroles tendres. Avec sa voix douce, de la compassion, de l'assurance et de l'amour, il avait fait plus que ce qu'auraient fait les muscles et la combativité.

2. Amour et transformation

Il nous est tous arrivé, à un moment ou à l'autre, d'être plus ou moins influencés par l'énergie de l'affection que l'on nous témoignait, comme dans l'anecdote ci-dessus. Peut-être cette expérience s'est-elle produite avec un être cher qui nous a aidés à traverser une période difficile, ou avec un conseiller ou un thérapeute professionnel dont l'amitié et le soutien nous ont donné le supplément d'énergie nécessaire pour résoudre un problème.

De même, en présence d'une personne très en colère, nous avons nous-mêmes ressenti de la colère, même s'il n'y avait apparemment aucune raison à cela. Par contre, si l'on nous salue franchement et gaiement, il faut admettre que bien souvent nous avons tendance à réagir avec amabilité. Si nous nous trouvons en présence de quelqu'un qui est très concentré sur un objectif, il y a fort à parier que nous réagirons également en conséquence, par exemple en évitant de le perturber.

En matière de thérapie holoénergétique, il est important d'aller au-delà des apparences. Il faut considérer chacune des pensées et chacune des émotions que nous exprimons comme étant une forme d'énergie, comme faisant partie d'un schéma énergétique particulier : l'émotion qu'est la colère étant un schéma particulier, la joie un autre, la concentration sur un objectif un troisième… et ainsi de suite. Les schémas énergétiques que nous formons avec nos pensées et nos émotions nous permettent de soutenir le processus naturel de la guérison, aussi bien en nous-mêmes que chez les autres.

Pour bien comprendre comment nos pensées et nos émotions peuvent affecter notre corps, nous devons commencer par nous débarrasser de nos habitudes et admettre que celui-ci n'a pas seulement une dimension physique, matérielle. Einstein postulait que la matière et l'énergie sont des aspects équivalents et interchangeables d'une même réalité sous-jacente, ou « champ universel ». Cela implique que tout, en ce qui concerne l'énergie, se trouve dans des états variables de vibration et de mouvement. A l'instar de l'océan, qui se compose de nombreux courants et de vagues se mouvant simultanément dans des directions et avec une force différentes, notre corps, lui, se compose de nombreux champs énergétiques qui pulsent en interaction les uns avec les autres. Bien que nous ayons l'impression que notre corps se compose de matière physique solide, sa masse n'est en fait que de l'énergie qui a pris cette forme particulière.

Dans ce système énergétique que nous appelons le corps humain, on rencontre un certain nombre de sous-systèmes qui nous aident à

Rayons X et champs énergétiques

Une amie, qui s'était cassé la cheville, avait apporté les radios à mon cabinet. Je les emportai dans une autre pièce pour les examiner dans de meilleures conditions d'éclairage.

Par curiosité, je voulus voir si, en examinant la radio énergétiquement à l'aide d'un pendule, je pourrais ressentir des vibrations subtiles au moment où je passais sur la fracture. Je me suis alors conditionné mentalement pour être sensible et ouvert à l'énergie de cette blessure, puis j'ai fermé les yeux et commencé l'examen.

A ma grande surprise, tandis que je me livrais à cet examen, j'entendis mon amie, restée dans l'autre pièce, crier à cause d'une douleur lancinante qui revenait dans la cheville. En ouvrant les yeux, j'ai remarqué que sur la radio, le pendule était pointé exactement sur l'emplacement de la fracture. Je l'ai pointé vers un autre endroit et lui ai demandé comment elle se sentait.

– La douleur est partie, répondit-elle.

J'ai à nouveau pointé le pendule sur l'emplacement de la blessure et elle s'écria aussitôt :

– Elle est revenue. Est-ce que tu y es pour quelque chose ?

Je suis retourné dans la pièce où elle attendait et lui ai expliqué ce que je venais de faire. J'ai répété l'opération à plusieurs reprises, avec les mêmes résultats à chaque fois.

Apparemment, la radio montre non seulement une représentation physique des événements qui se produisent à l'intérieur du corps, mais elle contient également une représentation énergétique que l'on peut activer et faire s'exprimer consciemment.

A cette époque, je réunissais souvent des médecins et des internes chez moi pour me livrer à des expériences de guérison par les énergies subtiles. Désireux d'en savoir plus sur mes observations avec les radios, j'ai demandé à l'un des médecins d'apporter des radios de différentes fractures la prochaine fois.

A la réunion suivante, j'ai prié tout le monde de fermer les yeux. Ensuite, j'ai distribué à chacun une radio d'une fracture et un pendule pour l'examiner. Ils se sont tous mis mentalement en condition pour sentir le moment où leur pendule activerait le site de la fracture. Quand leur pendule arrivait à une distance de moins de cinq centimètres de celle-ci, huit sur dix d'entre eux avaient une sensation ressemblant à un picotement, à de la chaleur ou à une pulsation dans la main qui tenait la radio, et ce, même en ayant les yeux fermés.

Ces expériences me firent supposer que si les radios ou d'autres types de photographies avaient une représentation énergétique accessible de la sorte, non seulement il devenait possible d'obtenir des informations énergétiquement, mais aussi que cela pouvait avoir une valeur thérapeutique.

Les médiums utilisent souvent des photographies comme "témoins" énergétiques pour localiser des disparus ou lors d'enquêtes policières. Certains guérisseurs utilisent des photographies pour mieux se concentrer à distance. De toute évidence, c'est là un domaine digne d'intérêt et qui est mûr pour faire l'objet de recherches scientifiques.

Plus loin, je reviendrai sur l'utilisation des photographies pour explorer ses propres champs énergétiques.

guérir et à rester en bonne santé. Il s'agit des systèmes lymphatique, circulatoire, nerveux, musculaire, osseux, immunitaire, digestif, glandulaire... lesquels fonctionnent tous en interaction les uns avec les autres. Chacun d'eux réagit à des énergies subtiles provenant à la fois de l'intérieur et de l'extérieur du corps.

Il n'est donc pas trop difficile d'imaginer que, puisque nos pensées et nos émotions sont des schémas énergétiques et notre corps un ensemble de champs énergétiques entremêlés, l'énergie de nos pensées et de nos sensations soit tout à fait capable d'affecter notre bien-être soit positivement, soit négativement. Mais comment l'énergie de nos pensées ou de nos émotions est-elle transférée aux autres, comment est-ce qu'elle croise – et, peut-être, modifie – les schémas énergétiques qui constituent leur corps ? Nous ne possédons pas encore toutes les réponses, mais des recherches récentes ont commencé à nous livrer quelques indices.

On sait, par exemple, que chaque cellule du corps humain peut transmettre des radiations électromagnétiques, que l'on peut mesurer une sorte de lumière dans les spectres proches de l'ultraviolet et de l'infrarouge. Ces ondes transmettent des informations à l'intérieur comme à l'extérieur de la cellule ; elles permettent de communiquer des données à d'autres cellules au sujet de ses processus vitaux.

Il est également connu que l'A.D.N. (le composant fondamental de la vie) a des propriétés piézo-électriques, autrement dit qu'il peut convertir une forme d'énergie en une autre. Par exemple, si l'énergie qui s'exprime sous la forme d'une pression ou d'une vibration est appliquée à une structure piézo-électrique, elle libère des électrons. Inversement, si l'on introduit des électrons dans une structure piézo-électrique, elle se met à vibrer. Presque toutes les cellules du corps – à l'exception des cellules rouges du sang – contiennent de l'A.D.N. et sont, de ce fait, piézo-électriques. Le lauréat du prix Nobel, S. Gyorgi, fait remarquer que le transfert d'électrons à l'intérieur des cellules et entre elles est un élément clef du processus vital. Il n'est donc pas surprenant que certaines vibrations des champs énergétiques soient bénéfiques ou au contraire délétères pour notre santé.

Des expériences faites en Russie par le docteur Vlail Kaznatcheiev, directeur de l'Institut de médecine clinique et expérimentale de Novosibirsk, donnent à penser que les radiations (déplacement d'énergie) des cellules constituent un mécanisme de transmission de l'information beaucoup plus important qu'on ne le croyait (2). Kaznatcheïev a pris des cellules saines qu'il a réparties en deux groupes. Ces échantillons étaient ensuite séparés par un quartz ou par une lamelle. Un des échantillons était soumis à un virus, à une bactérie, à une substance chimique toxique ou à des radiations nucléaires, ce qui se soldait par la mort des cellules.

Lorsque la lamelle qui séparait les deux échantillons était en verre, les cellules non infectées, non exposées et placées de l'autre côté restaient saines. Par contre, si cette lamelle était en quartz, il se produisait quelque chose d'inattendu. Dans 70 à 80 % des cas, la maladie affectait les cellules non exposées de l'autre côté de la lamelle et elles mouraient peu après les cellules exposées.

Les résultats montrèrent que les cellules infectées communiquaient des informations sur leur état pathologique aux cellules saines en transmettant une énergie qui traversait le quartz mais pas le verre (le quartz laisse passer les rayons ultraviolets, tandis que le verre les bloque ou les filtre, ce qui altère les signaux émis par les cellules). Des recherches plus poussées ont permis de déterminer que l'énergie impliquée faisait partie du spectre proche de l'ultraviolet, c'est-à-dire celui des radiations de l'A.D.N.

Cette étude, qui a porté sur plus de 1 700 expériences, montre que l'A.D.N. des cellules vivantes peut communiquer avec d'autres cellules situées à proximité par la transmission d'énergie sous forme de lumière. Ces résultats indiquent que les cellules peuvent communiquer les unes avec les autres, indépendamment de leurs propriétés biochimiques et d'autres systèmes organiques tels que les systèmes circulatoire, nerveux ou immunitaire.

3. Les eaux de la vie

Les scientifiques nous disent que le corps humain se compose approximativement de deux tiers d'eau. La modification des champs

2. V. P. Kaznatcheïev et autres : *Distant Intercellular Interactions in a System of two Tissue Cultures* (dans Psychoenergetic Systems, 1 (3), mars 1976).

énergétiques à proximité de l'eau peut altérer sa structure, ce qui peut exercer une influence profonde sur les cellules du corps.

Le docteur Bernard Grad, biologiste à la McGill University de Montréal, a montré que le spectre d'absorption, la tension de surface, la conductivité et l'acidité de l'eau peuvent être modifiés par la concentration de la pensée ou de la volonté. Lorsqu'on structure les atomes d'hydrogène des molécules d'eau avec l'intention de guérir, l'angle qui les sépare s'élargit. Cela a pour effet d'affaiblir l'attraction normale des molécules d'eau entre elles. Il en résulte donc une diminution de la tension de surface et une augmentation de la solubilité de l'eau structurée, ainsi qu'une modification du schéma absorption-spectre.

Lors d'une série d'expériences, le docteur Grad a demandé à un individu qui avait « la main verte » et à un patient souffrant d'une dépression nerveuse grave de tenir chacun un flacon d'eau bouché. Ensuite, il a arrosé régulièrement des groupes de plantes, l'un avec l'eau structurée par « l'homme à la main verte », l'autre avec l'eau structurée négativement par le patient, et un troisième avec de l'eau ordinaire, non traitée. Les plantes du premier groupe poussaient plus vite que celles du troisième. Quant aux plantes arrosées avec l'eau structurée par le patient, elles poussaient plus lentement que celles arrosées avec l'eau ordinaire (3).

Comme nous savons que dans l'eau structurée, le spectre d'absorption, la tension de surface, la conductivité et l'acidité sont altérés, il est très probable qu'en structurant l'eau il soit possible de modifier également la résistance électrique et la perméabilité de la membrane cellulaire. Cela a pour effet de la rendre plus ou moins réceptive aux signaux émis à un niveau vibratoire.

Il apparaît que l'eau structurée emmagasine aussi des informations que les systèmes vivants peuvent « lire ». Cela comporte des implications qui vont très loin en ce qui concerne les guérisseurs, puisque les cellules du corps humain contiennent de l'eau et baignent dans cet élément. Si l'énergie de la pensée et la volonté de guérir peuvent structurer l'eau qui se trouve tant à l'intérieur qu'à l'extérieur des cellules, ce qui, à son tour, affecte la distribution de la charge électrique de leur membrane, il apparaît clairement que cela pourrait faciliter la guérison.

3. Voir Gerber : *Vibrational Medicine* (p. 295).

4. Les effets de l'intention

Selon les physiciens, c'est le fait d'observer un événement qui modifie celui-ci. En physique quantique, c'est ce que l'on appelle l'*effet observateur*. Le physicien Fred Wolf définit l'observation comme n'étant rien d'autre qu'une action qui oblige à faire un choix. Il a suggéré que l'effet observateur serait un attribut de la conscience et qu'il se produit aussi bien au niveau du conscient que de l'inconscient.

Les processus inconscients peuvent être altérés par l'intention consciente. Le choix conscient de changer, de guérir une infection, peut altérer par exemple les schémas énergétiques du système immunitaire, soit en nous-mêmes, soit chez une autre personne. C'est ce qui fait que l'effet observateur est particulièrement significatif en matière de guérison holoénergétique.

William Tiller, professeur en sciences physiques à la Stanford University, a rapporté en 1986 à la conférence de l'*Association for Research and Enlightenment*, en Arizona, qu'il avait développé un dispositif capable d'émettre des électrons lorsqu'il était soumis à une intention de guérir. Tiller avait placé une couche de gaz entre deux électrodes, dans lesquelles il introduisait un courant alternatif de voltage élevé. Celui-ci était cependant assez faible pour ne pas séparer le gaz en ses éléments constitutifs. Bien qu'aucune charge n'ait été observée, de petites avalanches d'électrons furent émises. Tiller utilisait un circuit de comptage pour le suivi du nombre d'électrons émis.

Une cage de Faraday fut placée autour de l'instrument pour éliminer les éventuels effets électromagnétiques du dispositif. Le seuil de l'instrument était réglé de telle sorte que si quelqu'un se tenait simplement à proximité, le dispositif émettrait au maximum une décharge d'électrons toutes les cinq minutes environ.

Tiller demanda ensuite à quelqu'un de focaliser intentionnellement son intention pour guérir sur le dispositif en le faisant passer par ses mains. Il n'y eut aucune réaction pendant 90 secondes, mais au cours de la période de 5 minutes qui suivit, plus de 50 000 décharges furent enregistrées. Lorsque la transmission de l'énergie curative fut interrompue, les décharges énergétiques allèrent en diminuant progressivement. On ne put rien trouver qui permît de protéger le dispositif contre les effets de l'énergie curative. Le dispositif ne pouvait pas être déclenché par des rayons lumineux ultraviolets ni infrarouges, ni par des rayons gamma, ni par du courant à haute tension. Tout cela évoque l'influence d'une énergie qui se situe au-delà de la fréquence des radiations électromagnétiques.

Tiller poursuivit en recherchant les effets qu'il pouvait obtenir sur les électrons émis par le dispositif en faisant varier ses pensées. Il focalisa son intention tout en se servant de ses mains pour émettre l'énergie curative. Il enregistra un nombre de 20 000 à 50 000 décharges. Il replaça alors ses mains autour du dispositif, mais cette fois en neutralisant son intention d'émettre de l'énergie curative ; pour cela, il concentra ses pensées sur des calculs mathématiques. Aucune décharge d'énergie ne fut enregistrée.

Tiller remarqua que lorsqu'il laissait son esprit vagabonder en direction du dispositif, celui-ci reprenait le comptage. Il découvrit aussi que s'il était indisposé ou l'esprit embrumé, le nombre des décharges était bien inférieur à celui qu'il enregistrait quand il était en meilleure condition physique ou mentale.

Il fit aussi la démonstration de son dispositif de visualisation. En se tenant à une distance comprise entre 5 et 7 mètres de celui-ci, il visualisait le dispositif au travers de son plexus solaire ; il enregistra entre 20 000 et 50 000 décharges.

Après s'être livré à des milliers d'expériences de ce type, Tiller conclut qu'il existe bien une énergie au-delà du spectre électromagnétique, émise par les êtres humains, capable d'activer la libération d'électrons. Cette énergie subtile peut transférer des informations, dirigées par l'esprit et focalisées par la volonté, l'attention et l'imagerie.

L'énergie curative transmise par les mains, la volonté et les pensées d'un guérisseur, capable d'émettre des électrons dans le dispositif de Tiller, pourrait bien être en mesure d'affecter l'équilibre de la charge de la membrane des cellules, peut-être même l'A.D.N. et, par voie de conséquence, la santé des cellules vivantes.

Comme des systèmes inertes pouvaient être affectés par l'énergie humaine dans les expériences de Tiller, il semblait aller de soi que les systèmes vivants répondent de manière semblable. J'ai décidé d'en avoir le cœur net. De fait, mes propres recherches confirmèrent que notre volonté et notre imagerie exercent bien un effet sur les systèmes vivants. Au cours d'une série d'expériences, je me suis rendu compte qu'en faisant seulement appel à l'imagerie on pouvait induire une inhibition de la croissance des cellules cancéreuses de culture de l'ordre de 18 % par rapport au groupe de contrôle.

Lorsqu'à l'imagerie de la réduction de la croissance des cellules, j'ai ajouté la volonté de faire revenir celles qui avaient une croissance rapide à leur taux de croissance naturel, l'effet réducteur doubla pour atteindre un taux de 40 %. Ces études semblaient montrer que l'imagerie et la volonté contribuaient, à parts égales, à influencer l'inhibition psychoénergétique des cellules tumorales de culture.

5. L'énergie au niveau subatomique

Les physiciens font référence à un autre niveau de l'énergie, le niveau subatomique, en termes d'échanges de photons. Les photons sont des paquets d'énergie dépourvus de masse et de charge, qui constituent l'unité fondamentale de la lumière et de l'énergie électromagnétique. Lorsqu'un atome libère un photon de lumière d'un électron, il perd de l'énergie. Lorsqu'il absorbe un photon, il en absorbe. La libération ou l'absorption d'énergie par un atome peut être influencée par une énergie plus fondamentale souvent appelée énergie du « vide », ou énergie du point zéro.

Traditionnellement, les chercheurs partent du postulat que l'énergie potentielle est organisée et stockée dans des champs qui entourent les objets ou les êtres vivants. Cependant, au niveau des photons et des particules subatomiques, l'énergie ne se comporte pas toujours comme lorsqu'elle se présente sous la forme d'un champ. Les particules disparaissent et réapparaissent en des endroits inattendus, violant ainsi le postulat de la conservation de l'énergie.

David Bohm (4), l'un des principaux théoriciens de la physique du monde, fait référence à « l'énergie quantique potentielle » d'ordre supérieur des particules pour expliquer pourquoi l'énergie semble se déplacer plus vite que la vitesse de la lumière. Les physiciens se sont rendu compte que lorsque deux photons d'un unique atome sont libérés et partent dans des directions opposées, si l'on influence le spin (5) de l'un (par polarisation), on influence simultanément celui de l'autre.

---

4. David Bohm et F. D. Peat : *Science Order and Creativity* (Bantam, New York, 1987 ; p. 89-93). 5. Terme de physique nucléaire désignant le moment cinétique d'une particule, c'est-à-dire, schématiquement, l'importance de son mouvement (N.d.T.).

Comme les photons s'éloignent l'un de l'autre à la vitesse de la lumière (les photons étant des paquets de lumière), toute communication entre eux devrait se faire à une vitesse du double de celle de la lumière, défiant par là toutes les lois connues de la physique. Ces expériences révèlent que les parties (les photons) sont connectées entre elles au sein d'un ordre unificateur supérieur, même quand elles sont séparées les unes des autres dans l'espace et dans le temps.

Certains biophysiciens qui étudient les effets de l'énergie quantique potentielle d'ordre supérieur l'appellent *scalaire* ou *non-hertzienne.* On pense que ce sont les énergies non-hertziennes qui sont à l'origine du mécanisme par lequel les « énergies subtiles » exercent leur influence sur le champ électromagnétique et au-delà (6).

6. Energies subtiles et centres énergétiques chez l'humain

Chaque corps physique est composé de champs énergétiques qui pulsent constamment et sont en interaction les uns avec les autres. Il a son propre schéma vibratoire, comme des notes de musique, qui lui est naturel et par lequel il est en résonance. Comme chaque note a des harmoniques plus élevées, on peut penser qu'il en va de même avec le corps. Ces harmoniques supérieures du corps ont été appelées corps subtils ou champs subtils (fig. 1, p. 47). Par l'interpénétration du champ énergétique électromagnétique physique, les champs subtils permettent une interaction de la conscience et du corps.

Les champs énergétiques subtils du corps sont généralement divisés en groupes arbitraires, qui s'étendent au-delà des limites du corps physique. Les clairvoyants les perçoivent comme des auras colorées entourant le corps physique.

On peut aussi faire appel à des tests biomécaniques (radiesthésie) pour déterminer l'étendue de ces champs subtils.

Vous trouverez ci-dessous une description de cinq champs énergétiques subtils associés avec le corps et l'esprit humains : bioénergétique, éthérique, émotionnel, mental et intuitif.

---

6. Abner Shimony : *The Reality of the Quantum World* (Scientific American, janvier 1988 ; p. 46-53).

a) Le champ bioénergétique

Le champ bioénergétique consiste à la fois en énergies subtiles et en énergies mesurables avec les moyens actuels de la science. Il résulte partiellement de la croissance, du métabolisme et de la mort des cellules, de la naissance de nouvelles cellules et ainsi de suite. Il est constitué de dioxyde de carbone, de cristaux de sel microscopiques, de molécules d'eau, d'ammoniac et d'autres substances créées par les processus vitaux. Il est aussi constitué des champs électromagnétique, gravitationnel, acoustique et subtil du corps physique. Certains de ces champs peuvent être mesurés scientifiquement en laboratoire.

Certains pensent que cet ensemble de matériaux est excité par les photons ultraviolets émis au cours de la partition des cellules du corps physique. Globalement, il en résulte la présence d'un nuage de particules ionisées autour du corps, d'une épaisseur de 5 à 10 cm au-dessus de la peau et aux contours extérieurs bien définis. L'état du champ bioénergétique reflète celui de la santé physique : il est en expansion dans les périodes de bonne condition physique et se contracte lors de la plupart des maladies.

b) Le champ éthérique

Le champ éthérique s'étend au-delà du champ bioénergétique. Il configure l'ensemble du schéma énergétique du corps, tant sur le plan de ses harmonies que de ses dissonances. De tous les champs énergétiques, c'est le lien le plus direct des énergies subtiles avec le corps physique. Il constitue en quelque sorte un instantané de la manière dont pensées, sentiments et environnement affectent le corps.

A mon sens, le champ éthérique se distingue des autres champs subtils, mais il contient des informations qui en sont issues. On peut le comparer à une station de radio : il a sa propre fréquence et émet ses propres programmes, mais il donne aussi des comptes-rendus réguliers sur toutes les stations dans son rayon d'émission. Ainsi, le champ éthérique contiendra des informations émises par le système corps-esprit, mais aussi par tous les autres champs énergétiques subtils.

Autrement dit, le champ éthérique contient le « patron », le modèle énergétique de notre vie. De la même manière qu'on utilise un patron dans la confection d'un vêtement, les patrons du champ éthérique (eux-mêmes constitués d'énergie) guident la répartition de l'énergie dans le

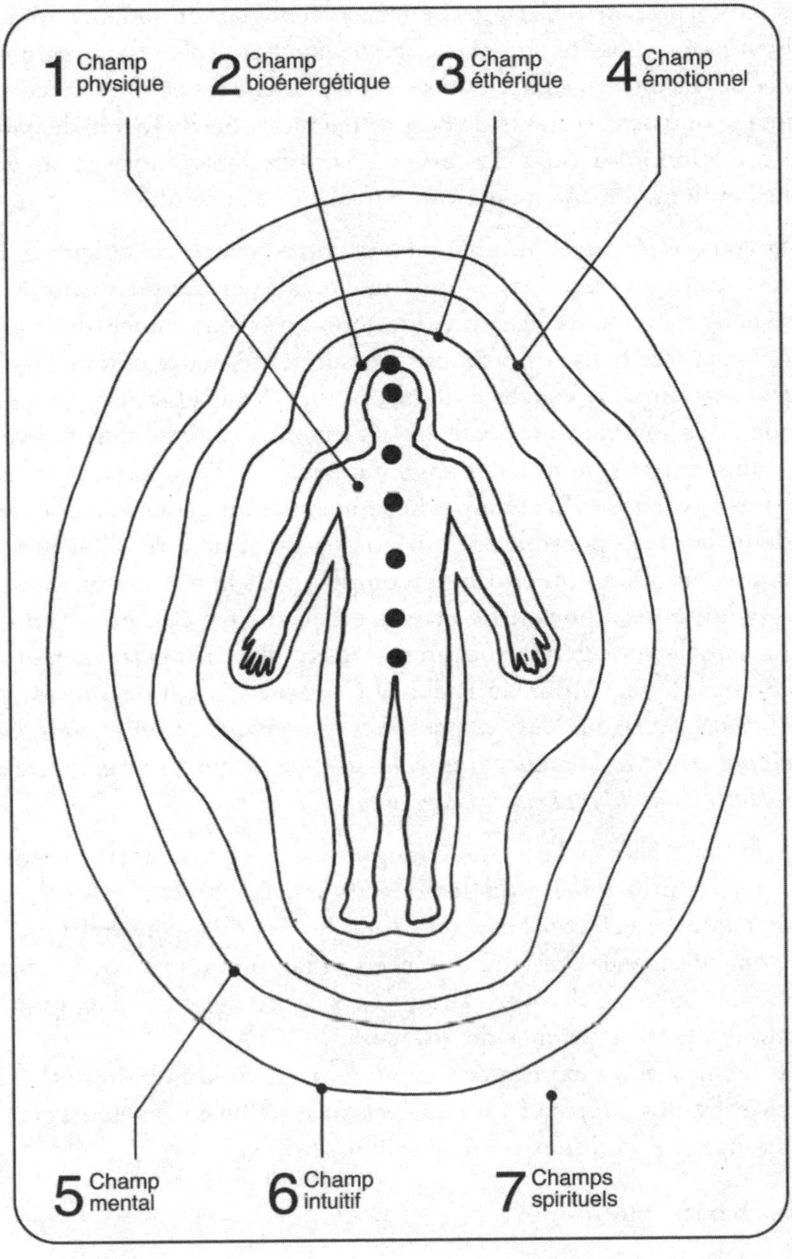

Figure 1 : **les champs subtils**

système corps-esprit. Certains neuropsychologues en sont arrivés à spéculer sur l'éventualité de l'existence de la mémoire en dehors du corps physique. Ils ont émis l'hypothèse selon laquelle les cellules du cerveau, de même que des éléments de l'esprit existant sous la forme de paquets d'information en dehors du cerveau, sont holographiques, en ce sens qu'ils contiennent une image (un patron) de l'ensemble.

Si vous réfléchissez un instant sur votre propre vie et sur celle des autres, vous vous rendrez compte qu'il existe certaines constantes permettant de reconnaître les individus, jour après jour, année après année. Ces constantes peuvent être leur personnalité, leurs caractéristiques physiques, leurs croyances et ainsi de suite. Vous et moi, nous restons ce que nous sommes, en dépit du fait que nos cellules se renouvellent constamment et que nous changeons également à d'autres points de vue. Les « patrons » du champ éthérique, mais aussi des autres champs, rendent tout cela possible, ce qui nous permet de « retailler le tissu » constamment alors, qu'en fin de compte, c'est le même vêtement que nous continuons à porter. Le champ éthérique est également en interaction avec le code génétique, en ce sens qu'il exprime son schéma sur le plan physique. Citons ici Richard Gerber (7) : *« Alors que les gènes de l'A.D.N. dirigent les mécanismes moléculaires qui régissent le développement des cellules individuelles, le corps éthérique guide le déploiement spatial du processus génétique. »*

A chaque fois que l'on veut changer, comme en médecine holoénergétique, on utilise les modèles décrits ici. Au niveau éthérique, on obtient une image composite de tous les schémas énergétiques qui affectent notre vie. C'est ici que nous entamons notre voyage vers la source énergétique de notre situation présente, et c'est d'ici que nous émettons nos programmes de guérison.

Au chapitre V, j'expliquerai comment partir du champ éthérique pour vérifier les informations relatives au système corps-esprit et à tous les champs énergétiques correspondants.

c) Le champ émotionnel

Au-delà du champ éthérique, il y a le champ émotionnel. Il interpénètre les champs bioénergétique et éthérique, ainsi que le corps phy-

---

7. Op. cit. (p. 69).

sique. Les sentiments, les émotions et les intentions affectent le champ émotionnel et influencent le corps physique.

Les pensées sont toujours associées aux sentiments qui varient selon la nature de nos pensées et inversement. Les émotions nous incitent à exprimer nos sentiments dans nos actes, bien qu'il nous arrive aussi de réprimer ces derniers. Lorsque nous sommes en bonne santé, nos pensées et nos sentiments sont en équilibre et intégrés les uns aux autres de façon à guider nos actes. Ainsi, quand les pensées sont synchronisées avec les sentiments, quand elles trouvent à s'exprimer dans les actes, le champ émotionnel est affecté.

Notre santé émotionnelle dépend de notre aptitude à reconnaître nos émotions, nos sentiments et nos pensées. La conscience de leur origine et de leurs effets sur nous-mêmes et sur autrui a pour effet de renforcer le sentiment de notre identité.

d) Le champ de l'énergie mentale

Le champ de l'énergie mentale est associé au fonctionnement de l'intellect. Ses fréquences plus élevées interpénètrent les champs éthérique et émotionnel ; elles s'étendent même au-delà. Les interactions du champ de l'énergie mentale avec les autres champs nous permettent de classifier, d'analyser, de rationaliser, de synthétiser et de créer au moyen de nos pensées.

Il semble que le cerveau fonctionne en amplifiant les pensées qui viennent à l'esprit. Mais la question qui se pose est la suivante : où se situe l'esprit ?

Karl Lashley, neurophysiologue, a utilisé des rats pour déterminer l'emplacement de la mémoire. Après leur avoir appris à se déplacer dans un labyrinthe, il a pratiqué des lésions dans différentes parties de leur cortex cérébral, causant par là une destruction des tissus cérébraux. Il s'est alors rendu compte que l'emplacement des lésions importait peu : les rats étaient toujours capables de se déplacer dans le labyrinthe, car les mécanismes de la mémoire ne se situent pas en un endroit précis. En revanche, il remarqua qu'une masse minimum de tissu cérébral était nécessaire pour que les rats se souviennent du chemin à suivre dans le dédale. A partir de 20 % de destruction de la masse cérébrale, les rats commençaient à perdre proportionnellement de leur aptitude à retrouver leur chemin dans le labyrinthe. Cette expérience, ainsi que d'autres semblables, ont appris aux neurophysiologues que la mémoire ne réside pas en un endroit unique du cerveau. Plus exactement, on pourrait dire que notre cerveau a un mode de fonctionnement holographique, en ce sens que chacune de ses cellules est capable d'obtenir une image de l'ensemble ; c'est un peu comme si chaque cellule disposait d'un schéma de l'ensemble du cerveau, même si elle remplit uniquement la fonction qui lui est impartie.

Après une trentaine d'années de recherches, Lashley arriva à la conclusion suivante : *« Il n'est pas possible de trouver la moindre trace de mémoire en un endroit isolé du système nerveux » (8)*. De même, le biologiste Rupert Sheldrake soutient l'hypothèse selon laquelle *« notre cerveau ressemble à un téléviseur »*, c'est-à-dire à un récepteur, en ce sens que le stockage de l'information a lieu en dehors du cerveau et du corps (9). Il en ressort que la mémoire elle-même ne dépend pas exclusivement du corps physique.

Les performances normales ou supranormales de certains enfants hydrocéphales donnent également à penser que l'esprit n'est pas confiné au seul cerveau, aux seules cellules cérébrales. Chez les enfants atteints d'hydrocéphalie, les ventricules du cerveau qui contiennent le liquide cérébro-spinal sont bloqués dans le fœtus, d'où leur gonflement anormal. Il en résulte une compression à l'intérieur de la boîte crânienne laissant, dans certains cas, moins d'un millimètre de tissu cérébral. En dépit de cette réduction de la masse du cerveau, certains enfants hydrocéphales se montrent capables d'apprendre des opérations mathématiques complexes et d'exceller en classe.

Aussi bien les expériences de Lashley que le comportement et les aptitudes des enfants hydrocéphales donnent à penser que si nous voulons comprendre l'esprit, nous devons chercher ailleurs que dans le tissu cérébral. Candace Pert, qui a pratiqué au *National Institute of Mental Health*, a émis l'hypothèse d'un réseau de communication complexe qui échangerait des informations entre le système nerveux, le système immunitaire et le système endocrinien. Les messagers qui

8. Karl S. Lahley : *In Search of the Engramm* (Symposia of the Society for Experimental Biology, 1950, 4 ; p. 454-482).
9. Rupert Sheldrake : *Can Our Memories Survive the Death of Our Brains ?*, in Proceedings of the Symposium on Consciousness and Survival (Institute of Noetic Sciences, Sausalito, Ca ; 1987, p. 67).

portent ces informations sont des molécules appelées *neuropeptides*, produites par notre cerveau, nos reins, nos intestins et nos cellules sanguines. Ce système de communication relie pratiquement chaque partie de notre corps et de notre esprit, ce qui fait que nous pourrions nous comparer, avec assez de réalisme, à un cerveau de très grande taille. La substance de la pensée est partout, et non pas limitée à la seule « matière grise » qui se trouve dans notre tête (10).

L'une des implications en est que nos pensées et nos sentiments stimulent les cellules du système immunitaire. Ces cellules sont alors guidées par les neuropeptides pour réparer les blessures et décider quelles cellules doivent être protégées ou sacrifiées, comme dans le cas des cellules cancéreuses. Ainsi, nos pensées et nos sentiments ont littéralement pour effet la production de substances physiologiques. En médecine allopathique, l'étude de ces connexions est représentée par l'émergence d'une nouvelle branche : la psychoneuro-immunologie.

Selon Candace Pert, le cerveau et le corps ne sont rien d'autre qu'un substrat de l'esprit. Toutefois, la nature de celui-ci ne peut s'expliquer uniquement en termes physiques ; il consiste en effet également en un substrat immatériel, composé des informations qui circulent à travers lui et autour de lui. Le cerveau pourrait être comparé à un poste de radio, alors que les informations qui constituent l'esprit seraient, elles, comparables aux ondes radio qui l'entourent.

De toute évidence, tout ce qui a trait à la communication et à la compréhension ne se fait pas seulement sur le plan de l'esprit et de l'intellect. D'autres niveaux de conscience, que nous appelons *intuitifs* et *spirituels*, viennent compléter ce tableau.

e) Le champ intuitif

Connu aussi sous la dénomination de *champ causal*, le champ intuitif jette une passerelle entre le champ spirituel et les champs émotionnel et mental (la personnalité). C'est à ce niveau que nous appréhendons la connaissance directe, enregistrée ensuite sous forme de pensées et de sentiments. Au niveau intuitif, nous sommes en mesure de faire appel à une connaissance qui transcende la pensée intellectuelle,

10. Candace Pert : *Neuropeptides, the Emotions and Bodymind*, in Proceedings of the Symposium on Consciousness and Survival (Institute of Noetic Sciences, Sausalito, Ca ; 1987, p. 67).

rationnelle. Au-delà du champ intuitif, et l'interpénétrant, on entre dans le domaine spirituel.

7. Les chakras : les liens entre les champs énergétiques

Les principaux chakras et les parties du corps qu'ils alimentent en énergie (11)

CHAKRA	COULEUR	GLANDE ENDO-CRINE	PARTIE DU CORPS
7 Couronne	Violet – Blanc	Pinéale	Cerveau supérieur, oeil droit
6 Tête	Indigo	Pituitaire	Cerveau inférieur, oeil gauche, nez, oreilles, système nerveux
5 Gorge	Bleu	Thyroïde	Bronches et appareil vocal, poumons, canal alimentaire
4 Cœur	Vert	Thymus	Coeur, sang, nerf vague
3 Plexus solaire	Jaune	Pancréas	Estomac, foie, vésicule biliaire, système nerveux
2 Sacrum	Orange	Gonades	Système reproducteur
1 Base	Rouge	Surrénales	Colonne vertébrale, reins

Les champs bioénergétique, éthérique, émotionnel, mental et intuitif ne sont pas séparés les uns des autres par des frontières bien délimitées. En réalité ils s'entremêlent, s'influencent mutuellement, se meuvent ensemble comme un océan d'énergie. Imaginez un instant les différents mouvements d'un océan, avec ses courants qui vont dans une direction et les vagues qui roulent dans une autre, avec les turbulences qui se produisent à proximité des terres ; ajoutez à cette image mentale le

---

11. Adaptation d'après David Tansley : *La radionique et l'anatomie subtile de l'homme* (Editions Trédaniel, 1995).

mouvement des poissons et des animaux marins, celui de la Terre dans l'espace, et ainsi de suite. Nous sommes généralement capables de déterminer la direction générale d'un courant ou des vagues lorsqu'elles viennent s'écraser sur la plage, mais comprendre les implications de ces courants sur l'ensemble est une tout autre question. Il est encore plus difficile de former une image mentale de tous les mouvements qui représentent des formes d'énergie dans l'océan.

De même, il n'est pas plus aisé d'obtenir une vision complète des champs énergétiques du corps humain et de leurs interactions. Pour ce faire, le modèle le plus utile que nous ayons à notre disposition est le système des *chakras,* élaboré il y a des milliers d'années. Au cours des siècles, cette « carte » des énergies humaines a été continuellement revue et corrigée, affinée, et elle est toujours en usage de nos jours en acupuncture et dans différents autres systèmes thérapeutiques et spirituels.

Dans ce système, qui remonte à l'Antiquité, les champs bioénergétique, éthérique, émotionnel, mental et intuitif sont reliés au corps physique par sept centres énergétiques principaux, appelés *chakras.* En sanskrit, *chakra* signifie « roue d'énergie » ou « roue de feu ». Selon les anciennes traditions spirituelles, ces tourbillons assimilent, transmettent et distribuent des énergies subtiles. On a comparé les chakras à une rangée d'antennes qui peuvent être branchées pour capter les informations de l'espace multidimensionnel. Lorsque les énergies subtiles se retirent, le corps est vitalisé et imprégné par la conscience. La méditation par le yoga et certaines techniques respiratoires permettent d'activer ces centres, de renouveler les énergies et d'élargir le champ de la conscience (12).

Chacun de ces sept centres est associé à une glande endocrine, à une couleur et à un son caractéristique de sa fréquence de spin.

Chaque centre correspond également à un plexus de la zone du corps où il setrouve. Les parties du corps sont vitalisées et alimentées en énergie par le chakra qui y est associé (voir le tableau p. 52). Quand une pathologie se développe dans une partie du corps donnée, elle est directement liée au centre énergétique correspondant.

---

12. Voir l'ouvrage de Lilla Bek : *Vers la lumière. L'éveil de vos centres énergétiques* (Editions Dangles).

Chakras : fonctions ésotériques chaque chakra est un témoin contenant de l'énergie, des images et de l'information		
Fonction	**Qualités**	**Distorsion**
7 Conscience de la spiritualité		
6 Connaissance intuitive, désir de savoir		
5 Expression créative		
4 Amour	Dons, attentions et compassion inconditionnels	
3 Emotions	Dons, attentions, compassion et prise de confiance en soi conditionnels	Pouvoir sur autrui, contrôle et manipulation
2 Sensations	Plaisir, créativité	Stimulation, possession
1 Sécurité, volonté de vivre	Force vitale	Survie

Nos chakras sont continuellement soumis à une alternance d'expansion et de contraction, reflétant notre vécu quotidien, nos sentiments et nos émotions. En même temps, il y a une partie d'eux-mêmes qui ne change que très peu. Un peu comme un arbre, un chakra peut avoir des racines profondes qui semblent se mouvoir ou ne changer que par incréments minimes au long de notre vie. Cependant, les branches d'un arbre réagissent au moindre souffle, aux changements des saisons, au déplacement du soleil dans le ciel, et même aux animaux qui vivent dans ses branches ; un chakra réagit lui aussi à de nombreuses influences. Lors de son évaluation, les informations que l'on en tire dépendent des dimensions que l'on choisit d'examiner.

Sur le plan physique, un organe malade peut influencer l'état du chakra qui y est associé. Par exemple, un ulcère gastrique peut affecter le troisième chakra directement. Il est intéressant de noter que celui-ci est également associé aux émotions comme la compétitivité et le pouvoir. Alors que le sang-froid et la maîtrise de soi apportent paix et harmonie, le besoin d'exercer son contrôle sur le monde extérieur, c'est-à-dire sur les autres et sur les situations auxquelles on est confronté, engendre de l'angoisse, ce que les spécialistes du monde médical mettent en relation avec les ulcères et les autres pathologies du système digestif.

Au cours du processus de guérison holoénergétique, chaque chakra est représenté par un niveau de conscience exprimé en termes de fonction psychologique ou ésotérique (cf. fig. 2, p. 54). Le niveau ésotérique reflète l'état d'évolution du chakra à ce moment et peut nous conduire à l'origine d'une indisposition ou d'une maladie.

Les fonctions ésotériques des trois premiers chakras peuvent être détournées par des croyances profondément enracinées, ce qui affecte nos pensées et nos sentiments, mais aussi par les événements qui se produisent dans le présent. Comme les trois premiers chakras représentent les fondations de ce système énergétique, tout ce qui repose sur eux reflétera bien évidemment leur influence.

▲ Exercice : perception des énergies subtiles

Au cours de cet exercice, vous allez apprendre à percevoir les énergies subtiles émanant de vous-même. On y arrive en général dès la première ou la seconde tentative, mais il peut se faire que certains n'y parviennent pas. Si vous ne percevez pas ces énergies subtiles, ne vous découragez pas. Vous aurez encore l'occasion d'essayer à mesure que nous progresserons ensemble.

1. Frottez-vous les mains vigoureusement, comme pour vous les laver.
2. Tenez-les devant vous sans faire d'effort particulier, les paumes se faisant face à une distance d'environ 15 cm l'une de l'autre.

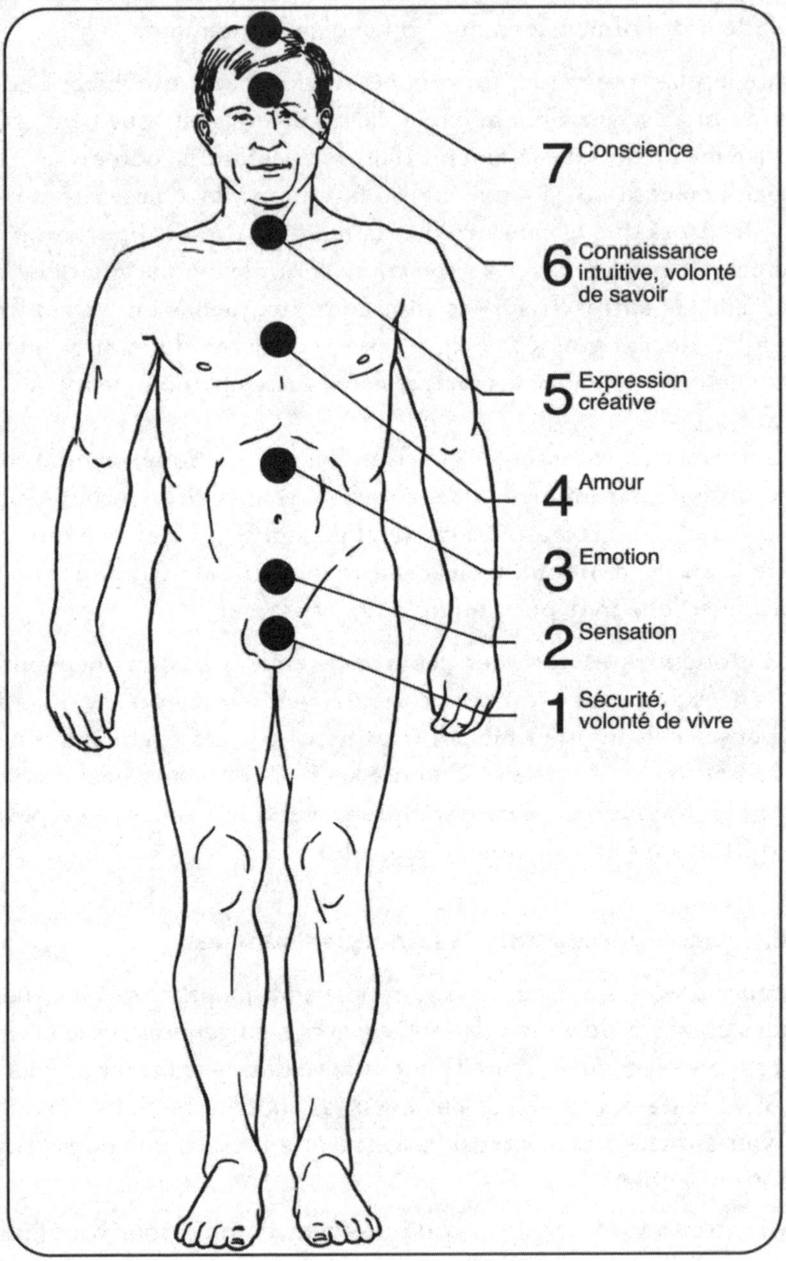

Figure 2 : **les chakras et leurs fonctions ésotériques.**

3. Rapprochez-les lentement l'une de l'autre en focalisant votre attention sur ce que vous ressentez dans les paumes.

4. Laissez-vous aller à percevoir ce qui pourrait s'apparenter à une sensation de pression à mesure que vos mains se rapprochent l'une de l'autre. Peut-être sentirez-vous comme un picotement ou une pulsation, du froid ou de la chaleur, voire une combinaison de ces sensations.

5. Une fois que vous aurez identifié l'une de ces sensations, aussi infime soit-elle, et même si vous pensez que c'est peut-être le fait de votre imagination ou le résultat de notre suggestion, laissez tomber une main et interrogez-vous sur ce qui se produit alors. Votre sensation est-elle différente lorsque vous écartez la main ?

6. Maintenant, replacez la main dans la position initiale et cherchez à déterminer si la sensation première est revenue.

7. Poursuivez vos expériences en écartant et en rapprochant successivement vos mains.

8. Si vous ne sentez rien au début, essayez encore, peut-être dans un cadre différent ou à un moment où vous vous sentirez plus détendu.

N. B. : comme le doute et le manque de confiance peuvent en quelque sorte filtrer nos perceptions, de nombreux essais sont parfois nécessaires avant d'obtenir des résultats satisfaisants. Pour réussir cet exercice, il est essentiel de faire confiance à vos sens tout en suspendant momentanément vos préjugés.

CHAPITRE III

L'amour et la guérison holoénergétique

« L'amour est une forme de savoir... nous ne connaissons vraiment une personne ou une chose qu'en nous fondant avec elle par l'amour. L'amour détient ainsi une sagesse dont l'esprit ne peut se prévaloir, et c'est par cet amour qui vient du cœur, par l'union avec ce qui transcende nos limites personnelles, que nous pourrons réellement faire un grand pas en avant. »

Les *Yoga Sutras* de Patanjali.

« Il vient un temps dans la vie du chercheur où il découvre qu'il est à la fois l'amant et l'être aimé. L'âme pleine d'aspirations qu'il incarne joue le rôle de l'amant. Quant au Moi transcendantal qui vient du plus profond de lui-même, il est l'être aimé. »

Sri Chinmoy.

1. Le pouvoir de l'amour inconditionnel

Nous possédons de beaux écrits sur l'amour par des psychologues comme Erich Fromm et des poètes comme Alt Whitman et Elizabeth Barrett Browning. Ses pouvoirs ont aussi été explorés par des médecins comme les docteurs Bernie Siegel (1) et Deepak Chopra (2).

Le fait que tant d'auteurs de tous horizons, professionnels ou autres, aient écrit au sujet de l'amour atteste de ses pouvoirs universels. Robert A. Johnson (3) fait la remarque suivante : *« Le sanskrit, qui est à l'origine de la plupart des langues de l'Inde, possède quatre-vingt-seize termes pour désigner l'amour... l'anglais, un seul. L'anglais manque d'ampleur ;*

---

1. Bernie Siegel : *L'Amour, la médecine et les miracles* (Robert Laffont, 1988, coll. Réponses-Santé et J'ai Lu, 1990, coll. New Age).
2. Deepak Chopra : *Le Corps quantique* (Inter Edition, 1990).
3. Robert A. Johnson : *Feminity Lost and Regained* (Harper & Row, New York, 1990).

il ne connaît pas de distinction des genres ni les nuances de la gamme des sentiments comme le sanskrit... Si c'était le cas, nous aurions alors un terme différent pour décrire nos sentiments vis-à-vis de notre père, de notre mère, du coucher du soleil, de notre maison, de notre conjoint ou de Dieu. Ne disposant que d'un seul mot pour décrire tous ces plans du vécu, il nous est difficile de saisir la complexité de notre vie intérieure et de nos émotions. La langue esquimau comporte trente mots pour décrire la neige. Cela reflète un besoin de clarté dans une relation complexe avec celle-ci... Dès lors que nous éprouvons de l'intérêt pour des rapports d'un certain type, comme ceux des Esquimaux avec la neige, nous nous voyons obligés d'élaborer un langage différencié et plus précis (4) pour décrire cette dimension particulière de notre vie (5). »

Pour revenir au sujet qui nous intéresse, les rapports de l'amour avec la guérison holoénergétique, **j'insiste sur la notion d'*amour inconditionnel,* qui transcende tout jugement, toute comparaison, et qui a le plus grand pouvoir thérapeutique.**

Le pouvoir de l'amour inconditionnel nous apparaît évident dans bien des domaines de notre existence. J'évoquerai ici un article de presse sur Sleepy Floyd, joueur de l'équipe de basket-ball des Golden State Warriors, paru en 1987. Au début du dernier quart-temps des éliminatoires de la National Basket-ball Association, les Warriors avaient quatorze points de retard sur les Los Angeles Lakers. Lorsque débuta le quart-temps, Floyd leva les yeux vers les tribunes et vit une banderole clamant : « Gagnants ou perdants, nous vous aimons ! »

« Cela m'a vraiment touché, déclara Floyd. J'ai eu le sentiment que je devais donner tout ce que je pouvais... sans me soucier du score. J'ai simplement joué instinctivement et la foule m'a suivi. »

Sleepy Floyd établit un nouveau record en marquant vingt-neuf points, donnant ainsi la victoire aux Warriors. L'acceptation et l'amour inconditionnels de ses fans l'avaient touché au fond de son être, libérant chez lui une source d'énergie et de puissance qui lui permit de connaître son plus grand moment et d'établir le meilleur score individuel jamais réalisé dans un seul quart-temps de toute l'histoire du basket-ball professionnel.

---

4. En revanche, il est assez amusant de constater que les Américains emploient toute une gamme de titres pour désigner une fonction pour laquelle nous disposons d'un seul titre : Président-Directeur général (N.d.T.).
5. Robert A. Johnson, op. cit.

2. L'amour, force thérapeutique

Le nouveau modèle thérapeutique que j'expose ici repose sur l'amour, sur l'élargissement du champ de conscience et sur le sentiment de puissance que donne le choix conscient du changement. Il nous indique la direction à suivre et nous donne des outils permettant d'invoquer consciemment l'énergie de l'amour et de la transférer intentionnellement à une autre personne ou à une zone particulière du corps. Ce transfert a des effets tangibles qui peuvent être non seulement ressentis, mais aussi mesurés en laboratoire.

Si l'amour peut prendre des formes multiples, il repose avant tout sur la notion de relation. Si nous le voulons, nous pouvons prendre conscience de ce lien, de cette « non-séparation », car il a toujours été là. Nous pouvons le ressentir comme une pulsion vers l'unité, l'exprimer et la manifester par nos actes (6).

L'amour est la plus puissante forme d'énergie thérapeutique et le premier catalyseur du retour à la santé. C'est notre impuissance à nous aimer nous-mêmes ou à recevoir l'amour des autres qui est à l'origine de la plupart de nos maladies. Si nous éprouvons des difficultés par rapport à l'amour, c'est souvent après avoir été – ou parce que nous croyons avoir été – victimes d'une trahison, d'un abandon, d'une humiliation ou d'un rejet pendant la petite enfance et qui nous a donné un sentiment d'indignité, de honte ou de culpabilité. Ces sentiments profondément enracinés donnent une impression d'aliénation par rapport à soi-même, à son corps et à son esprit, mais aussi aux autres. La perception de cette aliénation peut être due, au départ, à la volonté de la psyché de se défendre contre la peur, l'isolement et la douleur. Toutefois, elle peut par la suite se cristalliser en un perpétuel sentiment de séparation, d'aliénation et d'anxiété.

Lorsque la maladie se manifeste, nous pouvons choisir de nous concentrer sur les symptômes et leur traitement, ou bien, au contraire, de remonter à l'origine du désordre et de changer cet état de choses. Cela nous impose « d'entrer en nous-mêmes », d'accéder à cette partie de notre être qui entretient ce sentiment d'aliénation, d'isolement et de douleur.

---

6. L'exercice « d'alignement transpersonnel » décrit dans ce chapitre (p. 76) vous donnera l'occasion d'expérimenter ce concept.

Traditionnellement, les médecines allopathique et homéopathique occidentales ont confié aux psychiatres et au Clergé le soin de déterminer les origines de la maladie. En psychothérapie, localiser l'information essentielle et en libérer le patient nécessite souvent une thérapie longue. Avec la thérapie holoénergétique, les symptômes et les causes intermédiaires et profondes de la souffrance et de la maladie sont considérés comme des schémas holoénergétiques, ou *holoformes,* situés dans et autour du système corps-esprit.
Une fois que l'on a accédé à cette information essentielle en faisant appel à l'énergie et au vécu, il faut en admettre consciemment la réalité. Pour reconnaître que la source d'un désordre est perçue comme une séparation, il faut se mettre en résonance avec elle, se fondre avec elle en une entité unique et accepter la réalité de son existence. Ce n'est qu'alors que nous pouvons assumer la responsabilité d'avoir contribué à l'apparition de la maladie, et ce, à cause de notre perception de la réalité au moment où nous avons formé la conviction erronée qui en est à l'origine. En d'autres termes, si au cours de votre petite enfance vous avez acquis le sentiment d'être indigne d'être aimé, vous devrez accepter la responsabilité d'avoir créé cette croyance à cause de votre compréhension limitée de vous-même et des autres à cette époque.

Le terme de *responsabilité* que j'emploie ici n'a aucune connotation moraliste. Il ne constitue en rien un jugement, mais simplement une aptitude que nous possédons tous. Malheureusement, la notion de responsabilité est souvent interprétée comme : « C'est ma faute si je suis malade ! » En matière de thérapie holoénergétique, il en va autrement, puisque la notion de responsabilité fait appel à celle de *réaction,* qui consiste à *comprendre* et *accepter* notre contribution à l'apparition de nos souffrances, sans se blâmer ni se juger. Notre « aptitude à réagir » n'a rien à voir avec ce que les autres ont pu nous faire, mais avec la façon dont nous avons nous-mêmes réagi.

L'acceptation de cette responsabilité est une expérience qui confère une extraordinaire prise de confiance en soi. Ce faisant, toute maladie, tout revers de fortune, mais aussi toute guérison devient source de découverte de soi et constitue de la sorte une nouvelle étape sur la voie de la transformation.

3. Symptômes et source de la maladie

En matière de guérison holoénergétique, il est important de faire le distinguo entre les symptômes et les causes d'une maladie. Pour prendre l'exemple du rhume ordinaire, les symptômes peuvent être le reniflement, la toux et la fièvre. Dans la médecine occidentale moderne, nous continuons à traiter principalement les symptômes, c'est-à-dire que nous prenons des décongestionnants, des antitussifs ou des médicaments homéopathiques. De toute évidence, nous n'allons pas jusqu'à la source.

Récemment, on a fait la découverte que le rhume ordinaire était « causé » par un virus. Des recherches plus poussées ont alors révélé que même en bonne santé, nous avons en nous des virus. De ce fait, ceux-ci ne peuvent être de par leur seule nature et par leur action l'unique cause des rhumes. Si le fonctionnement du système immunitaire est défaillant, les virus, toujours présents, semblent apparaître et attaquer. Ainsi, la cause réelle du rhume doit être l'état du système immunitaire.

Cependant, on a appris plus récemment que le stress a tendance à affaiblir le système immunitaire. Alors, est-ce que le stress serait la cause réelle de tout cela ? Mais ce n'est pas tout. Nous sommes en train de prendre conscience que c'est la peur de perdre le contrôle de nous-mêmes qui est à l'origine de la plupart des situations de stress. Cette peur serait alors la vraie cause de la maladie ? Les relations de cause à effet prennent une forme de plus en plus complexe jusqu'à ce que l'on arrive à ce qu'on appelle en thérapie holoénergétique la *source* d'une maladie.

a) Le premier niveau de la source

Le premier niveau de la source est la **perception** et l'**interprétation des événements,** ce qui établit un schéma holographique de croyances, de pensées et de sentiments. Nous appelons ces schémas des *holoformes,* car ils donnent une forme à des entités holographiques, avec leur ordre et leurs fréquences vibratoires naturelles propres. Ces entités sont capables d'inciter des énergies latentes à se manifester dans notre vie.

Autrement dit, les holoformes peuvent engendrer harmonie ou dissonance (7). Tant que nous ne ressentons rien, nous n'en avons pas conscience ni même la moindre appréhension. Par exemple, on considère la colère comme un état d'excitation psychologique qui se manifeste en réaction à la perception d'une menace. Les recherches ont montré que les hormones qui déclenchent la colère (épinéphrine, norépinéphrine et l'hormone thyrotropique) libèrent aussi d'autres émotions, comme la peur, le chagrin, voire la joie.

Ce qui différencie une émotion d'une autre n'est pas le schéma d'excitation physiologique, mais notre perception et notre interprétation des événements qui l'ont causée. Si, par exemple, vous vous trouvez au milieu d'une foule et que vous sentez soudain que quelqu'un pose sa main sur votre épaule, vous percevez une montée d'adrénaline et vous vous retournez pour voir de qui il s'agit. Si la personne vous est inconnue, peut-être ressentirez-vous de la peur ou de la colère ; s'il s'agit d'un ami, sans doute ressentirez-vous au contraire du soulagement ou de la joie. Ce qui ressort de cette expérience est que vous identifiez votre émotion par rapport à votre perception et à votre interprétation de l'événement, même si les hormones impliquées sont les mêmes dans les deux cas.

Nos perceptions sont conditionnées par les messages, les croyances et les comportements auxquels nous avons été confrontés depuis la période prénatale et peut-être même depuis la période précédant la conception. L'interprétation implique un choix, conscient ou autre. Nous percevons ce qui est arrivé et nous nous livrons à un examen de ce que cela signifie pour nous. Autrement dit, ce n'est pas ce qui se produit effectivement qui donne sa réalité au vécu de l'événement, mais notre perception de celui-ci et l'interprétation que nous en faisons.

Nous faisons référence à certains événements et à leur interpénétration comme « incidents critiques » et « choix critiques », car ils conduisent à l'établissement de croyances essentielles dissonantes et d'holoformes qui, à terme, évoluent vers des schémas pathologiques. Un incident critique peut aller d'une simple interprétation erronée du rire d'un parent pendant la petite enfance (c'est-à-dire à un âge où l'on

7. Vernon Woolf, dans Holodynamics, fait aussi usage de ces entités holoénergétiques, qu'il appelle holodynes.

est égocentrique) à des mauvais traitements. Dans certains cas, il peut même s'agir de la conscience du fœtus que ses parents désirent un enfant du sexe opposé.

Les incidents critiques sont des sentiments comme celui d'abandon, la peur, la trahison, l'humiliation ou le rejet. Ils constituent une réaction immédiate aux événements présents. C'est alors que nous en donnons des interprétations comme : « Si mon père est parti, c'est sûrement parce que je suis mauvais », ou encore : « Mes parents voulaient une fille [ou un garçon]. Il doit y avoir quelque chose qui ne va pas chez moi. Je suis le résultat d'une erreur. » La signification que nous donnons représente le choix critique de l'interprétation.

La honte, la culpabilité, ou les deux, sont souvent associées aux incidents critiques. La honte est le sentiment profondément enraciné provenant souvent de la perception que quelque chose de fondamental ne va pas chez vous, alors que la culpabilité résulte souvent de l'impression d'avoir *fait* quelque chose de mal.

Les différents éléments de chaque incident critique prennent généralement forme simultanément, et non graduellement.

Au moment où se produit un incident critique, nous donnons une signification à notre perception de l'événement. Cette interprétation se cristallise en une croyance profonde, ce qui a des effets durables et influence les choix qui servent à la conforter. Ces expériences sont perçues par l'intermédiaire des sens physiques et stockées dans l'esprit sous la forme d'images multidimensionnelles, ou holoformes. Elles élaborent leur propre puissance causale et ont leur propre fréquence de résonance. Si une croyance cristallisée entre en conflit avec les schémas naturels d'équilibre et d'harmonie du corps, on peut dire qu'il s'agit là de la source de schémas pathologiques. Ainsi, pour remonter à la source d'une maladie, nous devons déterminer quel est l'incident critique et les croyances profondes qui en sont la cause.

b) Le second niveau de la source

Le second niveau de la source a trait à l'**amour,** à la **dignité** et au **sens de sa propre valeur.** La signification profonde, au-delà du sentiment exprimé par « Je ne suis pas convenable », est : « Je suis indigne d'aimer ou d'être aimé. » Cela engendre de la honte ou de la culpabilité, conduisant à la croyance que : « Je suis impardonnable. » Il en découle le choix de rester seul, le refus d'aimer ou d'être aimé, la tendance à se réfugier dans des dépendances étouffantes, dans l'apitoiement sur soi-même et l'autopunition ; ce qui ne fait qu'accroître davantage les sentiments de culpabilité et de honte.

En thérapie holoénergétique, on commence par prendre conscience que la source de la maladie est la conscience de l'isolement et de l'aliénation, c'est-à-dire de l'absence d'une relation avec soi-même, avec les autres, avec l'Univers en général et avec le Grand Tout.

c) Le troisième niveau de la source

Le troisième niveau de la source traite de la prise de conscience du fait que **nous avons le choix.** A ce stade, nous faisons la découverte de notre individualité. Cela s'accompagne du sentiment d'avoir le pouvoir et la liberté de choisir ou, au contraire, d'une conscience aiguë de notre aliénation si nous n'exprimons pas notre choix.

d) Le quatrième niveau de la source

Le quatrième niveau de la source a trait au **choix de s'isoler** ou, au contraire, de **ne faire qu'un** avec l'Esprit ou avec Dieu. Nous sommes libres de choisir l'intégrité et de guérir dans la mesure où nous sommes capables de rechercher et de faire face à ce qui nous dépasse.

Une fois que l'on est entré en résonance avec un schéma énergétique pathologique, émanant de ces sources sous la forme d'une sensation, d'une image, d'une pensée ou d'une croyance profonde, on peut modifier, « défaire » ce schéma. En thérapie holoénergétique, on apprend des techniques spécifiques, extrêmement efficaces, qui permettent de se débarrasser de ces schémas énergétiques indésirables ; on libère littéralement le système corps-esprit des modèles pathologiques qui l'influencent. C'est par un travail sur ce champ énergétique dissonant (l'holoforme – ou schéma – de la maladie) et ses expressions physiques, émotionnelles, mentales et spirituelles que l'on introduit des changements drastiques ; à leur tour, ceux-ci facilitent la guérison.

Le pardon de soi-même et des autres est au cœur de cette thérapie. Il est très important de comprendre que nous choisissons souvent avant même d'avoir appris à discerner. C'est ce niveau de la source que l'on sollicite lorsque l'on commence à comprendre comment et quand on a fait le choix de se séparer de ses aspirations à l'amour. C'est une fois que l'on a fait face à cette question par l'holoénergie que l'on peut se libérer du schéma indésirable qu'elle a créé.

4. Techniques de changement

Il existe bien des façons de modifier le système corps-esprit. On peut le faire par les pensées, les sentiments et l'imagerie, qui ont un effet physiologique direct sur le corps en introduisant des changements dans les systèmes immunitaire, endocrinien, digestif, musculaire, osseux, circulaire et nerveux. Par exemple, la peur et le stress se traduisent très rapidement en tension musculaire. Cela peut affecter la circulation sanguine, d'où des maux de tête, des douleurs coronaires, des troubles digestifs et une résistance amoindrie aux infections. Dans ces cas, il est possible de renverser le cours de l'évolution de ces symptômes en apprenant de nouvelles manières de réagir au stress.

Les schémas de la respiration sont encore une autre façon d'induire des changements physiologiques (pour plus de détails sur ce point, reportez-vous au chapitre IV). La respiration transporte la force vitale et joue un rôle majeur dans la guérison holoénergétique. Elle constitue une charge énergétique sur le plan physiologique et, si elle est bien dirigée, il devient possible de lui donner une forme. Autrement dit, il est possible de la contrôler consciemment par l'esprit pour transférer l'information dans une zone du corps ou même vers une autre personne. Lors d'une naissance naturelle, certaines techniques respiratoires permettent de diminuer la douleur et de focaliser l'attention de la mère sur la synchronisation de ses efforts afin de libérer les réflexes naturels de l'enfantement.

En thérapie holoénergétique, la respiration s'utilise de bien des façons. Il est possible, par exemple, en concentrant sa respiration et en imaginant qu'elle passe par une partie donnée du corps, d'insuffler de l'énergie à celle-ci. Les champs énergétiques qui entourent le corps et le pénètrent enregistrent cette attention et cette intention. Une fois activée, la zone est préparée au changement, prête à échanger d'anciennes informations contre de nouvelles. Le fait de retenir sa respiration à certains moments critiques attire immédiatement l'attention de l'esprit et place le corps en résonance harmonique avec lui par un ralentissement du rythme cardiaque. Une respiration rapide – par inspirations et expirations brèves et fortes – peut aider à « bousculer » les schémas énergétiques indésirables et faciliter le passage de l'énergie d'une forme à une autre.

5. L'amour, ingrédient actif de la thérapie holoénergétique

En thérapie holoénergétique, il est essentiel de pouvoir interagir avec les aspects de soi-même ou des autres sur lesquels on souhaite intervenir. Ces interactions se font par le truchement des champs énergétiques, par la force vitale qui se manifeste sous la forme d'une biosphère dans le corps et autour de lui.

Chaque structure, animée ou non, dispose naturellement d'un ensemble de vibrations – ou fréquences énergétiques – qui lui sont propres. Lorsqu'une structure vibre d'une manière qui lui est caractéristique, on dit qu'elle est en résonance. La fréquence de résonance est en quelque sorte celle qui lui convient le mieux. Chaque structure, chacun de tous les atomes de l'Univers, réagit aussi aux autres champs énergétiques qui l'entourent. Il y a donc une interaction significative entre les champs de vibrations produits par chacune de ces structures.

Lorsque l'une de ces structures vibre à la fréquence naturelle d'une autre, il y a *couplage de résonances*. Il se produit alors un certain nombre d'événements. D'abord, l'intensité de l'interaction s'accroît parce que les vibrations de l'une renforcent celles de l'autre. Peut-être avez-vous déjà fait l'expérience de ce phénomène quand, dans votre enfance, quelqu'un vous poussait sur une balançoire. Si la personne vous poussait exactement au bon moment, le mouvement de balancier prenait de l'ampleur et vous alliez de plus en plus haut. Il peut se produire la même chose quand des énergies sont en résonance ; elles se renforcent alors mutuellement. L'autre effet du couplage de résonances est qu'il lie les énergies des deux structures ; elles ne font plus qu'une et se meuvent à l'unisson.

En couplage de résonances, ce phénomène peut être mis en évidence à l'aide de deux diapasons accordés sur la même note, par exemple le *do*. En tenant un diapason immobile, frappez le second de façon à le faire vibrer. Maintenant, placez-le à quelques centimètres de l'autre. Au bout d'un moment, le deuxième diapason commencera à capter les vibrations du premier et à résonner avec lui, sur la même note.

En thérapie holoénergétique, on fait appel à l'amour – harmonique universelle – pour se détacher des schémas de séparation et évoluer vers des schémas énergétiques d'intégrité.

L'essence de l'amour, c'est la relation, que ce soit avec une autre personne, avec un endroit, un objet, un aliment, soi-même, l'Univers, Dieu ou quelque ordre supérieur. La notion de relation est prise ici au sens le plus littéral, qui signifie « remettre ensemble ». Ce que nous entendons par relation, donc, est le fait que l'amour rétablit les liens entre des éléments apparemment séparés après avoir été unis. C'est en quelque sorte un retour aux sources. Il est facile de prendre conscience de cette non-séparation, de cette relation, puisqu'elle ne cesse jamais d'exister. On peut la vivre comme une sensation d'intégrité, d'indivisibilité, d'achèvement, de sérénité et comme une pulsion vers l'unité. Il est possible de l'exprimer et de la manifester par nos actes. L'amour devient alors ce que l'on appelle la Vérité, ou la Conscience pure. Le perçu et celui qui perçoit ne font plus qu'un.

L'amour crée un champ énergétique qui affecte tout ce qui y pénètre. On dit que les champs énergétiques de l'amour du Christ et de Bouddha étaient si puissants que leur seule présence suffisait à guérir. Ces deux avatars célèbres nous ont enseigné que l'énergie de l'amour est l'énergie de l'unité, de l'harmonie, de l'équilibre et de la paix. En présence d'un champ énergétique d'amour, s'il y a intention et volonté de guérir, les capacités d'autoguérison inhérentes au corps sont stimulées et renforcées.

Pour prendre une analogie, il existe en médecine moderne une technique appelée résonance magnétique nucléaire (R.M.N.). Elle utilise un champ magnétique plutôt que des rayons X pour produire des images informatiques permettant de dresser un diagnostic. En l'espace d'un clin d'œil, un champ magnétique met tous les protons des atomes d'hydrogène du corps en alignement, ce qui fait qu'ils tournoient et se meuvent tous de façon identique. Une onde radio en résonance avec le proton d'hydrogène est alors émise à travers le corps, produisant des signaux qu'un ordinateur traduit en images.

En présence d'un champ magnétique cohérent, comme celui produit par la résonance magnétique nucléaire, les protons d'hydrogène tournoient de concert lorsqu'ils se mettent en alignement. En fait, ils se meuvent tous à la même cadence ; ils ne font plus qu'un. De même, si l'on crée un champ énergétique d'amour cohérent, tout ce qui se trouve dans ce champ se met à vibrer sur la même longueur d'onde, au même rythme.

Lorsque tout se met à vibrer au même rythme, la séparation disparaît et laisse place à l'unité. Le temps et l'espace disparaissent, car ils donnent la mesure de la séparation. Les extrémités se confondent et la boucle est bouclée. Ce qui était fini devient infini. Dans cet état d'unité, l'ordre naturel et l'harmonie inhérents aux tissus, cellules, molécules, atomes et particules subatomiques se réaffirment. Les cellules « se souviennent » de l'ordre supérieur qui les régit et de l'équilibre que procurent la santé et l'unité. C'est l'amour qui le leur « rappelle ».

Comment une énergie apparemment aussi éthérée que l'amour peut-elle rappeler à nos cellules quel est leur ordre et leur harmonie naturels ? Le physicien Fred Alan Wolf (8) émet l'hypothèse que les sentiments comme l'amour pourraient se décrire en termes de propriétés quantiques de la matière, de lumière et de transformation. Wolf n'est pas le seul à le penser ; nombre de physiciens croient maintenant que toute matière est constituée de lumière emprisonnée.

Cette croyance est résumée dans la fameuse équation d'Einstein, $E = MC^2$. Wolf va plus loin en supposant que l'amour peut être considéré comme étant le comportement statistique quantique des particules de lumière, autrement dit de photons. Il rappelle à ce sujet que tous les photons ont tendance à évoluer vers le même état et à se mouvoir au même rythme si l'occasion leur en est donnée. De ce point de vue, les photons sont naturellement enclins à évoluer vers l'unité. Ainsi, l'éternelle association entre lumière et amour réfléchirait une profonde sagesse.

Le docteur Hiroshi Motoyama (9) rapporte avoir détecté des photons émis par le chakra du cœur d'une méditatrice expérimentée au moment où elle projetait de l'énergie d'amour avec intention. Bien que ses recherches ne lui aient pas encore permis de tirer de conclusions

---

8 Fred Alan Wolf : *The Body Quantum.*

9. Docteur Hiroshi Motoyama : *Theory of the Chakras.*

définitives, on peut, à ce stade, raisonnablement estimer que les photons réagissent à des états mentaux et émotionnels variés, en particulier à l'amour.

Devenir lumière – ou *être illuminé* – décrit bien et honore, en quelque sorte, cet état quantique du photon dépourvu de masse et de charge qui sait reconnaître l'Univers, se lier et s'unifier avec lui.

Grâce à ses mécanismes d'autoguérison innés, le corps sait comment guérir par ses propres moyens et le fait par l'expression, consciente ou non, de l'amour. Toutefois, il y a bien des manières d'empêcher ou au contraire de favoriser ces processus naturels de guérison. En tant que médecin, nous pouvons faciliter la guérison en nous concentrant sur l'asepsie, l'antisepsie et l'homéostasie, en prenant beaucoup de précautions à l'endroit où l'incision de la peau a été pratiquée et en utilisant le matériel de suture approprié. Tout ce que nous disons au cours de l'opération, alors que le patient gît inconscient, nos rapports avec lui après l'intervention, tout cela peut aussi exercer une certaine influence sur son processus de guérison naturel.

Le savoir, la compétence, l'habileté, les croyances, l'intention, la volonté, le rire, l'amour et les attentions, tout cela peut faciliter la guérison. Il est donc possible de faciliter les processus de guérison qui font partie intégrante du corps ou d'interférer avec. Dans notre pratique, il nous a souvent été donné de constater que l'énergie de l'amour et la création d'un champ d'amour pouvaient profondément stimuler la guérison, non seulement physique, mais aussi mentale, émotionnelle et spirituelle. L'amour n'est pas l'apanage des poètes et des mystiques ; c'est aussi une énergie tangible, transmissible, qui peut guérir.

6. Trois aspects de l'amour

L'amour, dans le sens où nous l'entendons ici, comporte trois aspects : conscience, sentiment et action. L'amour est la conscience que nous avons de notre connexion inhérente avec le reste du monde ; nous le vivons sous la forme d'un sentiment et l'exprimons par des actes. Ainsi, l'amour est la sensation de savoir que nous faisons partie d'un tout. C'est la reconnaissance que chacun de nous fait partie d'un ordre immense, universel. Ces qualités, qui permettent d'établir des relations, unificatrices, font de l'amour la plus subtile et la plus puissante des énergies ; c'est pourquoi nous la plaçons au cœur de toute notre pratique thérapeutique.

Au-delà et au cœur de la conscience, du sentiment et de l'action de l'amour, se trouve l'**énergie vitale,** l'énergie du Moi. Lorsque ces trois aspects de l'énergie issue de l'amour acquièrent une certaine cohérence, notre être prend une dimension universelle, transcende ses limites pour ne faire qu'un avec le Grand Tout.

Si nous considérons l'amour comme un schéma universel d'énergies en résonance, force est de reconnaître qu'il s'agit d'un schéma énergétique qui peut influencer les autres énergies pour les faire évoluer vers l'intégrité et la guérison. Nous pouvons voir notre univers comme la matrice de la conscience issue du vide. Dans l'Univers, l'amour est le ciment qui unifie la conscience ; et il est omniprésent, que nous en soyons conscients ou non.

En évoquant l'amour, nous employons souvent le terme *résonance.* Lorsque nous entrons en résonance avec amour avec une autre personne ou quelque chose, nous prenons conscience (volontairement ou non) de deux systèmes vibratoires : le nôtre et celui de l'autre, du moi et du toi. Chacun peut fonctionner comme émetteur ou comme récepteur en vibrant à sa fréquence particulière. Lorsque les ondes d'énergie de chaque système vibrent à la même fréquence, il en résulte un *couplage de résonance.* Avec la conscience en résonance vient le sentiment qu'une connexion est établie, que la rencontre a eu lieu (10).

Bien que la résonance soit une qualité propre à l'amour, il ne faut pas pour autant prendre systématiquement la résonance avec autrui pour de l'amour. Par exemple, on peut être en résonance avec la colère, la peur ou la tristesse de quelqu'un. L'amour englobe la résonance, mais ne se limite pas à elle. Il s'accompagne aussi du sentiment et de la conscience d'être connecté à une autre personne d'une manière qui pousse vers l'harmonie et l'unité.

10. L'amour que l'on peut ressentir pour une autre personne est directement lié au rapport de résonance que l'on établit avec elle. Lorsque l'on est en résonance avec une autre personne (ou chose), le sentiment de ce lien peut être agréable, voire même profond. La résonance avec une autre personne s'accompagne souvent de l'impression, vive, de savoir ce qu'elle pense et ressent, d'empathie avec elle. C'est comme si une communication silencieuse était porteuse d'une compréhension et d'une chaleur qui transcende l'échange de mots ; c'est que la communication s'établit au niveau énergétique.

L'amour peut aussi devenir une façon d'être, caractérisée par le sentiment et la conscience de nos relations avec autrui. L'énergie de l'amour permet d'être en résonance non pas avec une seule personne, mais aussi avec notre propre moi, avec tous les autres, avec la nature et avec le reste de l'Univers et au-delà. L'émerveillement que l'on ressent devant un magnifique paysage de montagne traduit bien la conscience d'être en résonance avec la nature. Dès lors que l'amour devient une seconde nature, il est une façon d'être.

7. Les différents niveaux de l'amour

On peut connaître l'amour sur le plan physique, de la personnalité et sur des plans supérieurs dépassant la dimension purement personnelle. Au niveau spirituel, l'amour s'insinue jusque sur les plans de la personnalité et du corps physique, où il s'exprime par les pensées et les sentiments, les mots et les actes. La qualité de l'amour varie avec le niveau auquel il est vécu.

Dès lors que l'on ressent de l'amour au niveau spirituel, il se fond avec les niveaux inférieur et supérieur de la conscience que l'on a de lui. A ces niveaux transpersonnels, l'amour se caractérise par des résonances telles que la compassion, les attentions, la paix, la gratitude et la joie. A mesure que ces niveaux évoluent, sentiments et pensées se dissolvent graduellement dans la conscience transcendante d'une unité, dans un état de grâce où l'on n'a plus conscience de l'objet de la relation, mais seulement de son essence énergétique. Cet état d'amour est ce que nous appelons l'*amour inconditionnel*.

a) L'amour inconditionnel

L'amour inconditionnel fait partie intégrante de notre conscience. Ce n'est qu'en apprenant à identifier les limites de notre moi individuel, mais aussi des différentes facettes de notre indivisibilité, que nous nous en rendons compte. Nous ne prenons conscience de la manière dont nous formons un tout avec les autres que par les différences qui nous montrent que nous sommes des êtres distincts. Ainsi, ce sentiment d'unicité, de distinction, est-il en quelque sorte la limite extérieure de notre retour aux sources.

La prise de conscience intégrale de notre moi et de notre valeur est ce qui permet la dissolution des limites conditionnelles, c'est-à-dire de nos peurs, de nos croyances, de nos désirs et de l'état de notre corps. Une fois ces limites abolies, le moi et le non-moi entrent en résonance et se fondent en une seule entité. Cet amour sans limites est capable de résonance avec tous les autres, il a une « fréquence » universelle. De ce point de vue, l'amour inconditionnel exprime l'harmonie innée de l'Univers, la note entendue dans tous les airs, qu'il s'agisse de celui de l'atome ou celui de l'Univers tout entier.

Comme l'amour inconditionnel est inhérent à la conscience de chacun, il nous est tous arrivé de le ressentir, l'espace d'un instant ou pendant une période plus ou moins prolongée. Ces états de grâce nous viennent souvent lors d'événements importants de notre vie, comme lors d'une naissance, du décès d'un être cher, de la guérison après une maladie dont l'issue peut être fatale ou après avoir échappé de peu à la mort. Pour la plupart d'entre nous, l'amour inconditionnel évolue à mesure que nous apprenons à prendre conscience de notre valeur et de notre amour-propre. Nous établissons alors des liens avec les autres par ce nouveau jeu de vibrations qu'est le sentiment de notre propre valeur. En ayant une certaine estime de nous-mêmes, nous pouvons établir des liens avec le vrai Moi des autres, un Moi qui dépasse le niveau de la seule personnalité. C'est cette résonance de l'amour inconditionnel qui permet de dire « oui » avec le cœur.

b) L'amour conditionnel

Bien que nous soyons tous capables d'amour inconditionnel, l'amour avec des conditions est, lui, beaucoup plus courant. Quand nous aimons quelqu'un parce qu'il (ou elle) satisfait nos besoins, c'est de l'amour conditionnel. De même, quand nous donnons une chose pour en obtenir une autre, nous plaçons des conditions sur l'amour que nous donnons. C'est ainsi que l'on définit généralement l'amour, d'autant plus que c'est ainsi que l'on nous a le plus souvent appris à l'entendre. L'amour conditionnel n'est qu'un pâle reflet, qu'un vague souvenir de la force universelle que nous appelons l'amour inconditionnel.

« Tomber amoureux » est une manifestation d'amour conditionnel, une projection sur la personne aimée de son image telle qu'on l'idéalise.

En fait, notre attirance pour l'autre personne est, au fond, une attirance pour notre propre projection. Si tomber amoureux n'en est pas une véritable manifestation, cela donne au moins un aperçu de ce qu'est l'amour inconditionnel. Cela peut permettre d'accéder à une meilleure connaissance de soi-même et de l'autre, mais aussi d'établir une relation avec lui ou elle. Un amour n'est pas « perdu » en vain s'il a permis de rechercher et d'appréhender l'amour inconditionnel. De telles expériences éclairent le monde en apportant un profond sentiment d'unité et, par conséquent, une nouvelle vision des choses.

8. Manifestations de l'amour

a) La maladie est souvent un cri de détresse

Respecter les autres en les acceptant tels qu'ils sont est une expression de l'amour inconditionnel. Lorsque nous accordons notre amour de façon inconditionnelle, nous constituons pour les autres un miroir reflétant leur propre image et leur permettant de mieux se connaître eux-mêmes. On peut parler d'amour inconditionnel quand on admet une intimité avec autrui, quand on laisse aux autres la liberté d'être eux-mêmes et de s'exprimer chaque jour différemment. Se consacrer à sa propre évolution ainsi qu'à celle des autres est encore une expression d'amour inconditionnel. Il s'agit de donner, d'accorder des attentions, de répondre sans attendre quoi que ce soit en retour. Cette forme d'expression de l'amour donne à soi-même et à la personne aimée un sentiment de sécurité, de plaisir, de confiance, d'acceptation, de l'espace pour la créativité et le changement ; on se sent libre de se montrer vulnérable, honnête et de se confier. Les sentiments de séparation, de peur, de honte et d'abandon perdent ainsi beaucoup de leur force.

Les sentiments de séparation dus à la peur de ne pouvoir aimer ou être aimé sont souvent à l'origine de maladies. **La maladie est en fait souvent un cri de détresse,** un appel à l'aide, une demande d'amour et d'attention.

b) Le pouvoir de l'amour

L'amour permet de guérir, de retrouver son intégrité. Les actes d'amour et l'élargissement de la conscience permettent de se sentir intègre, entier, proche du reste de l'Univers. A partir du moment où l'on s'aime soi-même, un lien s'établit avec tout le reste, la peur se dissipe. Quand l'illusion de la séparation se dissout au niveau spirituel, l'amour permet une unité qui met en harmonie même les schémas apparemment dissonants que sont les maladies et les blessures.

Frances Vaughan (11) fait le commentaire suivant : *« L'intégrité repose sur un équilibre et sur une intégration des contraires ; elle ne consiste pas à se débarrasser de ce dont on ne veut pas. Lorsque l'on ressent une incohérence ou un conflit entre le vécu intérieur et son expression extérieure, entre persona et ombre, peur et amour, vie et mort, corps et esprit, ou entre tout autre couple de contraires, on connaît la douleur et les tensions. Selon les anciennes écritures hindoues, les Upanishads, l'altérité engendre la peur, car la peur est issue de la dualité. On ne peut s'en libérer qu'en admettant la réalité de l'unité des contraires et en apprenant à équilibrer les polarités du vécu émotionnel dans un contexte de conscience thérapeutique. »*

L'amour inconditionnel est, de toutes les énergies de l'Univers, la plus facile à transmettre. Toute information ou schéma énergétique, toute pensée, tout sentiment transporté par l'énergie de l'amour ou lié à elle peut produire de plus grands effets que n'importe quelle autre transmission d'énergie subtile. Ainsi, son aptitude à se manifester dans toutes les dimensions et à servir de véhicule universel pour véhiculer l'information fait de l'amour la plus puissante des énergies thérapeutiques de l'Univers.

c) Le processus d'alignement transpersonnel

Le processus d'alignement transpersonnel décrit ci-dessous permet d'expérimenter l'émission et la réception d'amour avec un partenaire, ainsi que l'alignement avec les plans supérieurs de votre propre personne.

Dans cet exercice, vous allez adopter une attitude aimante, penser et sentir en termes d'amour, puis vous transmettrez à votre partenaire tout ce que la notion d'amour signifie pour vous. Ce sont vos sentiments d'amour, quels qu'ils soient, que vous allez pratiquer ici.
Si votre intention est de transférer l'énergie de l'amour, il n'y a pas de raison pour échouer dans cet exercice, car l'intention recèle l'action.

---

11. Frances Vaughan : *The inward Arc.*

▲ Exercice : alignement transpersonnel

Vous pouvez pratiquer cet exercice seul ou avec une autre personne. Il s'agit pour vous de travailler sur une image mentale, une photographie de vous-même en quelque sorte, ou sur votre reflet. Bien qu'il soit conseillé de le faire avec quelqu'un d'autre, les deux méthodes sont également riches en enseignements.

1. Choisissez un partenaire avec qui vous vous sentez à l'aise et en sécurité. Assurez-vous de lui donner la permission de collaborer. En outre, demandez-lui s'il est disposé à recevoir de l'amour.

2. Pour commencer, désignez celui qui jouera le rôle du récepteur et celui qui sera l'émetteur. Les instructions ci-dessous s'adressent à ce dernier. Le premier n'aura rien d'autre à faire qu'à rester assis, détendu, les yeux fermés et en état de recevoir l'énergie de votre amour (vous inverserez les rôles par la suite).

3. Asseyez-vous face à votre partenaire, près de lui mais sans le toucher. Vous devez être tous deux assis confortablement, détendus et les yeux fermés.

4. Remémorez-vous un moment où vous vous êtes senti particulièrement aimé ou aimant. Représentez-vous ce souvenir le plus nettement possible, rappelez-vous des détails susceptibles de renforcer cette sensation d'amour.

5. Concentrez votre attention pendant un moment sur le centre de votre poitrine. Laissez-vous aller à ressentir de l'amour venant du centre cardiaque.

6. Faites ensuite dériver votre attention sur la région de la gorge. Laissez le sentiment d'amour l'imprégner.

7. Faites dériver encore votre attention, cette fois sur le centre de votre front, puis sur le sommet de votre crâne (collectivement le centre céphalique). Laissez le sentiment d'amour l'imprégner.

8. Imaginez maintenant une sphère irradiant de la lumière, placée à 15 ou 20 cm au-dessus de votre tête. Il s'agit de l'espace transpersonnel, c'est-à-dire l'intermédiaire entre votre être spirituel, ou Moi supérieur, et votre personnalité ainsi que votre forme physique.

9. Imaginez un rayon de lumière descendant de l'espace transpersonnel, traversant le centre céphalique, puis votre gorge, pour attein-

dre le centre cardiaque. Dans cette partie de l'exercice, vous allez aligner les centres énergétiques, ou chakras, au-dessus de votre diaphragme, avec votre espace transpersonnel.

10. Après avoir aligné vos centres énergétiques de la sorte, concentrez votre attention sur votre partenaire en alignant mentalement ses centres énergétiques de la même manière. Pour ce faire, concentrez-vous sur son centre cardiaque, puis sur sa gorge et sur son centre céphalique, enfin sur son espace transpersonnel. Imaginez maintenant qu'un brillant rayon de lumière en descend au travers de ses centres énergétiques jusqu'à son centre cardiaque.

11. Reliez chacun de vos centres en alignement avec ceux de votre partenaire en émettant un rayon de lumière soutenu en direction de chacun d'eux, c'est-à-dire de votre cœur au sien, de votre gorge à la sienne, de la tête à la sienne, de votre espace transpersonnel au sien.

12. Visualisez une intensification de ces rayons de lumière à mesure que vous les émettez. Ce faisant, ayez des pensées aimantes au sujet de votre partenaire. Dans votre esprit, répétez trois fois « Je vous aime », en invoquant son nom. Utilisez votre respiration pour renforcer ce processus, en expirant à chaque fois comme si vous expiriez de l'énergie depuis votre centre cardiaque en direction de celui de votre partenaire.

13. Laissez-vous aller à ressentir de l'amour venant de votre cœur et en direction de celui de votre partenaire ; renforcez cet amour en vous rappelant à nouveau ce que vous avez ressenti au moment de votre vie où vous avez connu l'amour le plus fort.

14. Tout en restant en alignement et reliés l'un à l'autre, imaginez la sphère irradiante au-dessus de votre tête descendant comme le soleil jusqu'à votre centre cardiaque. Laissez-vous aller à être l'amour. Vous pouvez renforcer ce processus en visualisant ou en imaginant des ailes de lumière transparentes, étincelantes, émanant de vos épaules et en embrassant doucement votre partenaire.

15. Accordez-vous quelques minutes pour mener ce processus à son terme, puis retirez les rayons de lumière vers vos centres énergétiques. Vous pouvez maintenir le lien lumineux avec l'espace transpersonnel de votre partenaire. En vous déconnectant de cette manière,

vous pouvez éviter d'évoquer des pensées ou des sentiments dont vous ne voulez pas à ce moment.

16. Remerciez silencieusement votre partenaire pour avoir accepté de recevoir cet amour. Ouvrez les yeux et touchez-lui doucement la main pour lui faire savoir que vous avez terminé.

Inversez maintenant les rôles, l'émetteur devenant à son tour récepteur et inversement. Une fois que vous avez tous deux terminé, parlez de l'expérience vécue au cours de cet exercice.

▲ **Exercice : création d'un double (ou utilisation d'un miroir)**

1. Vous pouvez pratiquer l'exercice d'alignement transpersonnel seul en vous asseyant face à un miroir ou en créant une image mentale de vous-même assis en face de vous. Considérez votre représentation mentale ou votre reflet comme votre partenaire du précédent exercice.

2. Vous pouvez aussi placer devant vous une photographie de vous-même ou de la personne à qui vous souhaitez transmettre de l'amour. Agrandissez mentalement l'image en fermant les yeux et reprenez l'exercice décrit ci-dessus.

9. La guérison par l'amour

Pour utiliser le modèle de thérapie holoénergétique, nous partons du principe que nous avons le pouvoir de choisir et qu'il est possible de changer. En thérapie holoénergétique, c'est l'intention de la conscience qui observe (soit le thérapeute, soit son patient) qui détermine la formation de la perception et initie le processus de transformation de l'énergie en matière et de la matière en énergie. C'est l'intention de l'observateur, consciente ou non, qui convertit la zone affectée du corps physique en son énergie unificatrice ou en forme ondulatoire, autorisant le changement holoénergétique.

L'intention est un processus mental ou, plus spécifiquement, un choix planifié. L'intention, consciente ou inconsciente, met en résonance avec ce que l'on veut influencer. La conscience, en ce sens, est en rapport avec le « vide », ou champ fondamental, cet océan primordial dont sont issus les tourbillons d'énergie localisés appelés matière.

Laissons ici la parole à Albert Einstein (12) : *« On peut considérer que la matière est constituée des régions de l'espace dans lesquelles le champ est extrêmement intense... Il n'y a pas de place dans cette nouvelle conception de la physique pour le champ et la matière à la fois, car le champ est la seule réalité. »*

Le principe qui prévaut en la matière est que le vide, ou champ fondamental, dès lors qu'il est structuré par la conscience, crée la forme. C'est le champ qui se structure pour former la matière. Une fois structuré, il est capable de s'organiser et de se perpétuer lui-même par ses propres moyens.

La santé est l'aptitude à maintenir un équilibre dynamique, sur plusieurs plans et dans plusieurs dimensions, entre les schémas énergétiques harmonieux du système corps-esprit. La thérapie a pour but de restaurer cet équilibre et cette harmonie afin de recouvrer notre intégrité. Le modèle de la thérapie, c'est-à-dire le schéma qui la rend possible, fait partie intégrante du système corps-esprit et c'est par le choix qu'il est accessible. L'ordre et l'harmonie inhérents à cet ensemble peuvent être stimulés par l'invocation de l'amour et l'alignement avec notre essence spirituelle.

Il est possible d'utiliser l'énergie pour guérir. Les principes qui soustendent la thérapie holoénergétique s'imprègnent en fait les uns les autres ; cependant, pour bien comprendre le processus de transformation, il peut être utile de le diviser en quatre grandes étapes : reconnaissance (ou identification), résonance, libération et réforme (ou reconstruction).

Etape 1 : l'identification

Avant de transformer quelque chose, il faut commencer par déterminer précisément l'objet de cette transformation. Autrement dit, il faut collecter des informations. Quelle représentation en a-t-on ? Quelle sensation est-ce que cela évoque ? Quelles images, pensées, émotions ou souvenir associe-t-on à cette forme ?

Il faut s'interroger sur le bien-fondé de ce changement. Il n'est pas rare que la motivation provienne d'un désir de réduire la douleur et la peur. Plus rarement, elle consiste à progresser vers le bien-être, la joie

12. Albert Einstein : *Ideas and Opinions* (Crown, New York, 1945).

de vivre ou à mettre en valeur un potentiel inexprimé. Ces dispositions, lorsque l'on en prend conscience, touchent à la source du désir conscient de changer. Bien que l'on ne connaisse pas nécessairement la raison ultime de ce désir de changement, cette connaissance fait partie intégrante de nous-mêmes. Consciemment, tout ce que l'on a besoin de savoir, c'est ce qu'il convient de changer et ce qu'il faut changer pour initier le processus de guérison holoénergétique.

Etape 2 : la résonance

Après avoir déterminé ce que l'on désire changer et avoir obtenu les informations nécessaires, on se concentre sur la cible par la résonance, c'est-à-dire par un processus de fusion, d'unification. On peut se mettre en résonance avec la forme en :

- Se concentrant sur la région concernée du système corps-esprit ou sur la chose à changer.
- Revivant des événements physiques et émotionnels associés aux questions concernées.
- Confrontant la cause et la source par la prise de ses responsabilités et l'acceptation de soi-même et de la vérité.

Il est également possible d'accéder à des dispositions permettant la guérison par des exercices de respiration et de toucher, par une présence affectueuse, ou encore par une induction sur le centre cardiaque comme nous l'avons vu dans le paragraphe sur le processus d'alignement transpersonnel.

Le choix d'assumer la responsabilité d'un événement de sa vie est une façon de se mettre en résonance, même si l'on n'a pas clairement conscience de toute la dynamique causale concernée. J'ai remarqué, par mes travaux sur la guérison, que dès lors que les patients assument la responsabilité de l'apparition de leur maladie, leur attitude face à la vie en général change aussi. En fait, ce sont ces changements drastiques qui m'ont incité à appeler ce processus « guérison holoénergétique ».

Le fait d'assumer une responsabilité renforce le sentiment que si l'on pense être capable de susciter un événement, on doit aussi être capable de l'influencer, d'en modifier le cours. Une telle prise de responsabilité donne un certain pouvoir et, comme il m'a été donné de m'en rendre compte, facilite la guérison. En admettant qu'à un certain moment critique on a choisi comment réagir face à une situation donnée, on s'est préparé à connaître des transformations profondes.

En Inde, lors d'un voyage en train, un homme d'affaires américain me demanda de lui venir en aide. Il souffrait depuis cinq mois de vives douleurs dans le dos malgré ses visites chez un orthopédiste, un chiropracteur et un acupuncteur. Je l'ai emmené dans un compartiment vide et, par le procédé d'accès à l'information décrit au chapitre XII, j'ai pu déterminer que son problème était lié à des questions fondamentales de survie. Alors que j'étais concentré sur son centre cardiaque, il prit conscience de sa peur panique de la faillite financière. Je le priai de faire face à la source de son problème et de s'en libérer. Il vit une image de lui-même lui souriant. Cette image semblait se trouver à la base de sa colonne vertébrale. Lorsque je libérai énergiquement cette image, il s'effondra avec un cri sur la couchette du compartiment, se mit en position fœtale et se balança d'avant en arrière pendant un moment. Lorsqu'il fut à nouveau en mesure de parler, il raconta que non seulement son mal de dos avait disparu, mais qu'il avait eu une révélation. La cause de son mal de dos, c'était lui-même, déclara-t-il. Il avait peur de faire faillite. D'autre part, consacrant tout son temps exclusivement aux affaires, il n'avait plus le loisir de penser à son évolution spirituelle. Il avait inconsciemment choisi de réagir de la sorte, ce qui s'était traduit par son mal de dos.

Huit mois plus tard, de retour aux Etats-Unis, j'eus l'occasion de le revoir. Sa douleur dans le dos n'était jamais réapparue ; il avait mis de l'ordre dans sa situation financière et s'était ménagé du temps libre pour se consacrer à son évolution spirituelle. Sa vie avait complètement changé.

Il est essentiel de se rendre compte que responsabilité n'est pas forcément synonyme de blâme et n'a pas nécessairement valeur de jugement, de culpabilité et de punition. Le blâme évoque immanquablement une mauvaise action et une censure. Les choix de notre homme étaient peut-être les plus pertinents, compte tenu des circonstances d'alors mais, désormais, ils avaient perdu de leur raison d'être et perturbaient au contraire l'harmonie générale.

Pour se mettre en résonance avec quelque chose ou quelqu'un, il faut l'accepter tel quel, accepter la vérité plutôt que la nier. Ce qui compte, c'est d'*entrer en résonance avec soi-même* en s'acceptant et en s'aimant tel que l'on est. Il faut commencer par se fondre dans ce que l'on désire changer.

Dès lors que l'on accepte et que l'on a appris à aimer ce que l'on désire rejeter ou changer en soi, il devient possible de susciter la force vitale positive qui se dissimule derrière. Au-delà de toute détresse ou maladie, même profondément enfouie, subsiste une intention positive. C'est elle qui permet de survivre ou de rechercher l'amour, qui libère ou protège. Si l'on sait renouer avec cette intention positive, celle-ci devient un allié. Santé et harmonie peuvent alors remplacer détresse et maladie.

Lors d'un atelier, une femme qui souffrait d'asthme me raconta qu'à sa naissance ses parents avaient voulu l'étrangler. Plus tard, à deux reprises, des personnes de sa connaissance essayèrent aussi de l'étrangler. Après plusieurs unions malheureuses, elle se joignit à un groupe religieux. A l'époque où l'atelier eut lieu, elle était au service des autres depuis six ans.

En faisant son récit, elle se mit à sangloter en disant : « Je n'ai fait que donner aux autres. Je leur ai tellement donné ! J'en suis arrivée au point où je me sentais suffoquer. » A ce stade, elle se rendit compte qu'elle avait toujours eu l'impression de ne pas mériter de vivre. Pour se justifier, elle pensait devoir donner de sa personne, se sacrifier pour les autres. Grâce à cette prise de conscience et à une activation holoénergétique, elle fut en mesure de retrouver son intention positive originale, c'est-à-dire celle d'être aimée pour elle-même. Pour la première fois de sa vie, elle était également capable de s'aimer elle-même. Etant arrivée à remonter à l'origine de son asthme, elle pouvait enfin « respirer normalement ».

Etape 3 : la libération

Une fois que vous avez défini ce que vous avez besoin de savoir et que vous vous êtes concentré sur cette information par la résonance, vous devez détruire la cause du déséquilibre. Il s'agit en quelque sorte d'une « mise à mort » de l'ancienne forme. Sa libération, par la destruction ou par l'absorption, fait partie intégrante de tout processus de transformation. Cette désintégration, ce changement, représente la loi du dieu hindou Shiva, le destructeur qui fait place nette en vue d'un renouveau.

Très souvent, par peur de l'inconnu les gens n'osent pas abandonner la forme actuelle (« Qu'adviendra-t-il après ? »). Ils préfèrent une douleur qui leur est familière et la dissonance au risque et à l'incertitude liés à cette libération de la souffrance. Il est possible de surmonter cette peur de l'inconnu en déterminant quelle est l'intention positive qui sommeille au sein de la forme actuelle.

Une autre raison explique la difficulté qu'il y a à changer : le processus de destruction implique aussi la « mort » d'un certain nombre de blessures, de gains secondaires ou de bénéfices marginaux auxquels on est attaché. Il n'est pas rare, en effet, qu'une maladie nous rende service, en quelque sorte. Dans certains cas, ce bénéfice peut être financier ou bien affectif, comme par exemple dans le cas où les autres vous prodiguent aide et attentions, ce qui finit par rendre la maladie presque plus désirable que la santé. De plus, la maladie constitue une préoccupation qui évite de s'ennuyer. Et, bien entendu, il y a les bénéfices sur le plan émotionnel, souvent plus difficiles à cerner. Par exemple, quand, dans l'enfance, il arrive de se blesser et de pleurer, on attire l'attention sur soi. De telles expériences peuvent nous avoir appris à manipuler les autres en jouant sur sa faiblesse et en se posant en victime. Dans ces conditions, la maladie peut donner l'occasion d'attirer l'attention sur soi et d'éviter de prendre ses responsabilités. Elle constitue une bonne excuse pour continuer à se blâmer et à se punir, à se complaire dans l'apitoiement sur soi-même. Ce sont des émotions auxquelles il faut faire face. En effet, ce n'est que lorsque l'on a pris conscience de sa résistance au changement, de ses blocages, que l'on peut soit évoluer, soit choisir de rester victime de ses peurs.

Etape 4 : la reconstruction

Pour finir, il faut redonner forme à ce qui a été défait. Les techniques holoénergétiques permettent au corps et à ses champs énergétiques de recouvrer leur harmonie naturelle ou de reformer un nouveau schéma énergétique favorisant le bien-être et l'intégrité. C'est une renaissance, une résurrection, à l'instar du phénix qui renaît de ses cendres.
On assume la responsabilité de la guérison en choisissant consciemment de changer et d'agir en conséquence. Au cours de ce processus, il s'agit d'aligner la nouvelle représentation, saine, que l'on a de soi avec votre intention positive. Si à ce moment-là vous allez plus loin et alignez

cette intention avec votre but, votre vision ou votre rêve, ainsi qu'avec les aspects supérieurs de votre être, il se produit un changement qui transcende la transformation. Ce changement se fait en fonction de votre perception du monde. C'est l'ensemble de vos vibrations qui passe à un niveau où la réalité créée est totalement différente, totalement nouvelle. A ce stade, on peut affirmer que vous êtes engagé dans le processus de transcendance.

Les quatre principes directeurs de la guérison holoénergétique sont donc la reconnaissance, la résonance, la libération et la reconstruction.

Les quatre principes de la guérison holoénergétique

- Savoir : permet d'identifier, d'éclairer ce que l'on veut
- Aimer : permet de se relier à ce que l'on veut
- Vouloir : permet d'agir sur ce que l'on veut
- Esprit : guide le savoir, l'amour et la volonté.

Allons plus loin…

Avant de poursuivre notre exploration des quatre principes directeurs de la guérison holoénergétique, nous allons parler de la respiration, qui permet de maîtriser et de renforcer les énergies thérapeutiques.

CHAPITRE IV

Le souffle de la guérison

« Tout changement de l'état physiologique s'accompagne d'un changement de l'état mental et émotionnel, conscient ou non, et réciproquement tout changement de l'état mental et émotionnel, conscient ou non, s'accompagne d'un changement équivalent de l'état physiologique. »

Elmer et Alyce Green.

1. La respiration, c'est la vie

La respiration nous apparaît souvent comme une chose acquise. Si l'on peut survivre des semaines sans nourriture, il est par contre impossible de survivre plus de quelques minutes sans respirer. Heureusement, la respiration se fait automatiquement, sans que nous ayons à y penser consciemment.

La respiration, c'est la vie. Le mot latin la désignant est *spiritus,* un principe vital qui donne la vie aux organismes physiques. Cette force vitale se traduit en français dans les mots respiration, inspiration et expiration. En chinois, le mot *chi* a la même double signification de « vie » et de « respiration ». Quant à l'Egypte antique, le symbole de l'*ankh* signifiait « le souffle de la vie ». Enfin, « force vitale », en sanskrit, se dit *prâna.* Les Anciens étaient parfaitement conscients du lien qui existe entre l'esprit, la force vitale et la respiration. Selon ces traditions, c'est lorsque l'esprit imprègne la matière avec son essence que la force vitale est créée.

L'esprit intérieur en incite beaucoup à chercher à identifier et à comprendre ce qu'est la force vitale et comment elle est intimement liée à la respiration. Si l'on essaie de comprendre cette force au niveau de la matière, on peut en voir les effets plutôt que l'essence. La force vitale n'est pas tangible. Elle ne peut être maîtrisée par des machines ou des appareils de mesure ; de ce fait, une grande partie du monde scientifique est enclin à en nier l'existence. Les effets de l'esprit ne peuvent qu'être sentis, perçus au moyen de l'intuition. Pour connaître la nature de l'esprit, il faut agir au niveau de son support, la conscience.

Les yogis explorent les rapports existant entre la respiration et la conscience depuis plus de deux mille ans. Il y a quelques années, au cours d'une profonde méditation, j'ai moi-même pris conscience de la profonde valeur de la respiration. Je me suis rendu compte de l'intérêt qu'il y a à la contrôler. En effet, cela permet d'accumuler et de transférer l'énergie afin de créer la résonance qui permet la guérison.

Mes études de la respiration dans les traditions orientales et dans les écrits scientifiques occidentaux, ainsi que mes recherches électro-encéphalographiques (E.E.G.) dans un centre médical universitaire, m'ont amené à faire de la respiration l'un des principaux éléments de mon travail.

Dans ce chapitre, vous trouverez sept petits exercices, simples, pour vous familiariser avec des techniques de respiration qui m'ont semblé utiles dans le cadre d'une thérapie. Je vous invite à interrompre votre lecture un moment pour pratiquer ces exercices. Comme j'y ferai référence dans les chapitres suivants, ces exercices seront directement applicables tout au long de ce livre.

2. Les neuf fonctions clefs de la respiration

La respiration a neuf fonctions clefs qui en font une force vitale pour la guérison :

1. **Alimentation :** la respiration fournit nos cellules en oxygène, qui facilite les processus vitaux. Tout comme les aliments nourrissent le corps physique, la respiration nourrit aussi les parties énergétiques du système corps-esprit.

2. **Constitution d'une charge énergétique :** la respiration peut donner de l'énergie au corps en constituant une charge énergétique ; je reviendrai sur ce point plus loin. En tant que telle, la respiration est un instrument du transfert intentionnel de l'énergie curative.

3. **Focalisation de l'attention :** la respiration peut nous aider à focaliser et à diriger notre attention, ce qui s'exprime dans le principe suivant : l'énergie s'écoule dans la direction de l'attention.

4. **Accès à l'information :** le contrôle de la respiration permet d'obtenir plus facilement les informations emmagasinées dans le subconscient.

5. **Modification des sentiments et des pensées :** la façon de respirer exerce une influence sur les sentiments et les pensées.

6. **Refléter les sentiments et les pensées :** l'observation des schémas de respiration permet de prendre conscience des effets de certains sentiments et de certaines pensées.

7. **Déplacement et reflet de la conscience :** le contrôle de la respiration, par la méditation ou par d'autres formes de psychothérapie, permet d'accéder à des niveaux de conscience inhabituels.

8. **Induction de la résonance :** la respiration peut faciliter la mise en résonance avec d'autres énergies, ce qui est vital pour la transformation des schémas énergétiques pathologiques en schémas sains.

9. **Lien du conscient et de l'inconscient :** la respiration constitue une passerelle entre le conscient et les fonctions physiologiques, généralement contrôlées par l'aspect subconscient du système corps-esprit.

3. Respiration et système nerveux

« Respirer en direction de parties nécrosées ou déconnectées de la représentation de notre corps est probablement la plus sûre façon de les réveiller et de les ranimer. »

Ralph Metzner.

Le système nerveux a deux composants principaux : le système involontaire, ou autonome, et le système volontaire, ou somatique.

Le système *volontaire* est au service de la volonté ou de son expression ; autrement dit, il entre en action à chaque fois que vous faites un mouvement avec le corps ou que vous vous exprimez, d'une manière ou d'une autre.

Le système nerveux *involontaire* contrôle les fonctions du corps comme les battements du cœur, la libération des hormones, la digestion, la circulation sanguine, la contraction et la dilatation des pupilles et, bien entendu, la respiration. Ces fonctions autorégulatrices sont normalement assurées hors du contrôle de l'esprit conscient, c'est-à-dire qu'il n'est pas nécessaire de se souvenir de contrôler les battements du cœur ou la respiration. Le système nerveux involontaire envoie automatiquement des signaux pour que ces éléments fonctionnent en interdépendance et en harmonie.

Le système nerveux involontaire se subdivise en deux branches, le système *parasympathique* et le système *sympathique* :

– La branche **parasympathique** est associée à un état de relaxation. La stimulation du système parasympathique ralentit le rythme cardiaque et de la respiration par l'intermédiaire du nerf vague, facilite la digestion et dilate les vaisseaux sanguins, d'où un abaissement de la pression sanguine.

– La branche **sympathique** est associée à l'excitation. La stimulation du système nerveux sympathique transmet une excitation au corps, accélérant le rythme cardiaque et de la respiration, la circulation sanguine dans les muscles moteurs des bras, des jambes et du dos. La branche sympathique est associée à la réaction de lutte ou de fuite face à certaines formes de menace ou de stress.

Chaque organe du corps fait partie d'un vaste réseau de communications qui maintient une harmonie entre les différentes zones. Aucun ne fonctionne entièrement indépendamment ; au contraire, il reçoit et émet des signaux dans tout le reste du corps. Du fait de cette interdépendance, les changements du schéma respiratoire sont enregistrés à tous les niveaux. Chaque organe a sa propre façon de réagir aux changements de vitesse ou de rythme respiratoire.

En général, on n'intervient pas dans les fonctions du système nerveux autonome. On ne dit pas à son cœur comment battre, ni au système endocrinien quel type d'hormones il doit produire et en quelle quantité. En revanche, en ce qui concerne la respiration, il est possible d'intervenir et ce, de différentes façons : on peut retenir sa respiration, la ralentir, l'accélérer ou respirer plus ou moins profondément. On peut aussi privilégier une partie du cycle de la respiration plutôt qu'une autre en expirant plus vite et en inspirant plus lentement, ou inversement, ou encore respirer profondément ou faiblement.

En modifiant consciemment le schéma respiratoire, on peut affecter profondément le champ énergétique et s'ouvrir à des états de conscience étendus. Comme la respiration est étroitement associée à la vie elle-même, tout changement du schéma respiratoire peut influencer le subconscient, lequel est à son tour intimement lié au processus naturel de la guérison du système corps-esprit.

La modification de la respiration est l'une des différentes manières d'établir un lien entre les systèmes volontaire et involontaire qui, ensemble, coordonnent les fonctions de chacun des systèmes du corps.

Les schémas de la respiration reflètent l'état émotionnel, mental et physique. Chaque émotion ou pensée significative est associée à un schéma respiratoire particulier. En cas de stress ou de peur, on respire rapidement, peu profondément, avec la poitrine, et on retient parfois sa respiration. Lorsque l'on est agité, on a tendance à faire de l'hyperventilation, c'est-à-dire à respirer fort ; par contre, lorsque l'on agit avec circonspection, on respire faiblement. La surprise se traduit par la suffocation, le soulagement par un soupir. Pour évacuer un sentiment de tristesse ou de chagrin, nous expirons incomplètement et pouvons avoir tendance à limiter le volume de notre respiration pour contrôler les émotions profondes qui nous étreignent.

Il est possible de modifier les schémas respiratoires consciemment pour influencer les pensées et les sentiments, voire pour modifier le champ de la conscience. Outre le fait qu'elle favorise le processus de guérison, la maîtrise de la respiration peut être un complément non négligeable dans le contrôle du stress et dans la méditation.

4. Physiologie de la respiration abdominale

L'action d'inspirer est principalement le fait du système nerveux sympathique. L'expiration étant généralement un acte passif, elle est influencée par le système parasympathique.

Lorsque vous inspirez, le diaphragme et les muscles intercostaux se contractent. A mesure que le diaphragme (un muscle en forme de dôme placé entre la poitrine et la cavité abdominale) se contracte, s'aplatit et se déplace vers le bas, il se produit une expansion de la cavité thoracique et, par conséquent, l'air entre dans les poumons. Le déplacement du diaphragme vers le bas exerce une pression sur les organes de l'abdomen, causant une expansion de celui-ci.

Au cours d'une expiration normale, le diaphragme se détend et l'air est évacué des poumons. Toutefois, l'expiration peut être assistée par une contraction des muscles intercostaux et abdominaux qui a pour effet de chasser l'air des poumons.

L'environnement stressant de la vie contemporaine a donné l'habitude d'une respiration rapide, irrégulière, qui se fait principalement dans la partie supérieure de la poitrine. Ce schéma respiratoire surmène le cœur, limite la circulation sanguine, d'où une oxygénation moindre du sang et une tendance au stress émotionnel. Il est possible de réduire cette forme de stress par la respiration abdominale. C'est là un bon exemple du potentiel thérapeutique de la respiration.

On peut tirer un certain nombre de bénéfices de la respiration abdominale. Une respiration plus profonde amène de l'air dans les lobes inférieurs des poumons, mieux irrigués par les vaisseaux sanguins que les lobes supérieurs et moyens. Autrement dit, le sang peut alors absorber davantage d'oxygène. La respiration par la poitrine, qui engendre principalement une expansion des lobes supérieurs de la poitrine, se traduit par une entrée d'air et, par conséquent, par une oxygénation du sang moindre.

En respirant profondément, on réduit aussi la pression dans la cavité thoracique, ce qui a pour effet d'améliorer la circulation sanguine et de permettre au sang de retourner plus facilement au cœur. Celui-ci est donc moins sollicité.

La respiration profonde, lorsqu'elle est prolongée, donne une énergie considérable au corps, laquelle peut s'accumuler dans des zones de blocage ou de tension. Cette confluence d'énergie peut activer des images et des sentiments refoulés, d'où un certain inconfort tant que cette énergie n'est pas libérée.

▲ Exercice : respiration abdominale

1. Asseyez-vous sur le bord d'une chaise confortable et penchez-vous en arrière de façon à ce que votre buste soit légèrement incliné.
2. Placez une main, la paume vers le bas, à quelques centimètres au-dessus de votre nombril. Posez l'autre main sur le milieu de la poitrine.

3. Commencez par expirer complètement, comme pour pousser un soupir de soulagement, en chassant le plus d'air possible de vos poumons. Cela vous permet de respirer plus profondément et plus pleinement lors de la prochaine inhalation.

4. Prenez l'inspiration suivante en imaginant que la partie inférieure de votre poitrine et que votre abdomen se gonflent comme un ballon, se remplissant d'air ; vous remarquerez que votre abdomen prend plus de volume que votre poitrine.

5. A mesure que vous expirez, imaginez que ce ballon se dégonfle et s'aplatit.

6. Après trois ou quatre respirations abdominales, concentrez-vous sur ce que vous ressentez. Votre corps est-il plus détendu ?

7. A mesure que vous expirez, imaginez une nouvelle fois que ce ballon se dégonfle et s'aplatit.

8. Recommencez à nouveau : après trois ou quatre respirations abdominales, concentrez-vous sur ce que vous ressentez. Votre corps est-il encore plus détendu ?

9. A mesure que vous expirez, imaginez à nouveau que ce ballon se dégonfle et s'aplatit.

Après trois ou quatre respirations abdominales, concentrez-vous sur ce que vous ressentez. Votre corps est-il plus détendu ? Vous sentez-vous plus en paix ? Vous sentez-vous l'esprit plus calme ? Après avoir pratiqué la respiration abdominale, on ressent généralement tout cela à la fois.

5. Comment respirer donne de l'énergie

L'une des principales fonctions de la respiration est de donner de l'énergie au corps physique. La respiration le recharge de différentes manières : par la respiration cellulaire, par l'inspiration d'air ionisé et par l'action éliminatrice de la circulation sanguine, sur laquelle nous reviendrons dans un moment.

Au cours de l'inspiration, l'oxygène de l'atmosphère est absorbé par les poumons, puis transporté par le réseau des vaisseaux sanguins dans les cellules, où il est soumis à un processus dans lequel les électrons sont libérés de façon à transférer de l'énergie. C'est ce que l'on appelle la *respiration cellulaire,* qui sert à accroître la charge électrique du corps.

L'émission de dioxyde de carbone est un sous-produit de la respiration cellulaire, qui est ensuite évacué des cellules vers les poumons, puis hors du corps. Il est intéressant de noter que ce n'est pas tant le besoin d'oxygène que le niveau de dioxyde de carbone (déchets qui se trouvent dans l'air des poumons) qui stimule la respiration suivante.

La respiration permet aussi l'absorption des particules chargées en électricité qui se trouvent dans l'air, appelées ions positifs et négatifs. Des recherches ont montré que les ions négatifs facilitent l'évacuation du dioxyde de carbone du corps ainsi que le passage dans le sang de l'oxygène qui se trouve dans les alvéoles pulmonaires. Les ions positifs semblent avoir l'effet opposé.

Les chutes d'eau, la pluie, les milieux humides et les orages produisent des ions négatifs qui donnent de l'énergie à notre système. Inversement, les vents chauds et secs, mais aussi la climatisation, produisent des ions positifs qui ont tendance à le dévitaliser.

A mesure que le sang circule dans le corps, les cellules qui le composent se frottent les unes contre les autres et contre les parois des vaisseaux sanguins. Ce roulement et cette friction ont pour effet d'emporter les électrons qui se trouvent sur les surfaces avec lesquelles elles entrent en contact. Lorsque vous respirez, les mouvements de votre poitrine et de votre diaphragme modifient la circulation du sang dans les gros vaisseaux de la poitrine et influent sur le rythme cardiaque.

Ces fluctuations bénéfiques dans le sang ont pour effet d'augmenter l'effet d'élimination, ce qui renforce le champ électromagnétique du corps. L'accélération et la décélération des particules chargées en électricité, qui résulte de l'alternance de la circulation sanguine, contribuent à amplifier davantage le champ électromagnétique. C'est ce que nous allons maintenant décrire.

6. Physiologie de la respiration pulsée

La respiration pulsée est l'une des techniques les plus importantes dans les phases de libération et de reconstruction de la thérapie holoénergétique. Elle permet de se libérer des schémas énergétiques indésirables pour laisser la place à de nouveaux schémas.

Il existe deux types de respiration pulsée :

– **L'expiration pulsée :** pour faire une expiration pulsée, inspirez et retenez votre souffle. Expirez ensuite avec force par le nez en contractant violemment vos muscles abdominaux.

– **L'inspiration pulsée :** pour faire une inspiration pulsée, prenez une inspiration brève, forte, par le nez tout en contractant vos muscles abdominaux.

Vous pouvez expulser l'air de vos poumons pour débarrasser votre corps de charges indésirables, de pensées ou de sentiments négatifs, d'un inconfort ou d'une douleur. Cette technique peut aussi vous aider à vous débarrasser de l'énergie émise par d'autres si vous en éprouvez de la gêne.

Vous pouvez inspirer par pulsion pour vous libérer d'un schéma énergétique, en reconstruire ou en retirer un. Les pulsions brèves, fortes, de ce type de respiration créent un flux électromagnétique qui facilite tous les processus de la thérapie holoénergétique.

Lorsque nous défaisons ou libérons un schéma par la respiration pulsée, nous nous en libérons. Il y a trois façons de procéder.

- L'une consiste à mettre autant d'énergie que possible dans une structure, de telle sorte qu'elle ne puisse en contenir davantage et qu'elle explose comme un ballon trop gonflé (ex-pulsion).

- La seconde consiste à en retirer tellement d'énergie qu'elle ne peut plus assurer son intégrité et qu'elle s'effondre comme un ballon dégonflé.

- La troisième consiste à visionner le transfert d'énergie depuis une structure avec l'intention qu'elle soit absorbée et transformée en une autre structure existante.

En thérapie holoénergétique, on utilise généralement l'expiration pulsée, c'est-à-dire une forte expiration de l'air des poumons, qui permet de déstabiliser un schéma dissonant de notre champ énergétique. Lors d'une thérapie holoénergétique destinée à une autre personne que soi-même, on recourt à l'inspiration pulsée, c'est-à-dire à une forte inspiration, pour la débarrasser du schéma énergétique indésirable.

▲ Exercice : élargissement du champ de conscience par la respiration

Conscience du corps :

1. Asseyez-vous confortablement avec le dos droit. Accordez-vous un moment pour prendre conscience de votre respiration, activité que vous pratiquiez il y a encore quelques instants sans même y penser.
2. Tout en restant conscient de votre respiration, concentrez votre attention sur le processus respiratoire lui-même pendant que l'air entre et sort de vos narines. Tâchez de remarquer si l'air semble passer plus facilement par l'une que par l'autre. Vous remarquerez aussi qu'elles semblent bouger légèrement lorsque vous respirez. Soyez attentif, également, à la fraîcheur de l'air lorsqu'il entre et à sa chaleur quand vous expirez.

Conscience émotionnelle :

1. Pour prendre conscience de la façon dont vos pensées et sentiments influencent votre respiration, respirez plusieurs fois avec l'abdomen.
2. Ensuite, pensez à une situation ou à une personne que vous associez avec le stress ou l'anxiété. Imaginez-la le plus vivement possible et laissez-vous envahir par les émotions qu'elle suscite. Prenez note de l'évolution de votre respiration, de son rythme, de sa profondeur et de sa situation dans votre corps.
3. Reprenez ensuite la respiration abdominale. Que remarquez-vous ? Les sentiments associés à l'anxiété se dissipent-ils ?

Avec un peu de pratique, la plupart des gens se rendent compte qu'ils sont capables d'influer sur leurs émotions à volonté par la respiration.

Conscience du changement :

Sans doute êtes-vous conscient que vos schémas de respiration changent avec votre activité physique. Pour percevoir les effets que même un changement de posture mineur peut avoir sur la respiration, essayez l'exercice suivant :

1. Asseyez-vous confortablement, le dos droit. Fermez les yeux pour être plus conscient.

2. Placez vos mains sur les genoux, les paumes tournées vers le ciel.

3. Soyez attentif aux parties du corps en mouvement pendant que vous respirez. Est-ce la partie supérieure, moyenne ou inférieure de la poitrine, ou bien l'abdomen qui bouge le plus ?

4. Maintenant, tournez la paume de vos mains vers le bas, sur vos genoux, et voyez si l'emplacement du mouvement de la respiration a changé.

Vous remarquez qu'avec la paume des mains tournée vers le haut, votre respiration semble se déplacer vers le bas de la poitrine et même inclure un mouvement de l'abdomen. On associe souvent la position avec les paumes tournées vers le bas aux mouvements du milieu de la poitrine. Pour certains, c'est le contraire : ils trouvent que c'est avec la paume des mains tournée vers le bas que leur respiration est la plus profonde. Contentez-vous simplement de noter les différences qui se manifestent dans votre schéma respiratoire, même si les changements dans votre posture sont infimes.

7. Les quatre phases de la respiration holoénergétique

La respiration est normalement une fonction automatique, un cycle constitué des deux phases que sont l'inspiration et l'expiration, sans intervention consciente. En thérapie holoénergétique, on fait aussi appel à un cycle de respiration en quatre temps que les yogis utilisent depuis des milliers d'années dans leur pratique de la méditation (fig. 3). En Orient, le contrôle de la respiration est le fondement de la pratique du pranayama, littéralement la science de la retenue de la respiration.

Voici les quatre phases de la respiration holoénergétique :

a) Pause : le repos avant l'inspiration

Comme tout processus commence par la création d'un espace, un cycle respiratoire commence par une expiration complète, une évacuation de l'air des poumons, libérant ainsi de l'espace pour la prochaine inspiration.

Cet espace peut être considéré métaphoriquement comme un vide, un état où tout mouvement est absent, ou au contraire de mouvement absolu, à l'origine de tout et de toute évolution. L'espace n'est pas vide.

Il contient une énergie considérable. Le physicien David Bohm a calculé que la quantité d'énergie contenue dans un centimètre cube d'espace est supérieure à toute la matière de l'univers connu.

Une fois que vous avez exhalé complètement et que vous êtes consciemment en repos, une tension se développe et vous commencez à focaliser votre conscience. C'est ce que l'on appelle l'*attention.* Le fondement de l'attention est le désir d'inspirer, de respirer, de bouger ou de changer. La constitution d'une tension à partir du vide est la source de l'énergie créative du changement.

Métaphysiquement, le vide est l'espace duquel surgissent les désirs et d'où partent les vibrations. Une vibration met en place des schémas électromagnétiques, gravitationnels et acoustiques que nous percevons au moyen de notre système nerveux comme « substance », sous la forme de sensations ou de matière physique. De même, c'est sous forme de pensées et de sentiments que nous percevons la « substance » de notre esprit.

b) Inspiration : introduction d'air dans le corps

L'inspiration est la phase active de la respiration. Elle nécessite la contraction des muscles respiratoires, influencés par le système nerveux sympathique. Au cours de l'inspiration, le corps inhale « l'esprit », c'est-à-dire le composant de l'air qui donne la vie. C'est de là que viennent la force et la capacité d'agir. C'est ainsi que se recharge votre « batterie ». Dans les traditions orientales, l'inspiration est associée à l'énergie yang du cycle respiratoire, connue comme notre côté masculin, ou actif (fig. 3, page 99).

C'est l'inspiration qui nous donne les idées. Une idée est la substance du désir au moment où elle commence à prendre forme, c'est-à-dire une idée et un sentiment sur le point d'émerger.

c) Retenue : repos entre inspiration et expiration

Retenir sa respiration demande de l'attention. C'est l'énergie du désir qui a pris une forme particulière ou qui suit un plan particulier. Lorsque l'on retient sa respiration, c'est-à-dire lorsque l'on reste tendu et la respiration bloquée, la charge est maintenue pendant un certain temps. La phase de rétention exprime la volonté choisie. Métaphoriquement, c'est le désir auquel il a été donné un but persistant et une forme. La volonté prend souvent forme en tant qu'intention, détermination, imagination et attente.

C'est à ce stade que vous donnez forme à une idée, par imagerie et focalisation de la pensée, que vous transformez l'énergie d'une idée en une forme de pensée dotée d'une puissance causale.

d) Expiration : expulsion de l'air du corps

L'expiration non assistée est la phase de relaxation de la respiration. Elle est influencée par le système nerveux parasympathique. L'air est autorisé à s'échapper passivement, principalement par la seule élasticité des poumons. En expirant intentionnellement, il est possible d'émettre de l'énergie en direction de l'objet vers lequel on dirige son souffle. Le fait de libérer la tension accumulée en la dirigeant permet le transfert d'énergie et d'informations.

L'expiration détendue est le pôle opposé – et complémentaire – de l'inspiration. En tant que telle, elle est considérée comme faisant partie de notre côté féminin, ou yin.

En libérant votre respiration, vous manifestez par l'action le sentiment, la pensée ou l'idée que vous avez formé et chargé en énergie et d'intention au cours de la phase de rétention de la respiration. Par exemple, les haltérophiles soulèvent la charge lors de l'expiration ; de même, les gymnastes coordonnent certains mouvements précis avec l'exhalation.

Après l'expiration, vous rentrez dans le vide. Si vous ne repreniez pas une nouvelle inspiration, vous mourriez très rapidement. Dans le vide, votre réceptivité à l'information et votre énergie créative sont renforcées. C'est également le moment où vous êtes le plus vulnérable aux influences extérieures (fig. 4 page 100).

Lorsqu'un désir sort du vide pour la première fois, il porte avec lui un choix potentiel. A ce stade, il ne s'agit encore que de substance dépourvue de forme, que d'énergie en mouvement. Vous pouvez alors prendre conscience du vague désir de bouger, d'aller vous promener, par exemple. A mesure que cette sensation grandit, vous construisez l'inspiration, l'idée. Dès que vous tenez cette dernière, vous commencez à former la pensée, vous donnez à la substance une structure, de la profondeur, de l'ampleur et, enfin, vous la transformez en action.

Vous pouvez concentrer la pensée et lui donner une forme de plus en plus nette, comme : « Je vais grimper en haut de la montagne pour regarder le coucher du soleil. J'emporterai une gourde d'eau. » En libérant la pensée, vous manifestez l'action, transmettant l'énergie de la pensée à votre création, c'est-à-dire à votre excursion. Tout comme la décision de partir en excursion, le cycle respiratoire en quatre parties nous fait passer par les différents stades de la création consciente, de la formation et de la transmission d'une pensée ou d'un sentiment, de l'énergie à la forme, puis à l'action (fig. 5).

Joseph Campbell (1) extrapole sur les aspects métaphysiques du cycle de la respiration en quatre phases exprimé dans la méditation par le son AUM. Dans plusieurs traditions anciennes, AUM est considéré comme étant le son sacré le plus ancien. Dans la Bible, il est écrit : *« Au commencement était le Verbe. »*

Pour certains mystiques, ce verbe cosmique serait AUM :
« A », la naissance, correspond à l'action d'inspirer.
« U », le devenir, correspond à la rétention de l'air après son inspiration.
« M », la dissolution, correspond à l'expiration.

Enfin, AUM retourne au silence d'où il est parti. C'est le vide correspondant à la pause.

8. Focalisation de l'attention par la respiration

L'attention n'est autre que la concentration de la conscience ; elle permet de définir et d'affiner un contenu spécifique ou un sujet lié à cette dernière. C'est par la conscience que l'on développe sa capacité à faire des choix, et ce n'est que si l'on est conscient des circonstances présentes et des alternatives que l'on peut s'assumer.

Vous pouvez apprendre à focaliser votre attention consciemment sur un objectif par l'exercice respiratoire suivant. En pratiquant ce que nous appelons ici l'attention, vous serez capable de diriger votre énergie simplement en choisissant sur quoi vous concentrer.

Au cours de l'exercice qui suit, efforcez-vous de prendre conscience de la façon dont votre attention donne de l'énergie à votre corps et comment vous pouvez l'amplifier en mettant la respiration à contribution.

---

1. Joseph Campbell : *The power of myth.*

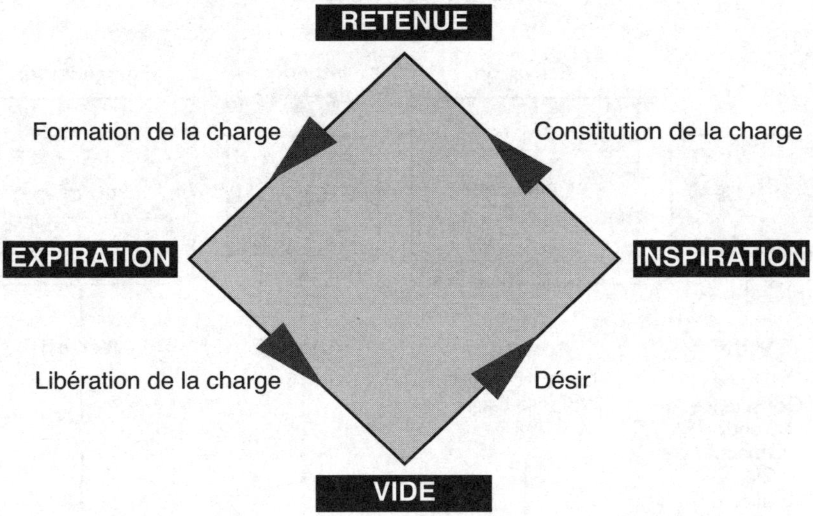

Figure 3 : **constitution de la charge par la respiration.**

Les quatre phases de la respiration holoénergétique

REPOS - PAUSE	INSPIRATION	REPOS - RETENUE	EXPIRATION NON ASSISTEE (*)
Conscience	Action	Rétention	Permission
« A-tension »	Activité	« Re-tension »	Passivité
Attention	Contraction du diaphragme et des muscles intercostaux Yang Influence sympathique	Tension vers l'intérieur	Relaxation Yin Influence parasympathique
Etre	> Devenir	>> Devenir	< Devenir

* L'expiration peut, au choix, être ou ne pas être assistée par les muscles abdominaux et intercostaux ; dans ce cas, l'expulsion de l'air se fait principalement en raison de l'élasticité et de la tension superficielle des poumons. L'expiration a normalement lieu lorsque les muscles respiratoires se détendent.

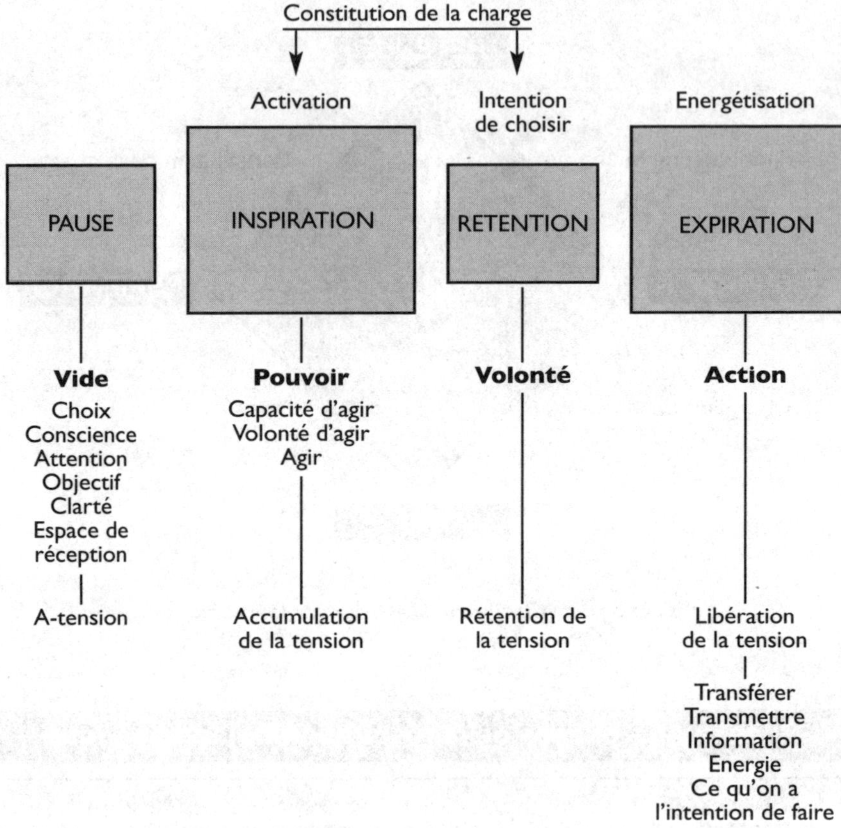

Figure 4 : **charger la respiration en énergie.**

▲ Exercice : concentrer son attention par la respiration

1. Asseyez-vous dans une position confortable, les yeux fermés, et détendez-vous. Concentrez votre attention sur la main gauche. Soyez le plus conscient possible de ce qui se passe.

2. Imaginez que vous inspirez et expirez depuis votre main gauche et vers celle-ci, votre respiration passant par les cinq doigts. Imaginez que vous inspirez par le poignet et que vous expirez par l'extrémité de vos doigts. Répétez cet exercice et voyez si vous ressentez quelque chose.

3. Inspirez par la main gauche. Ensuite, accordez votre attention à la main droite et imaginez que vous expirez par celle-ci.

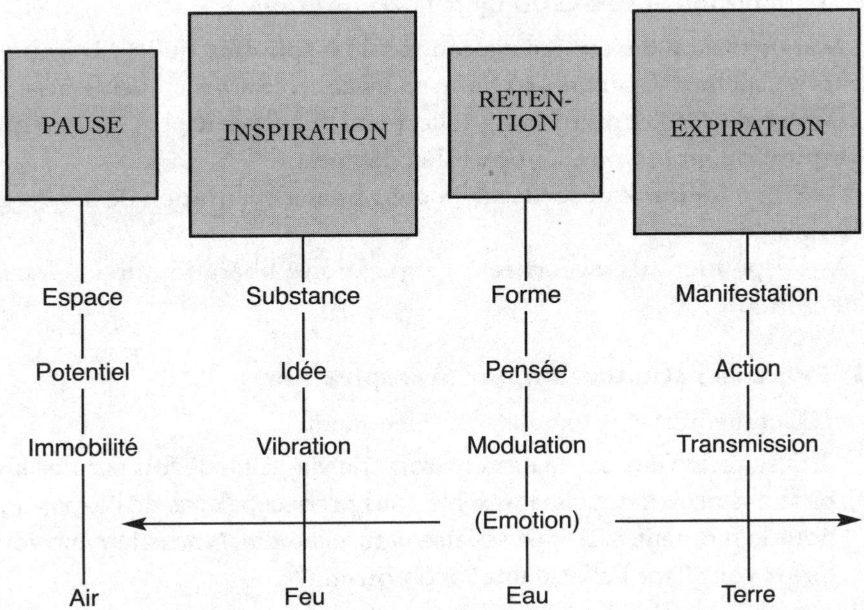

Figure 5 : **fonctions ésotériques de la respiration.**

Qu'avez-vous remarqué ? Le plus souvent, il s'agit d'une sensation de chaleur et de picotement dans les doigts lorsqu'ils se concentrent sur la main gauche. Lorsque la respiration et l'attention passent par l'autre main, on ressent aussi le transfert de l'énergie.

Pratiquez cet exercice à plusieurs reprises. Faites appel à votre imagination pour ajouter des formes à l'énergie créée par votre attention et votre respiration. Vous pouvez, par exemple, ajouter la notion de chaleur en vous représentant des flammes sortant de votre main à chaque expiration, à la manière d'un feu ravivé par un coup de vent. Vous pouvez aussi imaginer que la paume de vos mains refroidit lorsque vous y faites passer votre respiration. L'utilisation de cette imagerie permet ainsi d'ajouter des formes à l'énergie créée par votre attention et votre respiration.

Certains formateurs en biofeedback ont remarqué que les maux de tête symptomatiques diminuent souvent dès lors que l'on maîtrise la technique qui consiste à ressentir de la chaleur dans les mains, et en particulier dans les paumes.

Stimulation et relaxation par la respiration.

En accordant davantage d'attention à l'inspiration qu'à l'expiration, vous permettez à votre corps de se charger en énergie. Inversement, si vous prolongez l'expiration de telle sorte qu'elle soit plus longue que l'inspiration, vous vous sentirez plus détendu.

– Prépondérance accordée à l'inspiration : constitution de la charge énergétique.

– Prépondérance accordée à l'expiration : libération de la charge énergétique.

▲ Exercice : stimulation par la respiration

1. Commencez par exhaler complètement.
2. Ensuite, inhalez par le nez environ une vingtaine de fois par des inspirations brèves et puissantes. Ne vous préoccupez pas de l'expiration pour le moment, laissez-la se faire naturellement. Normalement, vous devez vous faire l'effet d'une locomotive.
3. Soyez attentif aux effets produits par cette forme de respiration sur votre corps. Quel effet produit-elle sur vos sentiments ?

Les personnes qui participent à nos ateliers rapportent généralement une sensation de picotement, de chaleur, de légèreté dans la tête et de vitalité accrue. Toutes ces sensations sont des expressions de l'énergie.

▲ Exercice : relaxation ou défoulement par la respiration

1. Commencez par exhaler complètement.
2. Inhalez ensuite par le nez lentement et sans forcer en comptant jusqu'à trois. Laissez ensuite l'air s'échapper de vos poumons en comptant jusqu'à six.
3. Répétez cet exercice trois fois et observez ses effets, comme à la fin de l'exercice précédent.

La plupart des personnes qui pratiquent cet exercice rapportent qu'il les aide à se sentir plus détendues.

9. Accès au subconscient

Le contrôle de la respiration peut permettre d'accéder à des souvenirs oubliés depuis longtemps ou à des informations plus récentes qui se trouvent dans le subconscient. En retenant volontairement votre respiration comme décrit plus haut, vous pouvez attirer directement l'attention de votre subconscient. L'une des fonctions de celui-ci consiste à aider votre corps à maintenir son équilibre physiologique, appelé aussi homéostasie ; c'est pourquoi on le désigne parfois sous l'appellation de « système corps-esprit ». Le contrôle de la respiration peut s'avérer particulièrement utile dans les phases de libération et de reconstruction de la thérapie holoénergétique.

Cependant, il convient de distinguer l'apnée thérapeutique de la pathologie respiratoire chronique, que l'on associe à la suppression ou au refoulement de la peur ou de l'anxiété. Retenir sa respiration dans un but thérapeutique, en revanche, peut constituer un outil de travail particulièrement utile, car c'est le subconscient qui joue le rôle de support pour la réaction thérapeutique.

Dans mes ateliers, je décris cette interaction comme suit :

« Allons-y, tout va bien. Maintenant, nous prenons une profonde inspiration et nous gardons l'air dans nos poumons. Le niveau du dioxyde de carbone présent dans le corps commence à monter. Le subconscient, qui s'exprime essentiellement par des images, des symboles et la communication avec le système neurovégétatif, vous alerte : “Attention, le niveau de dioxyde de carbone est en train de monter. Qu'est-ce qui se passe ? Qu'est-ce que vous faites ? Qu'est-ce que vous voulez ?” Vous avez attiré l'attention de votre subconscient. Vous lui répondez alors : “… Ecoute, voilà ce que je veux que tu fasses. Je veux que tu mobilises les globules blancs dans telle zone.” Le subconscient répond : “D'accord, message reçu. Je passe à l'action.” Vous concluez : “Bien, je reprends ma respiration.” »

Une fois que vous avez attiré l'attention de votre subconscient, vous pouvez lui dire ce qu'il doit faire. Le subconscient joue un rôle de filtre entre l'inconscient et le conscient. Les croyances et les attitudes ont des représentations dans le subconscient auxquelles il faut pouvoir accéder pour guérir.

L'extraction d'informations profondément enfouies et leur reprogrammation peuvent être facilitées par des techniques respiratoires spécifiques. Vous pouvez le faire simplement en retenant votre respiration quand vous cherchez consciemment à obtenir l'information dont vous avez besoin.

10. Entrer en résonance

Itzhak Bentov (2) écrit que lorsque l'on retient sa respiration, le rythme cardiaque décroît et le cœur ainsi que l'artère aorte se mettent en résonance. En temps normal, quand le sang est expulsé du cœur dans l'artère aorte, il descend, sous la pression des battements du cœur, jusqu'au bassin. A la hauteur du pelvis, l'aorte bifurque, se sépare en deux gros vaisseaux qui transportent le sang dans les jambes. Lorsque la pression de cette pulsion frappe la bifurcation, elle rebondit le long de l'aorte comme un écho, pour entrer en collision avec la pulsion suivante qui, elle, descend vers le bassin. Il se crée alors une interférence, un schéma dissonant, comme lorsque deux vagues s'écrasent l'une

contre l'autre en créant des turbulences ; il en résulte des mouvements imperceptibles du corps.

Cependant, lorsque l'on retient sa respiration, le cœur ralentit ; ainsi, l'écho et la pulsion sont coordonnés et descendent le long de l'aorte en synchronisation. On dit alors que le système est *en résonance.* Le corps résonne à un rythme d'approximativement 7,5 cycles par seconde. Dans le même temps, ce rythme est en résonance avec deux autres rythmes importants, notamment les schémas des ondes cérébrales de l'état de haute réceptivité entre les ondes alpha et thêta (entre 7 et 8 cycles par seconde) d'une part, et les pulsations naturelles de la cavité de l'ionosphère terrestre, qui est d'environ 7,8 cycles par seconde.

En retenant notre respiration, nous mettons donc notre corps en résonance avec lui-même, avec les rythmes du cerveau alors qu'il est le plus réceptif et avec ceux de notre planète. Cette synchronicité facilite la réception et le transfert de l'information et de l'énergie, tous deux des composants critiques de la guérison.

---

2. Itzhak Bentov : *Univers vibratoire et conscience, ou l'émergence de l'essentiel* (Editios Dangles)

▲ Exercice : accès à l'information

Pour connaître la réceptivité accrue de la phase de pause du cycle de la respiration, commencez par formuler clairement dans votre esprit la question que vous voulez poser. Le cas échéant, vous pouvez aussi l'écrire sur une feuille de papier si cela vous semble plus facile.

1. Comme dans les exercices précédents, commencez par une exhalation. Inspirez ensuite en fermant les yeux.
2. Retenez votre respiration et demandez-vous quelle est l'information que vous recherchez.
3. Maintenant, détendez complètement votre poitrine et votre abdomen, et formulez silencieusement votre question tout en expirant.
4. Libérez-vous ensuite l'esprit de l'effort fourni et de vos pensées, puis laissez l'information pénétrer pendant une période de 5 à 10 secondes avant l'inspiration suivante.
5. Si vous ne recevez pas l'information recherchée la première fois, suspendez momentanément tout jugement ou tout lien vous rattachant au contenu de cette information et restez ouvert à tout ce qui peut se présenter. Répétez ensuite l'exercice.

11. Les effets équilibrants de la respiration

Lors de recherches sur les rapports entre la respiration et l'activité cérébrale au laboratoire d'une faculté de biofeedback, nous avons découvert une technique de respiration qui s'est révélée précieuse dans nos travaux thérapeutiques. Nous la désignons sous l'appellation de *respiration équilibrante*. Sa valeur, à nos yeux, tient à ce qu'elle permet une expansion et une élévation rapides de la conscience par la synchronisation des hémisphères droit et gauche du cerveau. Le fait d'équilibrer l'activité des hémisphères cérébraux a pour effet de mettre l'esprit dans un état de résonance cohérente.

Alors que je n'en étais qu'au début de mes recherches, j'ai exploré une très vieille technique yogique qui permet d'équilibrer les hémisphères droit et gauche. Cette technique, dite de *respiration nasale alternée,* consiste à fermer puis à rouvrir alternativement les narines avec les doigts de façon à inspirer d'un côté pour expirer de l'autre.

J'ai pratiqué cet exercice sous un contrôle électroencéphalographique (E.E.G.) mesurant l'activité dans les hémisphères droit et gauche de mon cerveau. J'ai remarqué que l'utilisation de la main pour appliquer la technique de respiration alternée, prescrite par les yogis, créait un schéma de déséquilibre hémisphérique. J'ai alors simplement reposé les mains sur les genoux et imaginé l'air entrant par une narine pour ressortir par l'autre. L'E.E.G. montra que les hémisphères droit et gauche de mon cerveau se mettaient en synchronisation, produisant ce que l'on appelle une cohérence hémisphérique. Mon activité cérébrale indiquait un schéma ondulatoire cérébral alpha synchrone (environ 7 ou 8 cycles par seconde) pour les deux hémisphères (figure 6).

Cet état de résonance, engendré par la respiration équilibrante, permet de rehausser le niveau des performances à bien des niveaux, ce qui s'avère particulièrement utile en matière de guérison. Toutefois, du moins initialement, il n'est pas facile de rester dans cet état de cohérence hémisphérique équilibrée pendant des périodes prolongées. C'est juste avant de pratiquer une thérapie sur soi-même ou sur quelqu'un d'autre, ou bien en guise de préparation à la méditation, que cette technique de respiration donne les meilleurs résultats.

La respiration permet de recouvrer l'équilibre de plusieurs façons. Sur le plan rythmique, une respiration régulière peut rééquilibrer le système nerveux involontaire, car l'inspiration suscite l'activation du système nerveux sympathique, alors que l'expiration suscite, elle, celle du système nerveux parasympathique. Le fait d'inspirer par une narine et d'expirer par l'autre renforce cet équilibre en lui donnant une dimension supplémentaire, en quelque sorte.

L'équilibre des deux hémisphères du cerveau est ce qu'on appelle en Orient l'équilibre du yin et du yang. Comment le corps atteint-il un tel équilibre ?

Dans le schéma respiratoire naturel, le flux de l'air par une narine prédomine pendant environ 90 minutes ; un basculement se produit alors et c'est dans l'autre narine qu'il devient plus important.

Il est possible de savoir par quelle narine on respire principalement en mouillant la paume de sa main et en respirant dessus par le nez pour déterminer quel côté est plus froid. On peut aussi comprimer chaque narine tout en respirant pour savoir par laquelle la respiration est plus aisée.

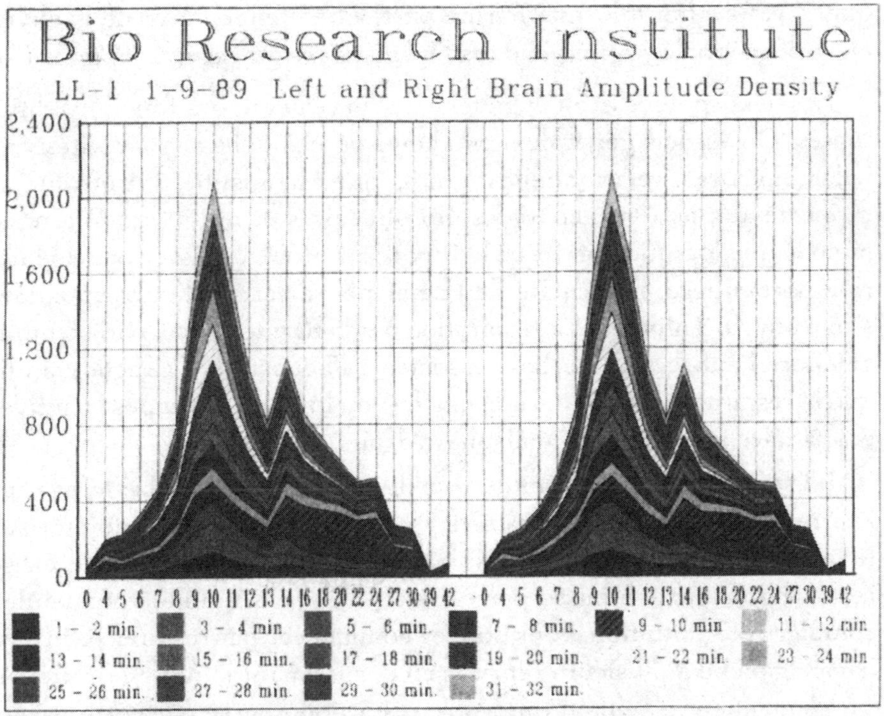

Figure 6 : **amplitude de l'activité des hémisphères gauche et droit.**

Le basculement qui se produit toutes les 90 minutes est géré par l'hypothalamus, dont le rôle est essentiellement de contrôler le système nerveux involontaire. Les vaisseaux sanguins qui alimentent les muqueuses des passages nasaux sont sous le contrôle de certaines parties sympathiques et parasympathiques du système nerveux involontaire. C'est par la constriction sympathique et par la dilatation parasympathique de ces minuscules vaisseaux sanguins que les voies nasales laissent passer davantage l'air ou, au contraire, se congestionnent.

La prédominance du passage du flux respiratoire par une voie nasale particulière peut exercer une certaine influence sur notre pensée, sur notre humeur et sur notre état de conscience. Lorsque nous respirons par la narine gauche, c'est l'hémisphère droit du cerveau qui est stimulé. Inversement, en respirant par la narine droite, c'est l'hémisphère gauche. Werntz a effectué des recherches, à la San Diego School of Medicine de l'Université de Californie, qui lui ont permis de montrer que la respiration par une narine particulière engendrait de l'activité électroencéphalographique dans l'hémisphère du cerveau opposé (3).

Les hémisphères droit et gauche du cerveau ont des fonctions différentes. On associe généralement l'hémispère gauche aux activités verbales, linéaires, relationnelles, tandis que l'hémisphère droit, lui, se rapporte aux activités spatiales, non-linéaires et intuitives. Werntz a montré que lorsque l'on force le flux respiratoire à passer par une narine particulière, l'efficacité de l'hémisphère cérébral correspondant s'en trouvait renforcée. La respiration par la narine droite, par exemple, améliore l'expression verbale associée à l'hémisphère gauche, tandis que la respiration par la narine gauche améliore les aptitudes intuitives et spatiales associées à l'hémisphère droit.

Il est possible de déterminer quelle narine doit prendre le pas sur l'autre dans le schéma respiratoire, quelle que soit celle qui domine sur le moment, en dirigeant sa respiration vers l'autre narine, ou en se représentant qu'elle passe par celle-ci. Si, par exemple, vous voulez stimuler votre intuition, vous pouvez commencer par respirer par votre

narine gauche à plusieurs reprises en comprimant la narine droite, ou simplement en imaginant que votre respiration passe par votre narine gauche.sphère gauche aux activités verbales, linéaires, relationnelles, tandis que l'hémisphère droit, lui, se rapporte aux

David S. Shannahoff-Khalsa, un confrère de Werntz, affirme que l'appétit et la digestion sont stimulés quand la respiration par la narine droite prédomine, c'est-à-dire quand l'hémisphère gauche est plus actif. Il signale aussi que l'emphase sur la narine gauche rend plus réceptif aux nouvelles idées, alors que l'emphase sur la narine droite renforce les aptitudes à l'expression orale (4).

La prédominance d'une voie nasale sur l'autre a une incidence sur le système nerveux involontaire, en ce sens que ce n'est pas seulement un hémisphère particulier du cerveau qui sera plus actif à un moment donné, mais tout le corps qui aura une plus grande activité sympathique.

---

3. D.A. Werntz, R.G. Bickford et D.S. Shannahoff-Khalsa : *Selective Hemispheric Stimulation by Unilateral Forced Nasal Breathing* (Human Neurobiology 6, p. 165-171).
4. D.S. Shannahoff-Khalsa : *Energy Medicine Around the World*, T.M. Srinwasan, ed. (Gabriel Press, Phoenix, 1988, p. 89-110).

Des études menées avec des volontaires ont montré que lorsque l'on tire du sang d'un bras à intervalles réguliers, le niveau de norépiphédrine produit par le système nerveux sympathique est toujours nettement plus élevé du côté correspondant au flux respiratoire dominant. Cela montre que le corps et le cerveau font alterner la dominance à intervalles réguliers.

En respirant par les deux narines simultanément après une respiration équilibrante, il est possible de renforcer l'équilibre entre les deux hémisphères du cerveau et entre les fonctions qui y sont associées. Le fait de respirer par les deux narines en même temps peut aussi aider à engendrer un croisement naturel de la dominance. Lorsqu'un cycle de 90 minutes se termine, il faut environ 10 minutes pour que la dominance passe d'une narine à l'autre. Cette période de croisement est à mettre en corrélation avec une période de pointe en matière de performances des aptitudes associées aux deux hémisphères du cerveau et à l'équilibre des dominances. En respirant simultanément par les deux narines, il est possible d'engendrer ce croisement à volonté.

Bien que l'on atteigne normalement l'équilibre entre les deux hémisphères au bout d'un certain temps, il est utile de le faire tout de suite après une respiration équilibrante. On peut pratiquer celle-ci avant et pendant la méditation, la thérapie ou une consultation pour faire basculer la conscience dans une dimension transpersonnelle.

L'exercice suivant doit permettre de mettre les deux hémisphères en équilibre.

▲ Exercice : l'équilibre par la respiration

1. Installez-vous dans une position confortable et détendue.
2. Fermez doucement les yeux.
3. Exhalez de façon à vider complètement vos poumons et détendez-vous.
4. A mesure que vous inspirez, imaginez que votre respiration passe par votre narine gauche, puis qu'elle remonte jusque vers le milieu de votre front.
5. En expirant, imaginez que votre respiration passe par la narine droite.

6. Ensuite, inhalez par la narine droite, en vous représentant votre respiration remontant jusqu'au centre de votre front. Expirez par la narine gauche.

7. Respirez de la sorte pendant sept cycles (un cycle complet est constitué d'une inhalation et d'une exhalation complète).

8. Au huitième cycle, respirez simultanément par les deux narines. Retenez votre respiration un moment et concentrez votre attention sur le centre de votre front.

9. Laissez l'air quitter vos poumons en vous imaginant qu'il passe par le centre de votre front. Cela a pour effet d'ouvrir votre sixième chakra, ou centre énergétique, centre des fonctions intuitives de l'esprit.

En faisant cet exercice, essayez autant que possible de lui associer une sensation. Par exemple, en inspirant, vous remarquerez que quand l'air entre dans vos narines, vous ressentez de la fraîcheur, laquelle se change en une sensation de chaleur à sa sortie. En respirant, l'air traverse les poils qui tapissent les voies nasales. Essayez de vous les représenter quand le passage de l'air les agite.

Vous pouvez aussi imaginer l'air que vous respirez sous forme de lumière ou de couleur, voire de parfum, comme celui d'une rose. Si vous voulez équilibrer ou accroître l'énergie d'un certain chakra, vous pouvez maintenant vous reporter à l'illustration de la page 56 et vous imaginer respirant dans la couleur qui correspond à ce chakra particulier. Mais vous pouvez aussi respirer par les sept couleurs des chakras au cours des sept cycles, ce qui vous aidera à équilibrer l'ensemble de votre système d'énergies subtiles.

Le plus fascinant, en ce qui concerne la respiration équilibrante, c'est qu'elle permet de donner la priorité à l'un ou l'autre des hémisphères cérébraux ou de les mettre tous deux en équilibre avec le système nerveux involontaire à votre guise. Par la respiration, vous pouvez exercer consciemment une influence sur votre corps, vos sentiments et vos pensées, ainsi que sur votre état de conscience. La respiration équilibrante vous relie à votre esprit et vous aide à introduire la notion de guérison dans le domaine des choix conscients.

12. Respiration et états de conscience transpersonnels

Lorsque les deux hémisphères sont mis en équilibre, comme c'est le cas au moyen de la respiration équilibrante, la conscience accède à une dimension transpersonnelle. Cet état d'équilibre et de synchronicité peut s'accompagner d'une décharge d'énergie, perçue parfois comme une lumière bleue. Dans les traditions orientales, cette lumière est parfois appelée la Perle bleue.

A mesure que je pratiquais la respiration équilibrante, je me suis rendu compte qu'au moment où je voyais la Perle bleue, il y avait eu une subtile fusion des hémisphères droit et gauche. En même temps que la perception de cette lumière, j'ai eu un sentiment de paix intérieure et d'unité. Ma conscience, à ce moment, semblait s'étendre à une région située juste au-dessus de ma tête, souvent appelée espace transpersonnel.

Dans cet état de conscience qui englobait tout, en quelque sorte, je pris conscience de l'évidence que l'illusion de l'aliénation demandait de l'énergie, de la même manière qu'il faut de l'énergie pour que les charges passant à travers la membrane des cellules ou emmagasinées dans une batterie restent à l'écart l'une de l'autre. De ce fait, dès lors que ce qui est considéré comme aliéné, séparé, est réuni, il y a décharge d'énergie. C'est l'énergie de la synergie, l'énergie du tout réunifié, supérieure à la somme des parties qui la composent. Dès lors que nous nous ouvrons aux plans transpersonnels de la conscience, comme par exemple par les activités de méditation et de respiration consciente, l'énergie que nous utilisons pour maintenir l'illusion de la séparation n'est plus nécessaire. Elle se décharge alors sous forme de lumière.

Dans les états de conscience ordinaires, c'est-à-dire quand un des hémisphères cérébraux domine l'autre, l'illusion de la séparation est préservée. Cette illusion est souvent ce qui nous aliène du cœur, des sources, de notre être ; nous la vivons comme une peur de la perte ou de l'abandon, comme le sentiment d'être hors de portée de notre vraie nature. En de tels moments, nous ne sommes pas en résonance avec notre corps, notre esprit ni avec notre être véritables, ni avec l'Univers. En revanche, dans les moments où nous vivons l'unité et où nous nous mettons en alignement avec les sources de notre être, de notre vraie nature, nous ne nous sentons plus seuls ni abandonnés. Nous revenons à nous, nous nous remettons en résonance avec nos sources.

Si nous restons mal alignés ou séparés de nos sources, nous finissons par tomber malades, ce qui nous rappelle qu'il est temps de revenir à un état de résonance, d'unité. L'essence de la guérison, par conséquent, est de **ne faire qu'un avec les sources de notre être.**

A ce sujet, rappelons les paroles de l'apôtre Thomas, lorsqu'il évoque l'illusion de la séparation et de la dualité, et l'unité de la matière et de l'esprit :

Jésus vit des enfants que l'on allaitait.
Il dit à ses disciples :
Ces enfants que l'on allaite
sont comme ceux qui entrent dans mon Royaume.
Ils lui répondirent alors :
Alors, même enfants,
nous entrerons dans ton Royaume ?
Jésus leur répondit :
Quand vous aurez réuni les deux en un,
et quand vous aurez rendu l'intérieur semblable à l'extérieur,
et l'extérieur semblable à l'intérieur,
et le haut semblable au bas,
et le bas semblable au haut,
et quand vous aurez fait
de l'homme et de la femme un être unique,
que l'homme ne sera plus homme
et que la femme ne sera plus femme,
alors vous entrerez dans mon Royaume (5).

13. Spéculations sur l'énergie, la respiration et la guérison

L'étude des systèmes énergétiques montre que lorsqu'une onde d'une fréquence et d'une amplitude données en rencontre une autre, de fréquence et d'amplitude identiques, venant de la direction opposée,

---

5. Thomas II, 2, 22.

une onde de choc se produit à l'endroit où elles entrent en collision. L schéma créé par les deux ondes à ce point de jonction est alors capable d'autostructuration ; il se transforme en un modèle qui a tendance à rechercher des formes semblables et à se perpétuer par ses propres moyens.

Pour faire appel à une analogie, dans un orgue, la longueur et le diamètre de chaque tuyau déterminent la forme de l'onde qui en sort ; lorsque de l'air y pénètre, il engendre une onde (que nous percevons sous la forme d'un son) caractéristique de cette forme.

Lorsque des fréquences fusionnent pour créer des ondes de résonance, elles engendrent la formation de schémas énergétiques géométriques – ou modèles – capables de stocker et de transmettre l'information à d'autres formes qui résonnent en même temps qu'elles. C'est ainsi que l'interaction de deux ou plusieurs champs énergétiques engendre la forme.

Lorsque les hémisphères droit et gauche du cerveau se mettent en synchronisation, ils fusionnent sur le plan énergétique pour former une forme ondulatoire qui résonne avec l'espace transpersonnel. Cela fait passer notre perception du domaine du système corps-esprit au domaine spirituel.

Dans le modèle énergétique de la thérapie holoénergétique, les croyances, les pensées et les sentiments ont une signature énergétique ; autrement dit, le sentiment d'incompétence que peut avoir un individu donné a une forme spécifique, identifiable, qui lui est propre, un peu à la manière d'une signature ou d'une empreinte digitale. Lorsque nous croyons ou pensons quelque chose, cette croyance ou ce sentiment créent une forme énergétique spécifique. Cette forme se trouve dans le champ énergétique de notre système corps-esprit, mais elle peut aussi s'étendre en direction de l'extérieur, un peu comme un radar qui recherche et/ou crée des formes avec lesquelles il peut résonner dans le monde extérieur.

Les modèles énergétiques, ou holoformes, de nos pensées et de nos sentiments recherchent les circonstances (d'autres personnes, des expériences, des formes physiques, etc.) qui leur correspondent et les soutiennent. En d'autres termes, les formes énergétiques de nos croyances, pensées et sentiments ont tendance à trouver d'autres personnes ou situations qui les confirment, les valident, les prouvent ou les justifient. Si notre énergie se pose en « forme victime », nous avons tendance à graviter vers des circonstances qui donneront l'impression que nous sommes victimes du monde qui nous entoure. Et si notre énergie prend une forme plus active, plus adaptable, nous auront tendance, au contraire, à graviter vers des circonstances qui donneront l'impression que le monde est rempli d'opportunités et de ressources. La résonance entre le monde extérieur et les formes établies à l'intérieur de nos propres champs énergétiques crée ce que nous percevons comme étant notre réalité individuelle.

En matière de thérapie holoénergétique, nous faisons appel à la respiration pour focaliser et amplifier le désir, la volonté, l'intention et l'imagination (l'imagerie mentale). Le contrôle de la respiration renforce la situation choisie en créant une résonance (un champ énergétique structurant) en nous qui attire vers elle des formes lui ressemblant dans le monde qui nous entoure.

Par exemple, on peut avoir le désir de guérir d'une peur de l'intimité parce que l'on a fait la connaissance d'une personne avec laquelle on souhaiterait avoir une relation durable. On commence par le désir de changer le schéma énergétique qui exprime cette peur. Ensuite, on découvre la source et l'intention positive qui se dissimulent derrière cette peur. On crée alors la représentation mentale d'une nouvelle forme en laquelle on se voit soi-même recevoir et donner de l'amour librement. Cependant, le seul fait de créer cette nouvelle forme ne suffit pas ; en effet, il faut ensuite s'engager à entretenir cette forme permettant d'échanger librement de l'amour. C'est alors que l'on fait appel à l'intention pour dresser un plan en vue de faire évoluer cette forme, de l'exprimer et de la préserver sous forme d'un champ énergétique, l'objectif étant d'attirer d'autres formes lui ressemblant, présentes dans le monde qui nous entoure.

A chaque étape, depuis le désir jusqu'à la formation d'une représentation mentale et à l'élaboration d'un plan permettant à cette forme de s'affirmer dans le monde environnant, on a recours aux exercices de respiration décrits dans ce chapitre pour focaliser et amplifier ce processus. Celui-ci, amplifié par les techniques respiratoires appropriées et appliquées consciemment, est l'étincelle qui libère l'énergie initiatrice du changement et de l'évolution, aussi bien intérieurs qu'extérieurs.

De plus, en utilisant consciemment les techniques de respiration, on peut équilibrer les hémisphères du cerveau et arriver ainsi à un sentiment d'unité avec et en soi, un sentiment d'équilibre entre ces pôles que sont l'inspiration de la vie et l'expiration de la mort, l'actif et le passif, le sympathique et le parasympathique, la masculinité et la féminité. Toutes ces polarités peuvent être équilibrées au moyen d'un schéma respiratoire rythmique.

Ainsi, l'harmonisation des hémisphères du cerveau avec la respiration équilibrante permet d'assurer la cohésion d'un état de conscience qui facilite profondément le processus de la guérison.

▲ Exercice : eau ou vin restructuré

Il est possible de démontrer le transfert d'énergie affective par une expérience pratique consistant à restructurer du vin. Cet exercice très simple de transfert d'énergie forme la base de la guérison à distance, de la communication par télépathie et de la bénédiction de la nourriture et du vin.

Cet exercice peut être pratiqué avec de l'eau pour ceux qui préfèrent s'abstenir de consommer de l'alcool.

1. Ouvrez une bouteille de vin ou d'eau minérale et remplissez deux verres, que vous désignerez par les lettres A et B. Retirez le verre B.
2. Posez le verre A devant vous, puis entourez-le avec les mains, mais sans y toucher et sans que vos mains soient en contact l'une avec l'autre.
3. Remémorez-vous une période ou un moment de votre vie où vous vous êtes senti aimé ou avez ressenti de l'amour pour quelqu'un. Soyez attentif à cette sensation que provoque l'amour au centre de la poitrine. Inspirez et expirez par la poitrine pour permettre son expansion.
4. Si vous utilisez du vin, prenez le temps de prendre conscience de sa source, c'est-à-dire des grappes de raisin dont il est tiré. Laissez-vous aller à ressentir de la gratitude pour ce fruit qui, au lieu de pourrir sur le pied de vigne, s'est en quelque sorte sacrifié pour dispenser nourriture et plaisir. Laissez-vous aller à imaginer que ces grappes ont une conscience, et laissez votre amour et votre gratitude reconnaître leur don sacré de dispenser l'énergie vitale.

Laissez-vous aller à ces sentiments d'amour et de gratitude. Si vous utilisez de l'eau, laissez-vous aller à ressentir de la gratitude et de l'amour pour le don de la vie que nous fait l'eau.

Cycle respiratoire :

1. Concentrez votre attention sur le vin ou sur l'eau et respirez son essence par le centre de la poitrine. Cela sera plus facile si vous inspirez les yeux fermés. Gardez l'image ou la sensation du vin ou de l'eau au centre de votre poitrine. Sentez l'amour ou la gratitude fusionner avec l'essence du vin.
2. Maintenant, faisant appel à l'intention, transférez l'énergie de cet amour en expirant comme si l'air qui s'échappe de vos poumons partait du centre de votre poitrine pour pénétrer le vin ou l'eau qui se trouve dans le verre.
3. Une fois de plus, respirez l'essence du vin ou de l'eau pour la faire pénétrer jusqu'au centre de votre poitrine. En inhalant, imaginez que votre respiration remonte jusque dans vos épaules. En exhalant, imaginez qu'elle redescend le long de vos bras, dans vos mains, puis dans le vin ou l'eau, pour y faire pénétrer votre amour et votre gratitude.
4. Répétez ce cycle respiratoire trois fois.
5. Attendez au moins 10 minutes. Comparez ensuite l'arôme et la saveur du vin ou de l'eau dans chaque verre et prenez note des différences. La plupart des gens trouvent que la qualité du vin ou de l'eau restructurée est supérieure. Toutefois, suivant les goûts de chacun, d'autres préfèrent le vin ou l'eau non structurée.

Pour mettre en évidence les effets du transfert d'énergie à distance, répétez cet exercice, mais sans utiliser les mains. L'eau ou le vin peuvent être placés à une certaine distance dans la pièce, voire dans une autre pièce. Transférez votre énergie depuis le centre cardiaque jusque dans le vin ou dans l'eau comme décrit ci-dessus.

Le champ énergétique de l'eau ou du vin structuré persistera pendant plusieurs jours, voire pendant plusieurs mois, une fois que l'eau ou le vin a été « béni ». Vous pouvez aussi bénir de la nourriture de la même façon. Non seulement cela a pour effet de vous donner directement de l'énergie, mais la nourriture et la boisson deviennent des sources supplémentaires d'énergie affective. Votre amour vous revient par ce que vous structurez de la sorte (6).

Gardant cette présentation du processus de la guérison holoénergétique et de la respiration équilibrante à l'esprit, nous allons maintenant examiner plus en détail les quatre principes directeurs exposés précédemment, en commençant par la reconnaissance.

Cet exposé se subdivisera en deux chapitres, car cette étape comporte deux phases :

– La phase 1 concerne la connaissance **rationnelle** ; elle fait appel à des processus verbaux pour découvrir et explorer les formes de l'énergie existante que vous voulez changer.

– La phase 2 est **intuitive**, c'est-à-dire que vous allez faire appel à des méthodes intuitives pour accéder à l'information dont vous avez besoin sur le plan énergétique.

6. Au chapitre VI, nous explorerons les tests biomédicaux à l'aide d'électrodes permettant de mesurer les champs énergétiques. Il peut être utile de garder ces échantillons d'eau ou de vin afin de tester leur niveau énergétique ultérieurement. Vous trouverez les instructions nécessaires à l'évaluation d'eau ou de vin structuré dans ce même chapitre.

Deuxième partie

CHAPITRE V

Reconnaissance. Connaissance rationnelle

« La vérité est un tout et ne peut être connue par une partie de l'esprit seulement. »

A course in miracles.

Vous êtes maintenant prêt à mettre en pratique les principes présentés dans la première partie de ce livre. Dans ce chapitre et dans les suivants, je vais décrire la thérapie holoénergétique du point de vue de son mode d'utilisation pour une autoguérison. Toutefois, ces techniques peuvent aussi être appliquées pour soigner d'autres personnes. Dans les cas où la façon de procéder est moins évidente, j'ai ajouté de brèves descriptions.

Toutefois, avant de vous lancer dans une séance de thérapie, je vous invite à commencer par la lecture des huit chapitres suivants – celui-ci inclus. Ce faisant, vous pourrez former une représentation mentale de l'ensemble du processus de guérison holoénergétique. Un peu avant la fin du chapitre xii, vous trouverez un tableau indiquant dans les grandes lignes toutes les étapes de la thérapie holoénergétique, qui vous mettra en quelque sorte le pied à l'étrier.

Il ne faut pas oublier que, telle qu'elle est représentée ici, la reconnaissance est un processus en deux phases :

– La première est la connaissance rationnelle, c'est-à-dire un processus verbal qui trouve son origine principalement dans l'hémisphère gauche du cerveau et consiste à faire appel à des informations sur votre situation présente, à vous interroger et à attendre tranquillement les réponses provenant de votre esprit conscient et de votre mémoire.

– La seconde phase de la reconnaissance est l'intuition. Il s'agit là principalement d'un processus concernant l'hémisphère droit du cerveau, et qui consiste à accéder à des informations non-verbales.

Si vous vous exercez seul, il peut être utile d'enregistrer les étapes de votre cheminement avec un magnétophone, surtout lorsqu'il vous est demandé de fermer les yeux. Vous pouvez créer aussi votre propre bande sonore en vous inspirant des lignes directrices données brièvement en page 123 (encadré). Lors de l'enregistrement de vos instructions d'autothérapie, accordez-vous un laps de temps suffisant pour la réponse. Quand vous écouterez la bande, n'hésitez pas à interrompre la lecture autant de fois que nécessaire pour avoir le temps de terminer l'étape en cours. Avec un peu d'expérience, vous saurez trouver le rythme qui vous convient le mieux.

Gardez aussi une feuille de papier et un stylo à portée de la main pour prendre note de vos observations et de tout ce que vous jugez utile de vous rappeler à mesure que vous poursuivez vos expériences. Dans la plupart des cas, il est préférable de prendre des notes succinctes, de façon à ne pas interrompre la bonne marche de la séance de travail. A la fin de celle-ci, vous pourrez revenir en arrière et reprendre la lecture de vos notes, voire les compléter en y ajoutant les détails qui vous avaient échappé la première fois.

Vous pouvez aussi travailler avec un partenaire ou un témoin qui vous posera les questions, vous lira la marche à suivre et enregistrera vos réactions. Ce faisant, il ne vous est pas nécessaire de répondre aux questions à haute voix ; vous pouvez prendre note des réponses mentalement et les consigner dans votre carnet de notes. Bref, avec un peu de pratique, vous saurez trouver la méthode qui vous convient le mieux.

1. Identification de la source de la maladie

La première étape d'une guérison holoénergétique est la reconnaissance, c'est-à-dire la collecte des informations qui vous permettront d'identifier les formes énergétiques que vous entretenez consciemment ou inconsciemment. Cette première phase est essentielle dans tous les systèmes de traitement et de changement conscient. Le processus de la reconnaissance est très important : ce n'est que par la reconnaissance des formes prises par notre énergie qu'il est possible de les transformer consciemment.

F. Vaughan (1) indique que « *plus l'identification avec (la prise de connaissance de) l'expérience intérieure est grande, plus vous pouvez pénétrer profondément les sources de votre intuition* », *c'est-à-dire là où naît la guérison. C'est pour cette raison qu'elle préconise de « s'approprier et de vivre ses sentiments consciemment avant d'essayer de les transcender.* »

Pour commencer, il peut être judicieux de considérer le mot *information* sous un angle quelque peu différent. Si vous le décomposez, vous trouverez les racines *in* (dans) et *formation.* Pour le moment, vous devez considérer la formation comme la façon dont l'énergie est actuellement stockée dans votre système corps-esprit. Reconnaître l'existence de ces *informations* revient à les amener plus à la portée de votre conscience.

La collecte d'informations est une première étape essentielle dans tout système thérapeutique, qu'il s'agisse de médecine moderne, de chirurgie dentaire, de psychothérapie, d'homéopathie, d'acupuncture, de culture physique ou de thérapie holoénergétique. Dans la médecine occidentale moderne, l'information est dérivée principalement d'une biographie médicale, d'un examen physique et de tests en laboratoire. Le diagnostic moderne se concentre sur la pathologie du système organique. Il pose la question suivante : « Quels sont les signes physiques et les symptômes des organes et des systèmes malades dans le corps ? » En thérapie holoénergétique, notre attention se porte sur le champ énergétique du système corps-esprit de la personne, lequel détient les informations qui nous intéressent. Avant de pouvoir transformer les schémas énergétiques, nous devons savoir (c'est-à-dire reconnaître) quelle est leur forme actuelle.

Autrement dit, l'accès à ces schémas énergétiques est essentiel à la guérison holoénergétique. Bien qu'un déséquilibre des énergies puisse se manifester dans notre corps sous forme de maladie, sa source est à rechercher sur les plans émotionnel, mental ou spirituel, ou encore sur tous ces trois plans à la fois.

L'historique holoénergétique d'un individu, associé à un diagnostic intuitif et à une estimation de l'état des énergies subtiles, sont les outils que j'emploie pour identifier les schémas de la pathologie. Un certain

1. Frances Vaughan : *Awakening Intuition.*

nombre des techniques que je vais décrire ici reposent sur les capacités de notre intuition à extraire l'information qui se trouve dans cet état diffus, dans le subconscient, pour l'amener à un niveau mieux défini de la conscience, où il est possible de les articuler.

On entame une thérapie holoénergétique en concentrant son attention sur le ou les problèmes que l'on veut résoudre. Cela commence sur le plan verbal, c'est-à-dire que l'on commence par dresser un bilan personnel de thérapie holoénergétique.

2. Bilan de thérapie holoénergétique

Le bilan personnel dressé lors d'une thérapie holoénergétique nous invite à réfléchir à notre vie passée, présente et à venir. Il nous permet d'identifier les blessures que nous dissimulons au monde extérieur et nous aide à comprendre comment le fait de les cacher, pour quelque raison que ce soit, nous empêche souvent de changer. Il nous donne aussi l'opportunité d'identifier les schémas énergétiques que nous avons en nous, aussi bien au niveau conscient qu'inconscient.

Cinq questions clés :

Posez-vous les cinq questions-clés qui suivent. Il peut être intéressant d'enregistrer vos réponses, d'en prendre note ou de demander à un ami de servir de témoin, de vous poser les questions et de consigner les réponses.

1 - Qu'est-ce que je veux changer ?

2 - Qu'est-ce qui m'incite à changer maintenant ?

3 - Dans quelle mesure ai-je contribué à créer la situation actuelle ?

4 - Qu'est-ce que cette maladie (ou situation) m'empêche de faire, d'être ou d'avoir ? Qu'est-ce qu'elle me permet de faire, d'être ou d'avoir ?

5 - Et mantenant, où dois-je me diriger ? Quel résultat ou quelle expérience intérieure est-ce que j'attends de ma démarche ?

Une fois que nous avons posé ces questions sur la situation actuelle, l'intuition entre en interaction avec la raison pour explorer les informations requises.

C'est ainsi que le bilan holoénergétique permet de jeter les bases de la thérapie. Ce processus constitue le germe de la guérison.

Chacune des questions posées dans le cadre du bilan holoénergétique est une étape importante. Cet historique peut servir aussi bien à une autoguérison que pour assister les autres dans leur thérapie. Tout ce processus prend de 15 à 30 minutes.

a) Qu'est-ce que je veux changer ?

Quels sont les circonstances, conditions, symptômes, sentiments, pensées, attitudes ou croyances que je souhaite changer ?

Cette question nous oblige à concentrer notre attention sur notre perception de notre situation présente et sur les sentiments qu'elle nous inspire. Par exemple, vous vous direz : « J'ai très mal dans le dos. Cela non seulement m'empoisonne l'existence, mais m'empêche de travailler et de profiter de la vie. »

b) Qu'est-ce qui m'incite à changer maintenant ?

Posez-vous les questions suivantes : « Pourquoi est-ce que je veux changer maintenant ? » et : « Est-ce que la pression que je ressens et qui m'incite à changer vient de moi ou de l'extérieur ? »

A ce stade, vous en êtes à l'identification de votre motivation. Au départ, la réponse peut sembler évidente : « J'ai mal et je veux en finir. » Mais allez un peu plus loin. Voyez si le désir de changer vient de vous-même ou de l'extérieur. Par exemple, ce qui vous motive est peut-être la quête de l'approbation ou de l'amour des autres. Dans ce cas, la réponse sera du type : « Mon mari et mes enfants ont besoin de moi et cette douleur m'empêche de m'occuper d'eux. » L'expérience nous a cependant montré qu'une motivation extérieure de cette nature ne favorise guère une guérison holoénergétique, à moins que vous n'ayez la volonté d'explorer plus avant les raisons de votre insatisfaction.

Si votre motivation est intérieure, elle pourra en revanche se présenter comme suit : « Je ne suis pas satisfaite des sollicitations constantes de ma famille, qui me prend tout mon temps et toute mon énergie. Je veux être aimée pour autre chose que mes qualités de ménagère et de femme au foyer. »

En vous obligeant vous-même à identifier les raisons qui vous incitent à rechercher le changement, vous pouvez déterminer l'origine de la maladie elle-même. Pour ce faire, ce sont des schémas particuliers, des *thèmes,* vous devez rechercher dans votre vie.

Par exemple, y a-t-il un schéma selon lequel vous vous considérez comme une victime ? Ce n'est évidemment pas le cas de tout le monde, mais beaucoup de gens se sont comportés en victimes à un moment ou à un autre de leur enfance. Ils se sont alors rendu compte que l'on faisait plus attention à eux, que la faiblesse due à la maladie et à la souffrance leur permettait d'obtenir ce qu'ils désiraient, par exemple de pouvoir rester à la maison à se faire dorloter au lieu d'aller en classe. Tout cela a fait partie de leur évolution. Ils ont alors choisi ce schéma, qui leur permettait en quelque sorte de contrôler les autres par la faiblesse et la culpabilité, de satisfaire leurs propres besoins, car c'est cette démarche qui fonctionnait pendant leur enfance.

Y a-t-il un thème de dépendance aux autres ? En d'autres termes, vous en remettez-vous toujours aux autres en faisant passer leurs besoins avant les vôtres ? Ce peut être une indication supplémentaire, montrant que vous vous faites constamment du mal, par exemple en vous laissant aller à une vieille tendance à l'autopunition apprise pendant votre enfance.

Les schémas que vous recherchez sont extrêmement nombreux et variés ; en fait, il y en a autant qu'il y a d'individus. Toutefois, on rencontre quelques constantes. Plusieurs sont décrites en pages 130 à 137 qui traitent de l'identification de cinq schémas pathologiques différents.

Les problèmes qui se posent lorsque vous vous demandez : « Qu'est-ce que je veux changer et pourquoi ? » peuvent être très simples mais, parfois aussi, complexes. Bien que ceux que vous recherchez puissent sembler obscurs, une certaine partie de vous les comprend.

En vous posant ces questions, vous commencez déjà votre recherche sur le plan de l'intuition, à un niveau où la connaissance est évidente. Ce faisant, vous vous donnez l'opportunité d'entrer en résonance avec cette dimension de l'intuition qui sait identifier des schémas qui ne sont pas toujours apparents dans votre état de conscience habituel. Ainsi, même sans effort conscient de votre part, les couches les plus profondes de votre esprit se préparent au travail holoénergétique qui va suivre.

Ces questions doivent vous aider à mettre en lumière les schémas susceptibles d'affecter votre vie. Pour le moment, ce n'est pas nécessaire d'aller plus avant dans votre exploration, ni de chercher à résoudre les problèmes ainsi décelés. Contentez-vous de sentir que c'est vous-même qui êtes à l'origine de votre désir de changement.

c) Dans quelle mesure ai-je contribué à créer la situation actuelle ?

Demandez-vous dans quelle mesure vous contribuez aux circonstances actuelles. En vous posant cette question, vous vous rendrez plus facilement compte du rôle joué par vos choix passés ou présents dans la situation que vous souhaitez changer. Il ne s'agit pas de vous blâmer pour des fautes que vous auriez commises, mais d'identifier les choix que vous avez effectivement faits, consciemment ou non ; cela vous permettra de les refaire. En prenant conscience que si vous avez eu le choix

à un moment donné, vous l'avez toujours actuellement, vous vous rendrez compte que rien ne vous empêche de reprendre les rênes et de décider par vous-même de votre avenir.

N'oubliez pas que le rôle que vous avez joué pour en arriver à la situation actuelle a pu être choisi il y a bien longtemps, alors que vous n'étiez qu'un petit enfant dont le pouvoir de décision était limité. Par exemple, Beth, une jeune femme venue me consulter pour de violents maux de tête, admit avoir fait le choix suivant : ses parents la frappaient souvent quand elle était enfant. Elle s'était rendu compte qu'elle pouvait réduire son anxiété en tendant les muscles de son cou, comme pour hausser ses épaules et baisser la tête pour se protéger. Bien que ce ne fût pas un choix conscient à l'époque, ce n'en était pas moins un. Dans la même situation, tout le monde n'aurait pas réagi de la même manière. Un autre enfant aurait pleuré ou serait allé se cacher.

Beth reconnut que ce choix lui avait donné l'habitude de tendre les muscles du cou et des épaules chaque fois qu'elle se sentait sous pression ; c'est cette tension qui, avec le temps, fut à l'origine de ses maux de tête. Cette prise de conscience lui permit de reformuler son choix et d'assumer la responsabilité de son rôle dans la situation qu'elle souhaitait changer. Elle put alors faire un nouveau choix et se débarrasser holoénergétiquement de l'ancienne forme. Ici, le terme de responsabilité fait référence au niveau de conscience de la personne et à la façon dont elle réagit aux circonstances présentes. Cela amène aussi à s'interroger sur les autres réponses possibles, plus bénéfiques, aux problèmes qui se posent.

Bien que vous n'en ayez peut-être pas eu conscience, vous avez fait à un moment donné le choix d'une vision de vous-même ou du monde qui vous entourait, le choix d'agir ou de laisser certains événements se produire. Même dans les situations les plus coercitives et les plus injustes, nous avons la possibilité de faire des choix. Dans *Découvrir un sens à sa vie,* évocation très émouvante de sa détention dans un camp de concentration nazi, Victor Frankl écrit (2) : « *L'expérience de la vie de camp montre que l'homme garde le choix de ses actes. Il existe suffisamment d'exemples d'actes souvent héroïques, illustrant le fait que l'apathie peut être surmontée et l'irritabilité supprimée. L'homme est capable de préserver des vestiges de liberté spirituelle, d'indépendance d'esprit, même dans des situations de stress psychique et physique aussi terribles. Nous qui vivions dans les camps de concentration avons tous rencontré des hommes qui, en passant dans les blocs, trouvaient le moyen de réconforter les autres ou de donner leur dernier morceau de pain. Sans doute étaient-ils peu nombreux, mais ils constituent une preuve suffisante que l'on peut dépouiller un homme de tout, sauf de la dernière des libertés de l'homme : le choix de son attitude, de sa voie, dans un ensemble de circonstances donné. La manière dont un homme accepte son sort et toutes les souffrances qu'il comporte, dont il porte sa croix, lui donne largement la possibilité – même dans les circonstances les plus difficiles – de donner un sens plus profond à sa vie.* »

La vie existe ; c'est à nous-mêmes qu'il incombe de choisir comment y réagir et c'est ce choix qui détermine notre expérience. Plus nous avons conscience de nos responsabilités en la matière, plus nous les assumons et plus nous avons le pouvoir d'influencer notre vécu. L'acceptation de nos responsabilités nous permet de pardonner, nous-mêmes et les autres, et d'emprunter la voie de la guérison.

---

2. Victor Frankl : *Découvrir un sens à sa vie : avec la logothérapie* (Editions de l'Homme, 1988).

Je ne saurais trop insister sur l'importance de vous interroger sur la façon dont vous avez contribué aux circonstances de votre vie actuelle, bien que mon propos ne soit pas d'accuser ni de juger. Nous jouons tous un rôle actif dans l'élaboration de nos pensées et de nos sentiments, de nos perception, interprétations et croyance, de nos actes et des choses que nous laissons se produire. La guérison commence au moment où nous reconnaissons, avec compassion, notre responsabilité et où nous retrouvons la conviction que nous sommes libres de nos choix, entre autres de celui de guérir.

d) Que suis-je empêché de faire, d'être ou d'avoir ?

« Qu'est-ce que cette maladie (ou situation) m'empêche de faire, d'être ou d'avoir ? Qu'est-ce qu'elle me permet de faire, d'être ou d'avoir ? » Il est également important de vous poser la question suivante : « Qu'est-ce que je fais, suis ou possède actuellement, que je ne ferais, ne serais ou ne posséderais pas si j'étais guéri ? Qu'aurais-je à gagner à cette situation ? »

 Avant de guérir, nous nous rendons souvent compte qu'il nous faut choisir consciemment d'identifier et de nous débarrasser de ce que nous apporte la situation présente, même si elle est inconfortable. Ces bénéfices secondaires de la maladie peuvent être à l'origine de certaines résistances. Nous nous souvenons d'un homme qui avait séjourné dans un centre de convalescence à la suite d'une attaque ; il dut admettre une certaine dépendance à la protection et à la sécurité que représentait cet endroit pour lui. Pour passer à l'étape suivante de la guérison, c'est-à-dire rentrer chez lui et se prendre en charge lui-même, il fallait qu'il commence par abandonner cette impression extérieure de sécurité. Il se rendit compte que cette dernière était un avantage secondaire de la situation qu'il voulait changer.

Les interrogations ci-dessus vous permettent de déterminer ce que la maladie signifie pour vous, autrement dit comment elle a changé votre vie. Vous pouvez alors prendre conscience de l'importance des résistances qui vous empêchent de guérir, de ce que vous gagneriez à ne pas vous débarrasser de ce que vous voulez changer, des blocages qui s'opposent au changement. Quels sont les besoins satisfaits par votre maladie et que vous ne sauriez satisfaire autrement ? Les avantages secondaires se répartissent le plus souvent en trois catégories : financiers, physiques et émotionnels.

Est-ce que les circonstances actuelles de votre maladie vous donnent le sentiment d'être mieux aimé, de vous sentir véritablement choyé ou de réussir ? Le confort, les attentions, la sécurité et les soins ont-ils pris plus d'importance que la guérison ?

L'identification des avantages secondaires de la maladie et des sources de blocage permet de découvrir et de légitimer des besoins qui peuvent être satisfaits par des moyens plus bénéfiques et plus satisfaisants. Les thérapeutes qui travaillent sur les attitudes utilisant l'imagerie dans le traitement du cancer en sont venus à penser que nos maladies se développent pour des raisons tout à fait « honorables ». En fait, la maladie est le seul moyen que le corps a trouvé pour nous informer que nos besoins physiques et émotionnels ne sont pas satisfaits et que ceux qui sont satisfaits par la maladie sont importants (3).

e) Vers où dois-je me diriger ?

Et maintenant, où dois-je me diriger ? Quel résultat ou quelle expérience intérieure est-ce que j'attends de ma démarche ?

Si, à la suite de ce travail, vous étiez spontanément et instantanément guéri et plein d'énergie vitale, si vous vous sentiez alors en pleine possession de vos moyens et désireux de croquer la vie à pleines dents, que feriez-vous alors ? Que feriez-vous de toute cette énergie ? Imaginez ce que cela représenterait d'avoir déjà ce dont vous avez besoin.

Ce dont il s'agit ici, c'est de la signification de vos véritables désirs et objectifs. Mais cette question peut être formulée autrement : si vous saviez que quoi que vous entrepreniez vous ne pouvez pas échouer, que feriez-vous ? Qu'auriez-vous ? Comment seriez-vous ? Cette question permet de se libérer de la peur de l'échec, de l'humiliation et de la honte. Elle permet aussi, du moins pour le moment, de trouver la marche à suivre pour satisfaire vos désirs véritables. Ce n'est pas du tout la même chose que vous demander ce que vous pourriez ou devriez faire. En clair, la question qui se pose est de savoir ce que vous voulez vraiment, quelle est le but de votre démarche ; vous devez déterminer ce qui vous apporte joie, paix, liberté et amour, félicité et extase.

3. Carl O. Simonton, Stéphanie Matthew Simonton et James Creighton : *L'Aventure d'une guérison* (Belfond, 1993 ; J'ai Lu, 1994, coll. New Age).

Dès lors que vous vous posez ces questions (résumées en fig. *7*), vous êtes sur la bonne voie. C'est que vous commencez à admettre que les choix possibles sont nombreux et qu'il ne tient qu'à vous d'en profiter. C'est le signe que vous pouvez opter pour votre attitude actuelle ou bien pour celle que vous aimeriez avoir. L'identification de ces choix vous amène à reconnaître que vous voulez véritablement changer et que, consciemment ou inconsciemment, vous vous représentez déjà les choses telles que vous aimeriez les voir ou les vivre. Vous êtes enfin en mesure de distinguer la forme prise par l'ancien schéma énergétique de celle du nouveau. Et c'est cette dernière qui vous aspire vers votre avenir.

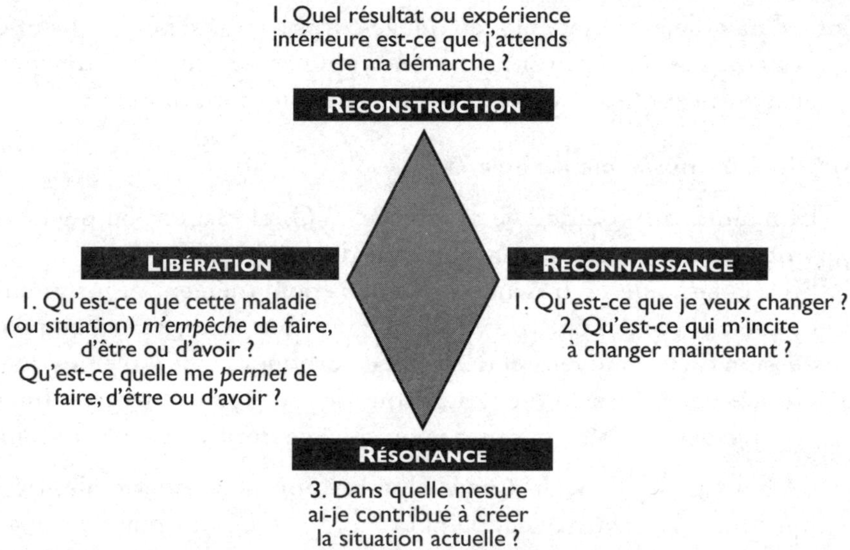

Figure *7* : **reconnaissance ; les questions.**
Résumé de la phase de reconnaissance : connaissance rationnelle.
Chacune des questions est liée à une phase du processus holoénergétique.

3. Cinq schémas pathologiques clefs

Au cours de nos premières recherches sur la thérapie holoénergétique et l'herpès, il nous a été donné d'observer cinq schémas pathologiques clefs qui entretiennent la maladie ou les autres formes énergétiques à changer.

a) Difficulté à recevoir de l'amour ou de l'affection

Pour des raisons diverses, les gens se sentent mal à l'aise quand on leur témoigne de l'amour. Ils peuvent craindre la vulnérabilité, les obligations ou les responsabilités qu'implique le fait d'être aimé. Nombre d'entre nous se sentent vulnérables car ils ont le sentiment d'avoir des obligations vis-à-vis de la personne qui les aime. En effet, quand une personne nous aime, nous avons une perception aiguë de son attitude ouverte et, par conséquent, de sa vulnérabilité à elle aussi. Nous nous en sentons responsables.

Y a-t-il meilleur moyen d'éviter de recevoir l'amour que l'on nous témoigne – et toutes les responsabilités qui en découlent – qu'une maladie transmissible comme l'herpès, pour laquelle il n'existe encore aucun remède ? La maladie, même si elle ne menace en rien notre vie, est un excellent prétexte pour éviter le contact avec les autres. Cela ne signifie pas que l'herpès soit la seule maladie qui ait cette fonction. Toute une gamme de situations, qu'il s'agisse d'autres maladies contagieuses ou de difficultés financières, permet d'arriver au même résultat.

Très souvent, ce schéma remonte à notre petite enfance. Peut-être nous a-t-on dit alors que nos parents nous aimeraient si seulement nous leur obéissions. Un tel amour était conditionnel ; sans doute vivions-nous alors dans la crainte qu'il nous soit retiré. C'est ainsi que nous en sommes venus à assimiler l'amour à la manipulation. « Merci, mais... sans façon », telle est, bien souvent, la réaction de ceux qui ont appris à penser et à ressentir les choses de la sorte.

Quand nos parents ou des proches expriment leur désapprobation à propos de nos actes en nous refusant ou en nous retirant leur amour, très vite nous avons un sentiment de trahison, d'abandon, d'humiliation ou de rejet. La honte peut alors se manifester. A cause d'elle, nous n'avons pas seulement le sentiment que nos actes n'ont aucune valeur, voire qu'ils sont mauvais, mais surtout que cela s'applique à nous-mêmes. Si, assez tôt dans la vie, nous avons eu un jour un sentiment de honte, il n'est pas difficile de comprendre pourquoi nous avons peur d'être aimés ou de recevoir des témoignages d'affection.

La peur de l'intimité complique aussi les choses. Chacun de nous porte un masque, ou persona. C'est l'apparence que nous présentons au monde extérieur. Elle est constituée par des aspects de nous-mêmes que nous considérons comme acceptables, ou pouvant susciter l'admiration des autres. Toutefois, il n'est pas rare que derrière ce masque se dissimule un aspect de notre personnalité que nous tenons à garder secret, car nous avons l'impression qu'il est indésirable ou honteux.

L'idée que l'on puisse nous témoigner de l'amour ou de l'affection peut nous faire craindre d'être percés à jour, mais surtout abandonnés ou humiliés. Un désastre ! Il est donc plus facile de faire en sorte que notre masque suscite le rejet des autres. Ce faisant, nous émettons des signaux les informant que nous ne voulons pas de leur affection. Ceux-ci, parfois fort subtils, sont cependant perçus sans difficulté par les autres, consciemment ou non.

L'expérience a montré que les personnes souffrant d'herpès – même si ce n'est pas la majorité – expliquent l'origine de leur difficulté à recevoir les témoignages d'amour ou d'affection (et par conséquent de la récurrence de leurs problèmes) de l'une des trois manières suivantes :

– « Qu'est-ce qui ne va pas chez moi ? »

– « Je ne mérite pas d'être aimé. »

– « Je dois être un accident de parcours. »

Ces explications reflètent généralement un sentiment, ou une réalité, d'abandon, d'abus et/ou de trahison tôt dans la vie.

b) Difficulté à éprouver du plaisir

C'est une situation assez semblable à la précédente. Elle est souvent associée à la croyance qu'il y a toujours un prix à payer pour le plaisir que l'on éprouve. Cette vision des choses, généralement formée pendant l'enfance, est souvent le résultat de l'éducation parentale, du milieu social ou d'un enseignement religieux. Il m'a souvent été donné de constater que derrière cette attitude se dissimulait la notion, reposant sur une certaine honte, pouvant se traduire par : « Je ne mérite pas d'éprouver du plaisir. »

Dans ma pratique gynécologique, le prix payé par nombre de mes patientes se traduisait par des infections vaginales chroniques, comme l'herpès, ou par des grossesses non désirées.

c) Difficulté à exprimer sa colère

L'expérience que nous avons eue de la colère dans notre petite enfance détermine souvent notre aptitude à l'exprimer à l'âge adulte. Il est possible que nos parents n'aient pas tenu compte ou aient minimisé l'expression de notre colère ; aussi avons-nous rapidement appris à la refouler chaque fois qu'elle apparaissait. Ou bien l'expression de notre colère suscitait chez nos parents et dans notre entourage des réactions si effrayantes que nous en sommes venus à les craindre. N'importe quelle combinaison de ces réactions peut nous faire craindre la colère, qu'il s'agisse de la nôtre ou de celle des autres envers nous-mêmes.

Il est intéressant de noter que l'inflammation d'une lésion d'herpès est rouge. Si on la regarde de manière plus intuitive que rationnelle et qu'on s'interroge sur ce qu'évoque l'image de cette inflammation, on l'associe souvent à de la colère.
Pour beaucoup de gens, la colère équivaut à une perte de contrôle, laquelle donne à son tour à penser que quelqu'un risque d'être blessé. Ce schéma est particulièrement répandu chez les personnes qui ont souvent été punies dans leur enfance, que ce soit physiquement ou sur le plan émotionnel. Bien qu'objectivement la colère, la perte du contrôle de soi et les blessures ne soient pas nécessairement liées, il n'en demeure pas moins que nous les associons fréquemment les unes aux autres. Cette croyance menaçante restreint donc l'expression de cette puissante émotion qu'est la colère.

En elle-même et par elle-même, ce n'est pas une émotion négative ni de constriction, tant qu'elle ne s'exprime pas avec l'intention de blesser ou de manipuler les autres. Nous nous mettons souvent en colère quand notre liberté de choix ou d'action a été frustrée ou restreinte. Cette restriction peut être due à un manque d'expérience ou de connaissances. Nous faisons alors des choix qui nous conduisent finalement à abandonner notre pouvoir. Cela peut se produire aussi lorsqu'une personne nous a donné un certain pouvoir sur elle et nous retire soudain ce « droit ». Ce sera par exemple le cas de la colère éprouvée par beaucoup de parents quand leurs enfants commencent à défier leur autorité. Toute perception de perte de pouvoir sur autrui peut susciter la perte de contrôle, avec les sentiments de colère qui en découlent.
A chaque fois que nous réprimons notre colère, pour quelque raison que ce soit, elle se transforme en une émotion négative, ou de contrac-

tion. Dès lors qu'elle est étouffée, l'énergie de l'émotion connue sous le nom de colère est tournée vers l'intérieur, nous donnant un sentiment d'isolement ou de séparation.

Les personnes atteintes du cancer la refoulent souvent et accèdent aux désirs et aux souhaits des autres. Elles ne veulent pas offenser ou craignent leur colère, ce qui fait qu'elles renient leurs propres sentiments ; elles soumettent leurs désirs et leurs sentiments à ceux des autres. L'expérience montre que ces malades, dès lors qu'ils arrivent à exprimer leur colère, à l'extérioriser, et par conséquent à trouver ou retrouver un sentiment de contrôle de soi et de pouvoir, ont un taux de survie plus élevé.

Quand les patients que nous soignons pour de l'herpès apprennent à donner libre cours à leur colère, leurs symptômes diminuent dans une proportion notable. Pour ce faire, et sans chercher nécessairement à blesser ou à manipuler, il suffit de dire : « Voilà ce que je ressens » au lieu de changer ce que l'on ressent en une accusation ou en une attaque à l'encontre d'autrui. L'expression de la colère a pour propos de communiquer et de donner libre cours à nos sentiments, pas de retrouver son calme. Dans certains cas, il ne faut pas exprimer directement sa colère à l'encontre d'une autre personne parce que, de toute évidence, cela aurait des conséquences négatives.

Ce sera le cas, par exemple, de la colère que vous ressentez contre votre patron, car sa réaction sera de vous licencier. Dans ces conditions, il reste un moyen : vous représenter mentalement la personne qui suscite votre colère et vous défouler sur cette image. Certaines thérapies préconisent de frapper un coussin avec les poings (4). Le processus du pardon décrit au chapitre IX constitue une autre façon d'exprimer sa colère et de résoudre intérieurement le problème. Par la même occasion, on en tire un sentiment de paix du cœur et de l'esprit.

d) Difficulté à pardonner

Une autre attitude souvent associée à la maladie consiste à se raccrocher au blâme. Celui-ci est une façon de punir les autres ou de se protéger soi-même d'autres blessures. Les personnes atteintes d'herpès rejettent souvent la faute sur leur partenaire qui, selon eux, aurait apporté le virus, voire sur elles-mêmes pour avoir contracté l'infection.

4. Voir Docteur Alexander Lowen : *La Joie retrouvée par la bioénergie* (Ed. Dangles).

Tout aussi souvent, le fait de se raccrocher au reproche est une manière de punir les parents et les autres en général, perçus comme la source du ressentiment.

Il n'est pas rare que cette attitude consistant à blâmer et à refuser de pardonner s'accompagne de l'apitoiement sur soi-même. Celui-ci, souvent exprimé par un silence plus éloquent que les mots, est une autre manière de se punir soi-même et de punir les autres. La question se pose alors en ces termes : « Qui punissez-vous en vous apitoyant sur vous-même ?

L'autopunition et les choix autodestructeurs sont aussi une manière d'exprimer ses reproches. Dans leur thérapie, les personnes qui présentent ce schéma comportemental en découvrent souvent la source dans des relations antérieures, remontant à l'enfance : elles ont alors appris, consciemment ou inconsciemment, qu'en faisant preuve d'abnégation ou en se sacrifiant, leurs parents se sentaient dans l'embarras. Ce comportement dissimulait en fait une demande d'amour et d'attention.

La découverte des schémas de reproche et de punition nous a amené à développer le processus du pardon, qui permet aux patients de se libérer de leurs scrupules à pardonner.

e) Difficulté à accorder sa confiance

La plupart d'entre nous se demandent, à un degré plus ou moins significatif, comment réagiraient des êtres chers si nous tombions malades. Mais pour certains, tomber malade est une manière de s'assurer de l'amour, de la fidélité, de la fiabilité ou du sens des responsabilités d'un partenaire. Ce genre de « test » se substitue souvent à la confiance ; dans l'esprit de la personne qui se livre à cette expérience, ce comportement remplace la confiance qu'elle place en l'autre. Au lieu de cela, elle demande à l'autre de réussir à cet examen pour « prouver » qu'il est digne de sa confiance. Alors que certains se livrent à ce genre de pratique pour vérifier qu'ils ne peuvent effectivement pas faire confiance à l'autre, d'autres atteignent justement l'objectif opposé par de telles mises à l'épreuve. Toutefois, cette façon de faire ne produit généralement pas les mêmes résultats que l'autre forme de confiance. Au contraire, cela se traduit le plus souvent par une série sans fin de tests : tous les prétextes sont bons pour en concevoir de nouveaux, qu'il s'agisse de vérifier le bien-fondé de doutes ou de craintes, ou que l'on n'est pas aimé ou indigne de l'être, et ainsi de suite.

L'attitude qui consiste à mettre les autres à l'épreuve pour s'assurer de leur amour est un schéma répandu dans de nombreux cas de maladie. Dans mes recherches sur les personnes atteintes d'herpès, j'ai constaté que nombre d'entre elles demandaient, de façon déguisée, à leur partenaire : « Est-ce que tu m'aimes vraiment ? M'aimes-tu assez pour rester avec moi, même si j'ai une maladie contagieuse et que toi aussi tu peux avoir pour le restant de tes jours si tu l'attrapes ? »

L'une de mes patientes atteinte d'herpès, violée par son père avait peur des autres hommes et les méprisait. Comme pour se prouver qu'elle n'avait pas à les craindre, elle élabora un test pour chacun d'eux. Elle lui annonçait qu'elle avait de l'herpès et, s'il acceptait le risque, à ses yeux, cela lui permettait de déterminer dans quelle mesure il l'aimait. Elle se sentait alors sûre qu'il n'abuserait pas d'elle comme l'avait fait son père.

Au cours d'une séance de thérapie, cette même femme remonta à la source de son problème et transforma l'énergie de sa colère en amour. Par la suite, elle rapporta que la gravité et la fréquence de ses éruptions d'herpès avait diminué de façon significative.

J'ai constaté que les personnes atteintes d'herpès qui mettent leur partenaire à l'épreuve de cette façon ont souvent été victimes d'abus sexuels, émotionnels ou physiques. Pour elles, l'herpès remplit une fonction importante, puisqu'il les protège contre le retour de telles situations.

Tous ces schémas bloquent le flux énergétique, engendrant un déséquilibre qui se reflétera dans le champ éthérique. Ce déséquilibre, à son tour, a pour effet de diminuer la fonction immunitaire et, dans le cas de l'herpès, est la cause d'éruptions récurrentes.

Bien que j'aie découvert ces cinq schémas au cours de mes recherches sur l'herpès, ils ne sont certainement pas spécifiques à cette maladie. Dans mes travaux, j'ai remarqué qu'il était utile de les rechercher, quelle que fût la raison pour laquelle les patients me sollicitaient. L'identification des schémas que nous utilisons pour bloquer l'énergie affective est une étape primordiale dans tout processus de guérison.

Le fait de s'en libérer nous ouvre la voie et nous met en condition pour recevoir l'énergie thérapeutique de l'amour.

Avec la présentation de ces cinq schémas, mon propos n'est pas de montrer qu'ils sont les seuls qui existent ou que ceux que vous rencontrerez dans votre cas personnel coïncideront exactement avec ceux-là. Je pense qu'il est important d'essayer d'identifier ces schémas caractéristiques, ou n'importe quelle combinaison de ces schémas, car ils attirent l'attention sur le fait de recevoir de l'affection, de l'amour, c'est-à-dire les forces de la guérison holoénergétique. Toutefois, il faut bien garder à l'esprit que ce ne sont là que des modèles, présentés ici pour indiquer des pistes à suivre pour trouver les schémas énergétiques que nous recherchons dans la phase de reconnaissance de ce processus de guérison.

En apprenant à identifier les schémas de la maladie, vous préparez le terrain pour votre intuition en vue de la thérapie. Ces questions vous permettent de repenser à votre passé, de réfléchir à votre situation présente et à votre avenir. Bien que ces questions ne trouvent peut-être pas toujours immédiatement une réponse, dans la mesure où elles sont posées honnêtement, les réponses finiront par émerger à la surface de votre conscience. Si vous associez ces questions au processus que nous appelons *activation holoénergétique,* elles peuvent être à l'origine d'une prise de conscience déterminante et, par conséquent, participer dans une mesure importante à l'apaisement de la détresse physique, psychique et spirituelle.

Si vous vous posez ces cinq questions, n'oubliez pas qu'il n'y a pas de « bonne » ni de « mauvaise » réponse. La reconnaissance est un processus continu qui se poursuit au cours des trois étapes suivantes de la guérison holoénergétique et même au-delà. Comme on l'a souvent dit, il existe ici une magie subtile qui sous-tend tout le processus de la guérison, en y introduisant le changement et le réconfort et qui affecte profondément notre vie quotidienne.

CHAPITRE VI

Reconnaissance. Connaissance intuitive

« Ce n'est pas par la raison que je suis arrivé à comprendre les lois fondamentales de l'Univers. »

Albert Einstein.

« Nous ne devons pas avoir la prétention de comprendre le monde seulement par notre intellect ; nous le comprenons tout autant que nous le sentons. Pour cette raison, le jugement de l'intellect n'est, au mieux, que la moitié de la vérité et il doit, pour être honnête, également admettre son incompétence. »

Carl Gustav Jung.

Dans ce chapitre, vous allez accéder aux niveaux des énergies subtiles de votre corps et de votre esprit. Vous allez vous concentrer sur votre énergie éthérique pour obtenir une vision gestalt, c'est-à-dire une vue d'ensemble de vos champs énergétiques et de leurs effets sur votre corps et votre esprit. Ensuite, pour obtenir des informations plus ciblées, vous vous concentrerez sur vos chakras. En accédant à la fois à votre champ éthérique et à vos chakras, vous utiliserez un outil de test biomécanique, la radiesthésie. Je l'ai adapté pour pouvoir mesurer ces énergies subtiles. Dans ce chapitre, vous trouverez des instructions détaillées pour fabriquer et utiliser des baguettes de sourcier. La fabrication en est assez simple, puisqu'il suffit de deux cintres de blanchisseur en fil de fer et d'une paire de pinces.

Avant de vous lancer dans une séance de thérapie, vous devrez vous exercer avec les baguettes de sourcier. C'est une des raisons pour lesquelles nous vous invitons d'abord à lire ce chapitre et ceux qui traitent de la résonance, de la libération et de la reconstruction avant de mettre le contenu de celui-ci en pratique.

Reconnaissance. Connaissance intuitive.

Le test biomécanique intuitif est facultatif dans le processus de guérison holoénergétique. Toutefois, l'intuition elle-même fait naturellement partie intégrante de la thérapie ; aussi, ne saurions-nous que vous encourager à la cultiver. Comme nous le verrons au prochain chapitre, qui traite de la résonance, votre intuition vous permettra de comprendre la nature et la signification de la forme et de la source du problème ou de la maladie que vous voulez résoudre ou guérir. Plus tard, l'intuition que vous allez développer en pratiquant les tests biomécaniques se révélera d'une valeur inappréciable pour le processus de l'activation holoénergétique, au cours duquel vous concentrerez votre attention sur un objet tel qu'une lésion, un symptôme, un trouble émotionnel, une expérience traumatisante, un chakra affecté ou sur le thymus.

1. Informations contenues dans les formes énergétiques subtiles

Notre corps et notre esprit contiennent des informations non verbales précieuses pour la guérison holoénergétique. Une façon de les identifier consiste à examiner leur expression dans l'énergie subtile qui se manifeste en dehors de notre corps physique. Ces informations – qui peuvent nous affecter sur les plans intellectuel, émotionnel, physique et spirituel – se trouvent en nous sous la forme d'une forme énergétique qui se manifeste ensuite sous forme de message verbal, de symptôme physique, voire d'image mentale.

Vous ferez appel à votre perception intuitive pour accéder aux informations stockées dans ce type de formes, et plus particulièrement aux deux sources suivantes : le *champ énergétique éthérique* et les *chakras*. Les tests biomécaniques vous permettront de savoir à quel moment la situation présente s'est mise en place et comment les centres énergétiques sont affectés par les émotions, des allergies spécifiques, l'alimentation et par des facteurs environnementaux.

2. Les tests biomécaniques

L'une des différentes manières d'évaluer une énergie subtile par la biomécanique est l'utilisation d'une baguette de sourcier. Cette approche est l'une des plus vieilles méthodes au monde d'acquisition d'informations par l'intuition, puisqu'on en rencontre une représentation dans certaines gravures rupestres en Europe. Les sourciers traditionnels détectent la présence d'eau pour le creusement de puits, par exemple pour l'agriculture. Toutefois, cette aptitude ne s'est pas limitée à la détection de l'eau. En effet, elle a aussi servi en prospection minière à détecter la présence de minéraux et de nappes de pétrole, d'objets fabriqués en archéologie, ainsi que pour retrouver des personnes, des animaux ou des objets perdus. Au Viêtnam, les Marines s'en servaient même pour trouver des mines, des mines-pièges et les caches de munitions de l'ennemi.

Des recherches menées récemment par des radiesthésistes expérimentés au S.R.I., un institut de recherches de Californie, ont permis au physicien Hal Puthoff de constater que les résultats obtenus par cette technique ne pouvaient être le seul fait du hasard, puisque les chances de réussite étaient inférieures à un pour un million. Toutefois, aucune explication scientifique satisfaisante du phénomène n'a été donnée à ce jour (1).

J'utilise moi-même les tests biomécaniques en thérapie holoénergétique, car j'ai constaté que ces techniques étaient extrêmement utiles pour accéder au vaste dépôt d'informations que nous avons tous dans notre subconscient. Voici comment je pense que cela fonctionne.

L'inconscient prend note des moindres détails visuels, sonores, olfactifs et autres de l'environnement dans lequel vous vivez. Par exemple, au moment où vous lisez ces lignes, votre attention se porte sur les mots imprimés sur cette page. Peut-être ne remarquez-vous pas les bruits de la rue, le ronronnement d'un ventilateur ou les arômes provenant de la cuisine où l'on est en train de préparer le dîner. Mais ces informations auxquelles vous ne prêtez aucune attention pénètrent votre subconscient et y restent à disposition ; vous pouvez y faire appel à tout moment si vous le désirez.

Un hypnotiseur s'est une fois livré à une expérience visant à déterminer la quantité d'informations stockées dans l'inconscient. L'un de ses sujets était un homme qui avait été étudiant une vingtaine d'années auparavant. L'hypnotiseur le ramena en arrière à cette époque et lui demanda de compter les briques de la façade d'un certain immeuble du campus. L'homme vit mentalement l'immeuble et compta les briques.

---

1. Conférence de l'American Society of Dowsers (Société américaine des radiesthésistes) à l'Université de Californie (Santa Cruz, juillet 1987).

Tous deux se rendirent ensuite à l'université et les comptèrent ensemble. A leur grande surprise, ils constatèrent que le compte effectué par l'ancien étudiant était exact.

L'intérêt de cette anecdote est de montrer que nous sommes tous à même d'invoquer des informations, même des détails insignifiants de notre vie, qu'il n'est pas possible de se rappeler en temps normal, de façon consciente. Les tests biomécaniques permettent justement d'accéder consciemment à ces informations.

Lorsque vous vous livrez à ces tests, vous devenez en quelque sorte un instrument de détection. Toutefois, à l'instar des appareils électroniques, comme les postes de radio, la plupart d'entre nous ont besoin d'amplifier les signaux reçus. Avec les instruments électroniques, l'information détectée est amplifiée, puis matérialisée par les mouvements d'une aiguille sur un cadran ou par une ligne qui ondule sur un oscilloscope. Pour ce qui nous concerne, nous utiliserons les baguettes en forme de L, outils traditionnels du sourcier.

Ce faisant, il faut garder à l'esprit que ce ne sont pas elles qui permettent d'accéder directement à l'information recherchée. Il faut plutôt les considérer comme une extension psychomotrice de notre subconscient, qui amplifie les réactions neuromusculaires déclenchées par la partie de notre inconscient qui détient la réponse. Ces outils nous permettent de focaliser notre attention et donnent un signal visible qu'un savoir spécifiquement intuitif est à notre portée.

3. La baguette en L

Voici comment s'utilisent les baguettes de sourcier : tenez une baguette dans chaque main, chacune en position neutre, c'est-à-dire en les pointant devant vous (fig. 8). Concentrez ensuite votre attention sur ce que vous voulez savoir exactement. Ce peut être votre propre image dans un miroir ou bien une autre personne. Vous pouvez aussi le faire en vous demandant mentalement, par exemple : « Où commence le champ énergétique éthérique de cette personne ? » ou en faisant une affirmation comme : « Montrez-moi jusqu'où s'étend le champ énergétique éthérique de cette personne. » Ainsi, vous pouvez « programmer » votre subconscient pour qu'il recherche l'information voulue soit en lui donnant un ordre, soit en lui posant une question.

Vous devez ensuite vous déplacer en direction de la personne ou de l'objet que vous voulez évaluer. Pour le moment, supposons que vous veuillez pénétrer dans un champ énergétique invisible autour du corps d'une personne. Ce faisant, les baguettes se croiseront pour former un X ou bien au contraire elles s'écarteront l'une de l'autre. Ces deux réactions sont correctes mais, pour simplifier les choses, nous partirons ici du principe qu'elles s'écartent dans les exemples des pages suivantes. Au cas où il y a déséquilibre dans le champ énergétique, l'une des baguettes peut se tourner plus que l'autre (fig. 9).

a) Fabrication des baguettes en L

La baguette en L est généralement une fine tige métallique que l'on plie pour lui donner la forme d'un « L » (fig. 10). Vous utiliserez ces baguettes en L comme décrit ci-après.

Tout ce dont vous avez besoin pour fabriquer une paire de baguettes en L, c'est de deux cintres métalliques, d'un tube de carton ou de plastique d'environ 1 cm de diamètre sur 20 cm de longueur et d'une paire de pinces coupantes.

1. Sectionnez chaque cintre à une extrémité de la partie inférieure (horizontale) de telle sorte que la partie la plus longue de la baguette ait une longueur d'une trentaine de centimètres. Ensuite coupez les extrémités de façon à avoir une longueur d'une quinzaine de centimètres pour la poignée.

2. Pliez chaque baguette à angle droit.

Les poignées doivent pouvoir tourner librement dans vos mains. Pour cela, le mieux est de les entourer d'un tube de carton ou de matière plastique (comme on trouve parfois sur les cintres chez certains teinturiers).

▲ Comment tenir les baguettes de sourcier

1. Tenez-les de façon à ce qu'elles coulissent librement dans les poignées. La partie supérieure, c'est-à-dire horizontale, ne doit en aucune manière vous toucher la main.

2. Les baguettes doivent être tenues horizontalement, parallèlement l'une avec l'autre et pointées droit devant vous. C'est la posi-

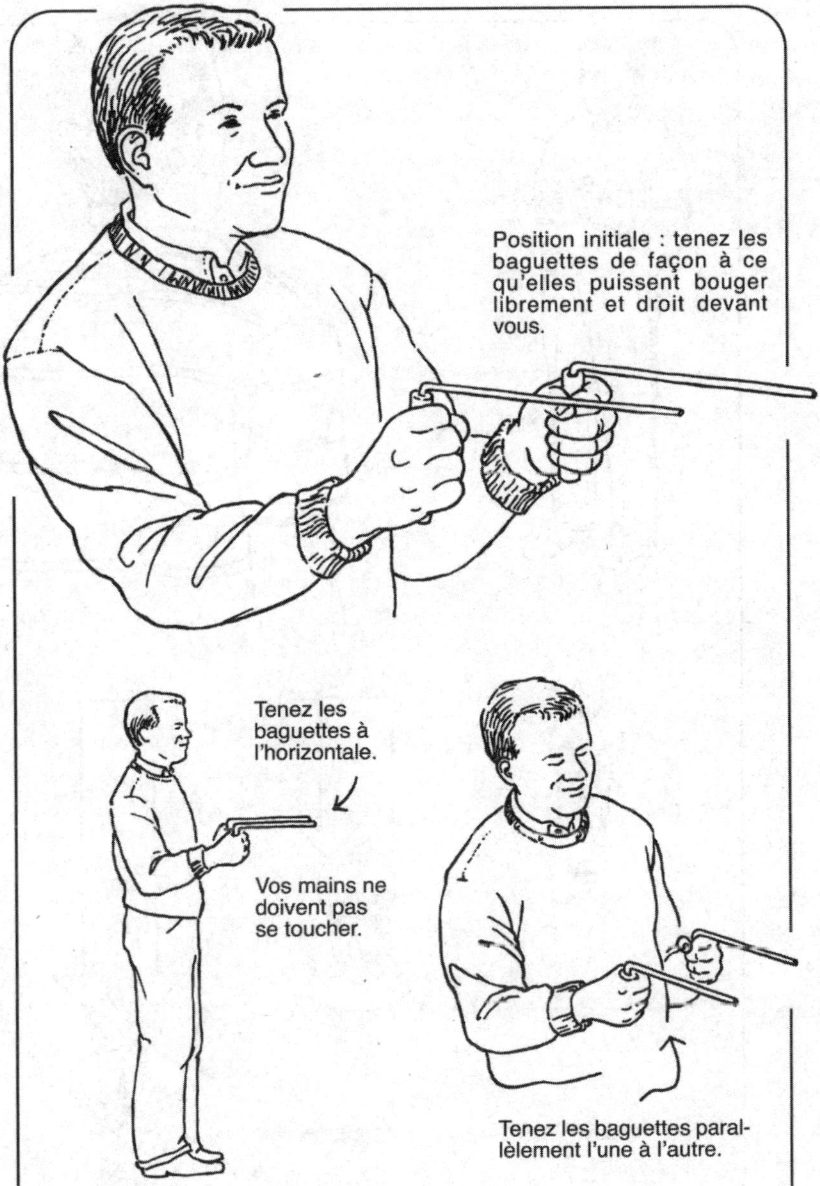

Figure 8 : **comment tenir les baguettes.**

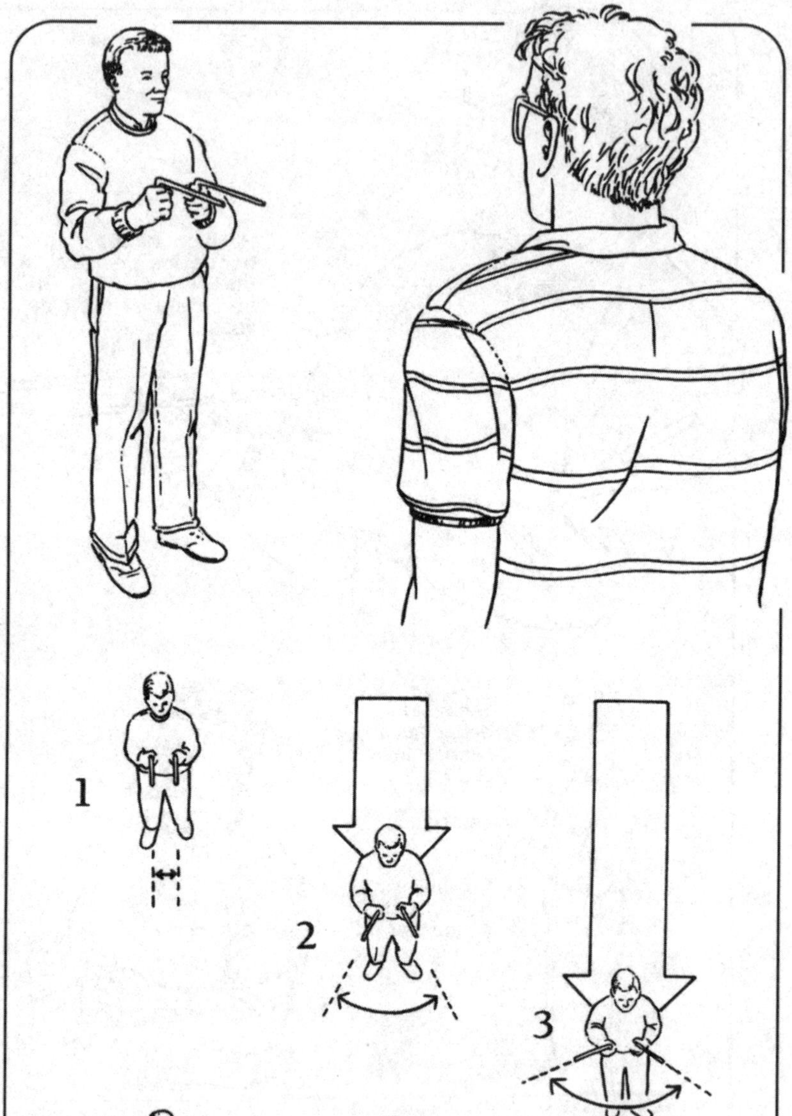

Figure 9 : **utilisation des baguettes.**

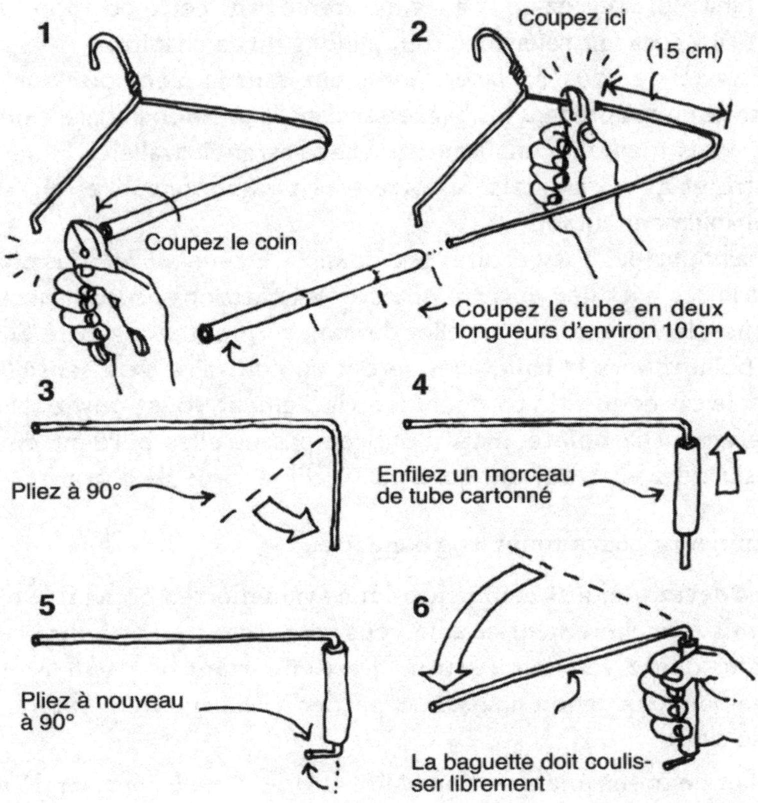

1 - Sectionnez la partie inférieure du cintre à une extrémité, de telle sorte que le segment ait une longueur d'environ 30 cm.

2 - Coupez le deuxième segment replié à une longueur d'environ 15 cm.

3 - Dépliez la tige à angle droit.

4 - Faites glisser un tube en carton ou en plastique d'environ 10 cm de longueur autour de la poignée.

5 - Pliez la partie inférieure de la tige à angle droit pour empêcher que le tube ne s'échappe.

6 - La poignée doit coulisser librement. Faites les ajustements nécessaires le cas échéant.

Figure 10 : **fabrication des baguettes en L.**

tion initiale. Exercez-vous à les maintenir dans cette position de départ ; il y sera fait référence tout au long de ce chapitre.
3. Essayez de vous déplacer lentement dans la pièce où vous vous trouvez en maintenant les baguettes dans la position initiale. Concentrez-vous mentalement pour qu'elles restent parallèles l'une avec l'autre et à l'horizontale. Si votre esprit vagabonde, elles en feront probablement autant.
4. Maintenez-les aussi droites que possible. En effet, si vous les pointez vers le bas, elles ne pourront détecter les réactions neuromusculaires infimes de votre corps, car elles devront surmonter la gravité. Si vous les pointez vers le haut, elles seront au contraire trop sensibles. Si c'est le cas et qu'elles tournent trop facilement, vous pouvez abaisser légèrement la pointe, mais n'oubliez pas qu'elles perdent de leur sensibilité si elles doivent contrebalancer la force de la gravité.

b) Comment programmer vos baguettes

Vous devez toujours commencer une évaluation en prenant le temps de définir très clairement ce que vous recherchez, c'est-à-dire ce sur quoi vous devez vous concentrer. Il est important non seulement de poser la bonne question, mais de la garder à l'esprit afin d'obtenir une réponse claire.

Le fait de poser une question claire et précise vous permet d'entrer en résonance avec le sujet de votre recherche. Quand vous entrez en résonance avec quelque chose, vous vibrez à sa fréquence ; autrement dit, vous êtes en harmonie avec elle. C'est un peu comme si vous donnez le la sur un piano. D'autres cordes résonnent en même temps que celle que vous avez frappée : celles qui correspondent à une fréquence deux fois supérieure, de la moitié, du quart et ainsi de suite. En entrant en résonance, vous pouvez vous mettre au diapason avec de multiples niveaux – ou octaves – pour accéder à l'information recherchée.

Chaque pensée, croyance et sentiment a une signature énergétique tout aussi unique qu'un visage ou une empreinte digitale. Ainsi, à chaque fois que notre esprit est occupé par une pensée, une croyance ou un sentiment, il se crée un schéma énergétique particulier. On retrouve ces schémas dans les champs énergétiques de notre système corps-esprit, mais ils s'étendent aussi vers le monde extérieur à la recherche de formes semblables avec lesquelles entrer en résonance.

Lorsque nous utilisons les baguettes de sourcier, les modèles énergétiques formés par nos intentions, questions et programmes recherchent des formes correspondantes dans le monde extérieur. Quand ils en rencontrent une, il se produit en quelque sorte une onde de choc. Cette rencontre est alors enregistrée par la partie inconsciente du système corps-esprit et se traduit par des mouvements neuromusculaires infimes dans tout le corps transmis aux baguettes. Au moment de la rencontre, et par conséquent de l'onde de choc, les baguettes sont animées d'un mouvement : c'est une indication visible qu'une correspondance a été trouvée.

Une fois votre question formulée, vous devez être capable de vous détacher des résultats. Tout attachement émotionnel à la volonté d'obtenir une réponse spécifique à ce moment particulier peut constituer une entrave à la fiabilité de celle-ci. Par exemple, si vous êtes un médecin demandant des informations sur l'état du système immunitaire d'une personne et si vous avez intérêt, d'une manière ou d'une autre, à ce qu'elle soit entièrement en mesure de combattre l'infection dont elle souffre, vous percevrez ce système comme en parfait état de fonctionnement, alors que ce ne sera peut-être pas le cas. Votre intérêt à ce qu'il soit sain risque de vous aveugler si, en réalité, il est affaibli.

Au Viêtnam, j'ai constaté que les Marines qui arrivaient à se détacher du résultat, ne laissant ni leurs craintes, ni leurs espoirs les influencer, étaient en mesure de détecter correctement la présence de mines. Le fait de se livrer à une évaluation en concentrant clairement son attention permet d'apprendre à se détacher de ces tensions intérieures et d'aborder le processus de collecte d'informations avec détachement. Cela permet de créer un espace ouvert dans la conscience pour recevoir l'information demandée, de libérer la voie pour permettre aux intuitions de passer librement par le subconscient.

Comme on l'a vu plus haut, il est possible de créer un programme clair, détaché, sous la forme d'une question ou d'un ordre. Par exemple, en commençant cette phase de la thérapie, on a besoin d'estimer le niveau global de l'énergie ou de la vitalité de la personne (ou le vôtre). On peut alors poser la question suivante : « Quelle est l'extension du champ éthérique de cette personne (ou du mien) en ce moment ? » Lorsque vous formulez votre programme, vous devez identifier les paramètres temporels et spatiaux, autrement dit être sûr d'indiquer que vous voulez des informations sur les niveaux énergétiques de la personne, ici et maintenant. Votre subconscient a besoin de comprendre que vous vous interrogez sur le champ énergétique d'une personne à ce moment précis, puisqu'il est également possible d'utiliser cette méthode pour accéder à des informations qui étaient vraies il y a une heure, plusieurs jours, voire plusieurs années. N'oubliez pas que c'est votre conscient qui programme votre subconscient pour aller à la recherche des informations voulues.

Lorsque vous êtes prêt à vous livrer à l'estimation elle-même, vous devez garder votre question, clairement formulée, à l'esprit. Prenez alors une bonne inspiration et conservez l'air dans vos poumons un moment. Le fait de bloquer sa respiration permet d'accumuler de la charge pour donner de l'énergie à votre programme. Expirez ensuite lentement, doucement. Vous serez alors dans un état plus réceptif et prêt à vous mettre au diapason avec les réponses que vous recevrez.

c) Des nombreux usages des baguettes de sourcier

Dans mes ateliers, je montre aux participants comment utiliser les baguettes de sourcier afin de déterminer des états énergétiques et diverses informations, que ce soit pour eux-mêmes ou pour d'autres personnes. Je les encourage aussi à pratiquer pour d'autres usages, par exemple pour retrouver des objets perdus (2). L'exploration des multiples applications des baguettes de sourcier dans la vie quotidienne donne l'occasion d'acquérir de la confiance en son intuition. Une fois cette étape franchie, on peut se passer des baguettes. La lettre ci-après m'a été envoyée par un participant à un de mes ateliers. Elle illustre bien comment nos aptitudes intuitives, mises en évidence par les baguettes de sourcier, sont souvent supérieures à notre rationalité.

« Cher Docteur Laskow,
J'aimerais vous faire part d'une expérience que j'ai eu l'occasion de faire en radiesthésie. Un week-end où mes parents me rendaient visite, j'ai décidé d'essayer d'utiliser les baguettes de sourcier que j'avais rapportées de votre atelier.
« J'ai prié ma mère de dissimuler sa bague de mariage quelque part dans

2. Voir l'ouvrage de René Lacroix à l'Henri : *Manuel de radiesthésie* (Ed. Dangles).

ma salle de séjour, la salle à manger ou la cuisine. Toutes ces pièces donnent les unes sur les autres et occupent toute la longueur de la maison. Je suis donc allé ailleurs pendant qu'elle cachait la bague et que mon père la regardait faire. En revenant, je programmai ma recherche sur la formulation suivante : " Montrez-moi où se trouve la bague de mariage de ma mère. " En même temps, je me faisais une représentation mentale claire de la bague.

« J'ai d'abord cherché dans quelle partie de la maison elle se trouvait dissimulée. Les baguettes enregistrèrent une réaction à mesure que je m'avançais dans la direction opposée de la salle de séjour, mais celle-ci s'arrêta avant que je n'atteigne le mur ou un meuble quelconque. Supposant que cela signifiait que la bague se trouvait à l'extrémité opposée, vers la cuisine, je me retournai pour aller dans cette direction. Une fois de plus, les baguettes enregistrèrent une réaction, mais celle-ci cessait immédiatement quand j'arrivais à un endroit où elle était susceptible d'être cachée. Je poursuivis ma recherche dans cette partie de la maison et vis les baguettes s'écarter et se rapprocher l'une de l'autre à mesure que je la traversais. Je dois avouer que je me sentais un peu perdu. Les baguettes indiquaient qu'elle n'était ni d'un côté de la pièce, ni de l'autre, pourtant je ne voyais pas où elle pouvait être dissimulée. Mes parents m'observaient, fascinés. Finalement, ma mère dit : " Je crois que les baguettes en savent plus long que le radiesthésiste. " A ce moment, je regardai par terre et vis que j'avais laissé traîner une chaussette. Je la ramassai. La bague se trouvait à l'intérieur ! J'étais passé et repassé directement au-dessus, j'avais enregistré les réactions correspondantes avec les baguettes, mais sans me rendre compte qu'elle était là. »

Nombre d'autres récits semblables à cette lettre et provenant aussi de participants aux ateliers de radiesthésie font que je ne saurais que trop vous encourager à vous livrer au même genre d'expérience dans la vie quotidienne. Peut-être sera-t-il même judicieux de le faire avant de tenter de collecter des informations sur votre champ éthérique et sur vos chakras.

4. Définition d'un périmètre

Au chapitre II, j'ai expliqué comment nous sommes tous formés de champs énergétiques qui s'interpénètrent, représentés sous forme holographique par le champ éthérique. Le champ bioélectrique est associé au corps physique et peut être mesuré scientifiquement. Pour les autres champs, nos aptitudes intuitives restent le moyen de perception et de mesure le plus efficace.

A tout moment, votre champ énergétique éthérique reflète les croyances profondes, ainsi que les éventuels désordres physiques dont on souffre, les influences environnementales, ainsi que les pensées et sentiments. Il représente aussi le composé harmonique de tous les chakras du corps. Chaque chakra, à son tour, reflète le niveau énergétique physique, éthérique, émotionnel, mental et spirituel. Enfin, chacun de ces niveaux énergétiques est également influencé par chacun des chakras. Tout comme dans un hologramme la plus petite partie contient toute l'information du tout, dans l'assemblage de nos énergies subtiles, chaque champ énergétique contient l'information du tout énergétique.

J'ai choisi de me concentrer sur l'évaluation des chakras au niveau énergétique éthérique, car j'ai constaté que ce niveau donne les meilleurs résultats quant aux interactions entre le système physiologique et le système énergétique subtil.

Le champ éthérique peut varier en intensité, c'est-à-dire qu'il peut se renforcer ou diminuer comme une lampe actionnée par un rhéostat. Il peut aussi changer de schéma, c'est-à-dire s'étendre d'un côté pour diminuer d'un autre, en fonction de la situation passée ou actuelle de la personne sur le plan physiologique, émotionnel, mental ou spirituel. Le programme, c'est-à-dire la question posée, détermine l'aspect du champ holographique auquel nous allons accéder.

Un champ éthérique sain entretient, et en même temps reflète, les fonctions cellulaires normales et physiologiques. S'il est dissonant, il interfère avec les fonctions physiologiques normales et, à son tour, reflète un état qui peut être amélioré (la figure 1, p. 47, représente un champ éthérique fonctionnant normalement).

Ce que j'entends par *définir le périmètre du champ éthérique,* c'est identifier l'intensité, mais aussi l'équilibre entre la droite et la gauche de celui-ci au moment où il est mesuré. Il est composé, comme nous le savons, de nombreux champs énergétiques en interaction. Tout comme avec les ondes lumineuses ou radio, des énergies de fréquences différentes peuvent cohabiter dans le même espace. Il n'existe pas à proprement parler de « niveau », terme faisant appel aux notions de haut et de bas, mais plutôt des types d'énergies qui s'interpénètrent. On obtient une lecture différente suivant que l'on se concentre sur l'un d'eux en particulier ou au contraire sur l'ensemble, comme le montre l'analogie suivante :

Il existe un endroit à San Francisco, en haut d'une falaise non loin de mon domicile, d'où l'on peut observer l'océan. La vue y est spectaculaire. On peut y contempler les vagues qui viennent s'écraser sur le rivage, les remous et les tourbillons dans les formations rocheuses à faible distance de la plage. En observant le mouvement des eaux, plus au large, on distingue un courant froid venant du nord et se dirigeant vers le sud. Ces vagues, courants, remous et tourbillons constituent le champ énergétique de l'océan tel qu'il nous apparaît depuis le promontoire. En outre, l'océan réagit à l'environnement par ses marées, plus fortes à la pleine lune, et par ses lames de fond, surtout pendant les tempêtes.

Si je devais définir le périmètre du champ éthérique de l'océan, je me demanderais quelle est mon impression générale de celui-ci et à ce moment précis. Je me programmerais pour évaluer non pas uniquement un seul courant ou remous, mais toute la dynamique de l'océan à portée de mes perceptions. Un jour de tempête, je me concentrerai plutôt sur les vagues qui s'écrasent sur les rives. En dépit de leur turbulence et de leur puissance apparentes, loin au large elles seront peut-être beaucoup plus calmes. Si mon impression devait reposer seulement sur l'une ou l'autre de ces appréciations, mon périmètre resterait imprécis. Elle doit en effet tenir compte des différents champs énergétiques, et non d'une seule zone.

De même, quand on essaie de définir une ligne de fond pour son propre champ éthérique ou celui d'une autre personne, on cherche à identifier un niveau composite, ou global, d'énergie, l'interaction des énergies subtiles et physiologiques dans son ensemble. En bref, ce qui nous intéresse ce sont les holoénergies.

Il convient de noter que l'énergie s'étend et s'intensifie, ou bien au contraire diminue et se contracte, dans une zone particulière et pour un moment donné, avant de revenir à son niveau et à ses dimensions normales, en réaction à des pensées et à des sentiments, mais aussi à des événements dans l'environnement extérieur immédiat. Par exemple, on peut sursauter en entendant soudain une voiture passer en pétaradant ; en réaction, notre champ énergétique s'étendra ou se contractera. Mais au bout de quelques instants on se détendra et notre énergie reviendra au périmètre identifié précédemment. La même chose peut se produire si nous nous mettons à penser à une rencontre qui n'a pu avoir lieu ou à imaginer un endroit idyllique.

En temps normal, on peut ressentir la présence du champ énergétique de quelqu'un en se tenant à une distance comprise approximativement entre 50 et 100 cm. Suivant les cas, le champ éthérique de la personne peut même s'étendre au-delà, à partir de n'importe quel point du corps. C'est ce périmètre de la vitalité que nous allons définir avant de poursuivre notre collecte d'informations plus spécifiques sur les chakras.

Tout cela peut sembler bien compliqué, mais ce n'est qu'une apparence. En réalité, c'est plus facile à faire qu'à expliquer.

▲ Exercice : identification du niveau énergétique moyen du champ éthérique

Notre objectif, ici, est d'identifier les champs énergétiques qui affectent notre santé. Un champ énergétique sain entretient des fonctions cellulaires et physiologiques normales. A l'inverse, un champ dissonant interfère avec ces fonctions et engendre un blocage du flux des énergies subtiles. Il en résulte des déséquilibres, qui peuvent se traduire finalement par des maladies.

1. Pour définir le niveau moyen de votre champ éthérique (c'est-à-dire son intensité et son équilibre), placez-vous face à un miroir. Considérez sa surface comme le plan à partir duquel vous allez mesurer les champs énergétiques et les chakras, sans tenir compte de la profondeur de champ du reflet de votre image. Si vous n'avez pas de miroir assez grand, passez à l'exercice intitulé « Création d'un double » (chap. III, p. 78), qui permet d'effectuer une évaluation biomécanique. N'oubliez pas que face à un miroir, la gauche et la droite de votre image sont inversées. Par contre, dans l'exercice « Création d'un double », les baguettes répondront à l'image créée comme si une autre personne était assise en face de vous.

2. A une distance d'environ 2,5 m du miroir, tenez une paire de baguettes de sourcier dans la position initiale, comme expliqué plus haut. Prenez une inspiration profonde et, tout en restant dans cette

position, posez silencieusement la question : « Quel est l'étendue actuelle de mon champ éthérique ? » Pour être sûr que c'est bien de *votre* champ éthérique qu'il s'agit, concentrez-vous mentalement sur une lecture de la totalité de votre système énergétique avec ses interpénétrations, tel qu'il est représenté par le champ éthérique.

3. Expirez maintenant lentement et doucement, en « libérant » la question posée dans l'espace compris entre les deux baguettes. Avancez lentement en direction du miroir, tout en abandonnant votre contrôle des baguettes. Il n'est plus nécessaire de penser à les tenir parallèles l'une à l'autre. Laissez-les réagir aux influences des champs énergétiques que vous voulez mesurer. Dans nos ateliers, nous invitons souvent les participants à prendre les choses telles qu'elles viennent, c'est-à-dire à s'entraîner à l'utilisation des baguettes jusqu'à ce qu'ils se sentent parfaitement à l'aise. Prenez votre temps. N'oubliez pas que pour parfaire votre apprentissage, il faut beaucoup de pratique. Marchez assez lentement pour que les baguettes aient le temps de réagir au moment où elles atteindront le reflet de votre champ énergétique.

4. Au moment où les baguettes s'écartent l'une de l'autre, en formant un angle d'au moins 45° avec la ligne médiane (voir fig. 9), vous avez atteint la limite extérieure du reflet de votre champ énergétique. En règle générale, vous rencontrerez ce point à une distance comprise entre 50 et 100 cm de la surface du miroir lui-même, la moyenne se situant à 75 ou 80 cm.

Si le point de contact se trouve à une distance inférieure à 50 cm de la surface du miroir (ou du corps de l'autre personne), c'est l'indication d'un champ éthérique relativement contracté. A l'inverse, s'il se trouve à une distance supérieure à 80 cm, on considérera que le champ éthérique est assez étendu. Pour le moment, contentez-vous de vous souvenir de ces distances, sans chercher à les interpréter.

5. Influence des pensées et des sentiments

Les pensées et les sentiments – positifs ou négatifs – ont un effet immédiat sur le champ énergétique subtil, aussi bien de la personne qui fait l'évaluation que de celle qui est évaluée. Ces pensées et sentiments sont de deux sortes : *normaux* et *ponctuels*.

– Dans le premier cas, il s'agit de ceux que reflète le champ éthérique dans les circonstances normales ; ce sont les pensées et les sentiments associés aux schémas holographiques dont nous avons parlé au chapitre V. Autrement dit, ce sont les pensées et les sentiments associés à notre vécu personnel ; ils sont plus ou moins constants.

– Les sentiments temporaires sont ceux que nous exprimons en réaction à une situation plus immédiate. Par exemple, il peut s'agir de la joie ressentie en recevant la visite inopinée d'un ami cher, ou notre appréhension au moment où la police nous fait signe de nous arrêter après une infraction au code de la route.

▲ Exercice : évaluation des effets énergétiques des schémas de pensée

1. Commencez par mesurer votre propre champ éthérique moyen ou celui de votre partenaire à l'aide de baguettes de sourcier, comme décrit précédemment. Prenez note de sa limite extérieure, c'est-à-dire de l'endroit où les baguettes s'écartent d'au moins 45° par rapport à la ligne médiane.

2. Tout en continuant à tenir les baguettes en position ouverte à cet endroit, invitez votre partenaire à avoir des pensées négatives à propos de quelqu'un ou de quelque chose. Alors qu'il se concentre sur ces pensées ponctuelles, utilisez les baguettes pour détecter d'éventuelles modifications de son champ énergétique. Reprogrammez les baguettes ouvertes en retenant votre respiration et en demandant silencieusement : « Quelle est l'étendue du champ éthérique de mon partenaire, maintenant qu'il est influencé par ses pensées ou ses sentiments du moment ? » En relâchant votre souffle, vous devriez remarquer que le champ énergétique s'est contracté.

3. Ensuite, invitez votre partenaire à expirer violemment, avec l'intention de se débarrasser de ce qu'il a de négatif en lui, qu'il s'agisse d'une pensée, d'un sentiment ou d'un problème physique, et de le laisser partir complètement et se dissiper (plusieurs expirations peuvent être nécessaires).

A chaque fois qu'il y a des pensées ou des sentiments négatifs, ils affectent d'abord le champ énergétique de la personne qui en est à l'origine (il en va de même pour les pensées ou les sentiments positifs).

Vous pouvez les chasser en cherchant un élément positif dans la situation ou chez la personne, ou en vous-même, et en émettant une pensée ou un sentiment positif. En matière d'holoénergie, cela se traduit par : « On reçoit ce que l'on a donné. »

4. Quand votre partenaire a fini de se débarrasser de sa pensée négative ponctuelle par des expirations, évaluez-le une nouvelle fois à l'aide des baguettes. Voyez alors comme le champ énergétique s'étend pour reprendre sa taille précédente. Si ce n'est pas le cas, demandez à la personne d'expirer encore et recommencez à mesurer les résultats avec les baguettes. La pensée négative aura disparu quand les baguettes indiqueront que le champ est revenu à sa taille habituelle.

5. Pour finir, examinez les effets de pensées ponctuelles positives. Invitez votre partenaire de penser à quelque chose ou quelqu'un, ou à une situation qui évoque pour lui la joie, l'amour et le bonheur. Demandez-lui de laisser ces pensées prendre de l'expansion jusqu'à ce qu'elles remplissent tout son être.

Evaluez une nouvelle fois son champ énergétique au moyen des baguettes. Assurez-vous de vous tenir à une distance suffisante. En général, vous remarquerez que lorsque des pensées positives occupent l'esprit, le champ énergétique s'étend plus loin que les limites que vous avez définies comme moyennes.

Si vous vous tenez trop près de la personne lorsque vous testez ses sentiments positifs, les baguettes peuvent avoir un comportement imprévisible, osciller et vibrer, mais ne pas s'ouvrir au moment où vous voulez commencer à mesurer le champ. Ou alors, elles s'ouvriront juste après, mais avant que vous ayez commencé à avancer. Cela est dû au fait que vous vous tenez à l'intérieur de l'enveloppe du champ éthérique maintenant en expansion. Faites quelques pas en arrière et réessayez. Vous pouvez déterminer les effets de pensées ponctuelles sur votre propre champ énergétique en vous évaluant vous-même face à un miroir au moyen des baguettes de sourcier, comme décrit plus haut.

A chaque fois que vous programmez un test biomécanique, prenez le temps de contrôler vos propres pensées et sentiments ponctuels. Si vous testez le champ énergétique d'une autre personne, accordez-vous aussi un moment pour prendre conscience de ses influences ponctuelles. Si vous avez l'impression que c'est nécessaire, débarrassez-vous de vos propres pensées ponctuelles ou demandez à l'autre personne de se débarrasser des siennes, par la méthode des expirations exposée plus haut. Ensuite, pour obtenir une lecture plus précise, définissez votre programme de telle sorte qu'il lise le niveau énergétique normal, sans les effets immédiats des pensées ou des sentiments ponctuels.

Par exemple, si vous vous sentez critique vis-à-vis de vous-même, que vous vous trouvez trop gros ou trop mince, vous pouvez faire abstraction de cette partie de votre jugement car il s'agit d'une intrusion ponctuelle, de la même manière que vous le feriez pour une pensée ou un sentiment négatif. Chassez l'air de vos poumons afin de vous en débarrasser pour le moment. Ainsi, vous pourrez éviter les effets contraires de vos propres pensées sur votre champ énergétique.

Il arrive que l'on ait tendance à porter des jugements lors de l'évaluation d'un champ énergétique et que l'on dérive vers des pensées négatives qui, à leur tour, risquent d'affecter le champ éthérique et d'influencer les résultats de l'évaluation. Aussi, lorsque vous évaluez des énergies subtiles, n'oubliez pas qu'il ne s'agit pas pour vous de juger selon des termes comme juste ou injuste, bon ou mauvais, mais de vous contenter de collecter objectivement des informations sur la valeur énergétique.

Celle-ci peut se définir comme étant une qualité vitalisante qui stimule l'élévation spirituelle de la personne. En matière de guérison, le but de l'évaluation de cette énergie est de favoriser les choix conscients quant à la façon d'améliorer notre état de santé ou notre qualité de vie.

Pour résumer, à chaque fois que vous effectuez une évaluation d'un champ énergétique au moyen de votre intuition, vous devez porter votre attention sur vos pensées, vos sentiments et vos désirs. Si vous avez l'impression qu'ils risquent d'interférer avec vos mesures, faites appel aux techniques et aux idées que nous avons évoquées précédemment pour concentrer votre attention :

1. Focalisez votre programme sur l'évaluation du niveau énergétique et du périmètre moyens du champ éthérique, et non sur une pensée, un sentiment ou un jugement ponctuel.

2. Si vous vous sentez dans un état d'esprit négatif ou enclin à porter des jugements, chassez l'air de vos poumons pour vous en débarrasser.
3. Concentrez-vous sur l'identification de la réalité *objective.*

Gardez une attitude détachée, autrement dit faites abstraction de votre éventuel désir d'obtenir tel ou tel résultat, positif ou négatif, et acceptez ce que vous révèle votre recherche. Mettez-vous dans la position du simple témoin, détaché, prenant soin de vous-même ou de l'autre personne sans chercher à imposer vos désirs personnels quant à l'évaluation. L'identification de *ce qui est* avec autant de précision, d'objectivité et d'attentions que possible est la meilleure manière de changer les choses, de guérir. Si l'on rend la situation réelle pire qu'elle ne l'est par la projection de jugements négatifs, on obscurcit la lecture et on n'obtient que des résultats limités. En essayant de se protéger soi-même ou de protéger les autres par la projection d'un jugement positif sur l'information collectée, on déforme aussi les résultats. La vieille règle d'or qui consiste à se contenter d'envoyer la balle dans le trou s'applique aussi bien à la thérapie holoénergétique qu'au golf.

6. Evaluation des chakras

Au chapitre II, j'ai évoqué les chakras, c'est-à-dire les centres d'énergies subtiles multidimensionnels qui forment le lien avec le système corps-esprit. Chacun de ces sept centres est chargé de veiller à la santé énergétique d'organes et de fonctions corporelles spécifiques. Pour déterminer quel est le degré de votre santé physique ou votre état émotionnel, vous pouvez mesurer le champ énergétique de chaque chakra. Pour ce faire, il est possible de faire appel aux techniques biomécaniques.

Comme pour mesurer le champ éthérique, vous pouvez utiliser l'évaluation biomécanique pour faire une estimation de l'expansion ou de la contraction relative du champ de n'importe quel chakra.

a) Expansion ou contraction

L'expansion ou la contraction ne reflète que les différences énergétiques relatives. Par exemple, si vous avez peur pour votre vie, vous avez le choix entre deux attitudes : fuir ou vous battre. Si vous choisissez de fuir, cette réaction se manifestera le plus souvent par une contraction du premier chakra. Si, en revanche, vous effectuez un repli stratégique ou si vous luttez, votre premier chakra peut prendre de l'expansion. Ainsi, la lutte et la fuite peuvent-elles avoir toutes deux comme conséquence aussi bien une contraction qu'une expansion. Votre intuition doit vous permettre d'identifier le schéma qui l'emporte sur l'autre.

De même, quand vous exprimez de la colère, cela peut engendrer une expansion de votre troisième chakra, le plus souvent associé à la colère. Si, au contraire, vous réprimez ou bloquez votre colère, ce chakra se contractera (d'autres facteurs, comme la rotation des chakras, peuvent également être associés à la contraction ou à l'expansion, mais nous laisserons cette dynamique plus complexe de côté pour le moment).

L'intensité ou l'activité de l'énergie d'un chakra donné influence sa position relative dans le schéma d'ensemble. En général, le champ d'un ou de plusieurs chakras sera au niveau moyen ou en deçà du niveau moyen défini en mesurant le champ éthérique. Si un certain nombre de chakras prennent une expansion significative au-delà du périmètre moyen du champ éthérique, on en rencontrera généralement un ou plusieurs en deçà, peut-être même dotés d'une intensité suffisante pour définir l'emplacement de ce périmètre.

b) Evaluation de la qualité des chakras

Il est important de bien comprendre que l'expansion ou la contraction des chakras, telle que nous l'avons décrite ci-dessus, reflète leur activité, et non leur développement ou la qualité de la conscience qui y est associée.

Pour déterminer la qualité de la conscience, il faut se programmer de façon à la percevoir intuitivement en se plaçant du point de vue du moi qui observe (voir chap. VII), en établissant le contact avec chaque chakra et en s'interrogeant sur ses impressions quant à son niveau de développement le plus élevé à ce moment précis. Comme point de départ, vous pouvez faire appel au processus d'alignement transpersonnel (voir chap. III, p. 76). N'oubliez pas de commencer par « demander la permission ».

c) Les sept chakras

☆ Premier chakra :

– *Emplacement :* à la base de la colonne vertébrale, dans la région du coccyx.
– *Fonctions ésotériques :* associé à la notion de sécurité, de force vitale et de volonté de vivre.
– *Fonctions organiques :* gouverne les glandes surrénales (situées au sommet des reins), associées au syndrome de la lutte ou de la fuite, mais aussi aux hormones qui permettent la relaxation.
Les glandes surrénales permettent à l'individu de réagir dans les situations perçues comme menaçant sa survie émotionnelle ou physique. Le stress, suscité par les questions de survie, affecte généralement le premier chakra.
– *Couleur :* rouge.

☆ Second chakra :

– *Emplacement :* zone pelvienne médiane, juste au-dessus du sacrum.
– *Fonctions ésotériques :* associé aux sensations, au plaisir, à la créativité, à la procréation et à la sexualité. Mal dirigée, cette énergie est à l'origine d'un attachement aux stimulations extérieures et aux possessions matérielles. Il est alors associé à l'attitude de l'individu face à l'argent, au travail, aux relations avec autrui et à l'équilibre.
– *Fonctions organiques :* on l'identifie aux organes génitaux et aux gonades.
– *Couleur :* orange.

☆ Troisième chakra :

– *Emplacement :* zone du plexus solaire.
– *Fonctions ésotériques :* développement émotionnel. C'est principalement ce chakra qui reflète les changements émotionnels.
L'énergie du troisième chakra joue un rôle dans le don conditionnel, les attentions et le soutien que l'on dispense à autrui ; elle a trait à l'empathie et aux questions de maîtrise de soi et d'affirmation de soi. Mal dirigée, cette énergie incite au contraire à rechercher le pouvoir par la manipulation et le contrôle des autres plutôt que par le contrôle de soi et par une autorité saine.
– *Fonctions organiques :* on l'associe au pancréas.
– *Couleur :* jaune.

☆ **Quatrième chakra :**

– *Emplacement :* centre de la poitrine.
– *Fonctions ésotériques :* amour, compassion, don inconditionnel, attentions envers autrui et indulgence. On le considère parfois comme un pivot, comme une charnière entre, d'une part, les trois chakras inférieurs qui ont trait aux questions de sécurité, de créativité et d'affirmation de soi, et d'autre part les trois chakras supérieurs, liés à l'expression créatrice, à la connaissance intuitive, à la spiritualité et à l'amour inconditionnel.
Toute distorsion de ce chakra et des trois chakras supérieurs reflète, en fait, une distorsion des trois centres énergétiques inférieurs.
– *Fonctions organiques :* on l'associe au thymus et au cœur.
– *Couleur :* vert émeraude.

☆ **Cinquième chakra :**

– *Emplacement :* zone de la gorge.
– *Fonctions ésotériques :* c'est le chakra de l'expression créatrice. L'énergie créatrice du second chakra est acheminée vers le cinquième pour lui donner forme et expression. Ici, les énergies sont dirigées vers l'adaptation au changement, l'expression de soi et la communication.
– *Fonctions organiques :* on l'associe à la glande thyroïde.
– *Couleur :* bleu électrique.

☆ **Sixième chakra :**

– *Emplacement :* milieu du front.
– *Fonctions ésotériques :* connaissance intuitive. Il s'agit de l'énergie brute de la volonté de vivre. Elle est associée au premier chakra, puis acheminée vers le sixième, où elle devient l'expression personnelle de la volonté.
L'activité de ce chakra confère une connaissance directe, issue de l'intuition et de sources spirituelles supérieures.
– *Fonctions organiques :* on l'associe à la glande pituitaire du cerveau, quelquefois appelée « troisième œil », conjointement avec la glande pinéale.
– *Couleur :* indigo.

☆ **Septième chakra :**

– *Emplacement :* sommet de la tête (appelé quelquefois le chakra de la couronne).
– *Fonctions ésotériques :* il reflète une conscience de l'essence spirituelle de soi-même, du but et du sens de la vie. Quand il est bien développé, le chakra de la couronne intègre tous les autres en accord avec des valeurs spirituelles.
– *Fonctions organiques :* on l'associe à la glande pinéale.
– *Couleur :* violet.

En général, l'énergie des chakras s'étend vers l'extérieur à partir du corps physique, en cercles de plus en plus grands, et ce, jusqu'au septième. Ainsi, le premier chakra étant représenté par le plus petit de ces cercles et le septième par le plus grand, le schéma d'ensemble aura l'apparence d'un cône. Quelquefois, l'énergie est presque la même pour tous les chakras, ce qui fait qu'au lieu d'être conique, le schéma d'ensemble a la forme d'un tonneau.

La présence d'une discontinuité n'est pas nécessairement synonyme de maladie ou de problème ; elle peut également être positive. Quand un chakra se trouve en dehors de cette séquence, il convient d'en rechercher la raison. Par exemple, le chakra du cœur peut avoir pris une extension considérable et être sorti de la séquence normale parce que la personne a émis de l'énergie affective ou parce qu'elle suit une thérapie. Chez un individu occupé à exercer une activité créative ou à s'exprimer en public, on observera souvent une expansion du cinquième chakra. Quant au sixième, son expansion sera suscitée par les activités d'ordre psychique ou intuitif.

Le déséquilibre de l'ensemble des champs énergétiques, associé à un problème, peut être temporaire. Il permet le changement et peut susciter une évolution en donnant l'opportunité de se concentrer sur le message exprimé par ce déséquilibre.

La présence d'un organe malade ou d'une pathologie ne se manifeste pas nécessairement par un déséquilibre du champ énergétique. D'autres facteurs peuvent en effet compenser la contraction d'un champ due à une maladie. Il est possible d'évaluer l'état de santé d'un organe spécifique par un programme dirigé spécifiquement vers la zone où il se trouve.

Seules les observations d'une certaine importance sont à prendre en compte dans la mesure biomécanique des champs énergétiques des chakras. Il n'y a pas, en la matière, de procédé standard que l'on puisse appliquer indifféremment à tout un chacun. L'évaluation doit en fait reposer sur le schéma énergétique global de la personne. Nous le répétons, l'interprétation d'un déséquilibre au niveau des chakras nécessite beaucoup de pratique des facultés intuitives.

Il existe une excellente façon de pratiquer la perception intuitive, même sans recourir aux baguettes de sourcier (comme nous l'avons vu plus haut). Pour cela, il faut simplement se concentrer mentalement et maintenir son attention sur un seul chakra à la fois tout en se demandant en silence : « Qu'est-il important de savoir au sujet de ce chakra pour faciliter la guérison ? » Il faut alors ouvrir son esprit pour recevoir l'information requise, puis tirer parti de ce que révèle l'intuition. Simplement en concentrant son attention, il est possible de collecter un grand nombre de renseignements.

▲ Exercice : comment évaluer les centres énergétiques (chakras) de votre partenaire

1. Déterminez quel est le périmètre moyen du champ énergétique de votre partenaire, comme décrit plus haut.
2. Consultez la carte des chakras (fig. 2, p. 56) de façon à visualiser clairement l'emplacement de chacun de ces centres énergétiques par rapport au pelvis, au nombril, à la poitrine, à la gorge et à la tête.
3. Evaluez chaque chakra séparément. N'hésitez pas, si cela vous semble plus pratique, à prendre des notes sur une feuille de papier où vous aurez préalablement fait un croquis de la position des chakras.

Vous devrez accorder votre attention à deux facteurs :

– Le champ énergétique du chakra que vous êtes en train d'évaluer s'étend-il au-delà ou se situe-t-il en deçà (contraction) de son périmètre moyen ?

– Est-il en équilibre par rapport au centre, autrement dit s'étend-il à la même distance du côté droit que du côté gauche du corps ? S'il n'est pas en équilibre, il se peut qu'une forme holoénergétique quelconque affecte votre partenaire au niveau de ce chakra.

▲ Exercice : comment évaluer vos propres centres énergétiques

1. Placez-vous face à un miroir. Déterminez le périmètre moyen de votre champ énergétique et prenez-en note, comme nous l'avons décrit plus haut dans ce chapitre (p. 149). Ensuite, revenez à une position de départ située à environ 1,80 m du périmètre moyen.

2. Placez vos baguettes de sourcier en position parallèle de départ. Prenez une inspiration profonde. Tout en gardant votre respiration et en restant dans cette position, demandez-vous mentalement : « Où se trouve actuellement le centre énergétique de mon premier (second, troisième, et ainsi de suite) chakra par rapport à l'énergie de mon champ éthérique ? »

3. Expirez doucement en formulant votre question et en relâchant votre contrôle des baguettes. Commencez à marcher lentement en direction du miroir. Quand les baguettes s'écartent pour former un angle d'au moins 45° par rapport à la ligne médiane, c'est que vous avez atteint le périmètre du chakra qui vous intéresse.

Si les baguettes s'écartent avant que vous n'ayez atteint le périmètre, vous pouvez considérer qu'il a un champ relativement étendu. Si elles ne s'ouvrent qu'une fois que vous avez franchi le périmètre, c'est au contraire qu'il est relativement contracté. Pour le moment, contentez-vous de noter les résultats obtenus.

L'une des deux baguettes s'est-elle écartée plus que l'autre ? Son ouverture traduit l'expansion relative du champ énergétique du chakra de ce côté. Cela peut signifier soit que ce côté est plus étendu, soit que l'autre côté est contracté. Si vous avez conscience du schéma d'ensemble des chakras, il vous sera généralement facile de déterminer la nature de ce déséquilibre. D'ailleurs, vous pouvez interroger votre intuition pour savoir quel est le côté contracté.

Si vous détectez des déséquilibres bilatéraux entre la droite et la gauche, n'oubliez pas que l'on considère généralement que le côté gauche est traditionnellement associé à la féminité et à la réceptivité, le côté droit à la virilité et à l'activité. La contraction du côté gauche pourra ainsi donner à entendre que vous êtes moins réceptif aux questions liées à ce centre énergétique.

Lorsque vous vous trouvez face à votre reflet dans le miroir et que la baguette dans votre main droite s'écarte, c'est l'indication d'une expansion du côté droit de votre reflet, c'est-à-dire du côté droit de votre corps. Par contre, si vous travaillez avec un partenaire, il ne faut pas oublier que si la baguette droite s'écarte, c'est de son côté gauche que le champ énergétique est le plus étendu. Il en va de même si vous travaillez avec une représentation mentale de vous-même, comme dans l'exercice « Création d'un double » (p. 78). (Autrement dit, si vous faites face à une autre personne ou à un double mental de vous-même, il faut inverser les côtés gauche et droit par rapport à votre reflet dans un miroir.)

Si vous vous livrez à une évaluation des chakras d'une autre personne, il est préférable de vous placer au départ à une distance de 3 ou 4 m d'elle. Faites-lui face et concentrez-vous sur un seul chakra à la fois. Programmez-vous et avancez dans sa direction lentement, jusqu'à ce que les baguettes de sourcier indiquent que vous vous trouvez à la limite du champ énergétique.

Dans certains cas, les baguettes de sourcier peuvent s'ouvrir au moment où vous concentrez votre attention sur un champ particulier. Si cela se produit, ce peut être l'indication que le chakra s'étend au-delà de l'endroit où vous vous tenez. Il peut alors s'avérer nécessaire de placer une plus grande distance entre vous-même et votre partenaire pour déterminer la limite extérieure du champ énergétique du chakra.

Dans quelques cas, rares, il peut arriver que vous manquiez de place dans la pièce où vous vous trouvez pour vous éloigner suffisamment, le chakra ayant une étendue trop importante. Si cela devait se produire, vous pouvez considérer par exemple qu'un mètre en représente deux (ou plus, suivant vos besoins). La simple intention de changer d'échelle suffit en principe à régler le problème.

N'oubliez pas qu'il est préférable de tenir les baguettes parallèlement par rapport au sol plutôt que de les pointer en direction du chakra que vous êtes en train d'évaluer. C'est la programmation de l'inconscient qui se charge de définir la cible. Pour ce faire, vous devez garder le programme ; celui-ci peut être un ordre, une image ou une question relative au chakra que vous voulez évaluer.

d) Interpréter les informations relatives à vos chakras

Vous avez maintenant évalué le niveau énergétique des sept chakras et noté s'ils sont étendus ou contractés, équilibrés ou non et, en cas de déséquilibre, quel côté est contracté.

A l'aide de ces informations, reportez-vous aux tableaux et figure (p. 52 à 56), qui vous renseigneront sur la signification de l'expansion ou de la contraction, sur l'équilibre ou le déséquilibre des énergies de chaque chakra. Vous y trouverez une description de cinq catégories :

– Emplacement dans le corps physique.

– Organes associés.

– Fonctions mentales/émotionnelles.

– Distorsions.

– Couleurs.

Tout cela vous aidera à renforcer ou à équilibrer l'énergie du chakra qui vous intéresse.

Parcourez la liste de vos évaluations des chakras et comparez-la avec le tableau pour déterminer ce qu'il faudra changer. Laissez-vous aller et faites spontanément des associations avec vos découvertes ; vous aurez ainsi une vision plus claire de la situation actuelle.

Peut-être serez-vous tenté d'explorer l'évaluation des chakras et du contenu de ce livre en compagnie d'un ami. Dans ce cas, vous pourrez pratiquer ensemble, discuter de vos découvertes et partager vos observations ouvertement. Cet échange avec une autre personne peut se révéler être un soutien précieux.

Le processus décrit dans ce livre prend un certain temps et, pour en tirer tous les bénéfices, il importe d'être honnête avec soi-même. Ce travail de détective sera payant ; vous en tirerez une compréhension plus profonde de vous-même, ainsi qu'une vision plus claire de ce que vous voulez changer dans votre vie.

7. Autres applications des tests biomécaniques

Dans le domaine thérapeutique, les tests biomécaniques ont bien d'autres applications. Par exemple, un médecin pourra déterminer quand une maladie a commencé. Il pourra évaluer intuitivement l'efficacité potentielle et le dosage approprié d'un médicament ou d'un supplément alimentaire, ou encore la pertinence d'un programme d'exercices physiques. A un allergologue, ces tests permettront de déterminer ce qui déclenche les symptômes chez son patient. Un psychologue, quant à lui, déterminera de la sorte les émotions ou les souvenirs auxquels une personne est sensible. En outre, vous pouvez appliquer ces principes à l'autoguérison.

Bien entendu, les techniques reposant sur l'intuition doivent être employées conjointement avec la connaissance et les informations rationnelles pour définir la marche à suivre.

a) Evaluation d'eau ou de vin structuré

Si vous l'avez toujours sous la main, prenez l'eau ou le vin structuré que vous avez utilisé à l'exercice du chapitre IV, appelé « Evaluation d'eau ou de vin restructuré » (p. 115). Placez un verre de liquide structuré et un verre de liquide non structuré à au moins 3 m l'un de l'autre pour éviter que leurs champs énergétiques se chevauchent. Utilisez des baguettes de sourcier pour évaluer ces derniers (le cas échéant, reportez-vous aux instructions de la page suivante).

Il se peut que vous ne détectiez pas de champ, ou seulement un champ très réduit, autour du récipient contenant le vin ou l'eau structurée. Si la structuration s'est faite correctement, le vin ou l'eau traitée aura un champ énergétique d'une taille suffisamment importante pour être détectée.

b) Déterminer le moment où une condition est apparue

En connaissant le moment où un problème a surgi, vous disposez d'un point de départ pour effectuer une investigation sur les incidents liés à la situation actuelle. Une fois de plus, vous devez déterminer le périmètre moyen du champ énergétique et votre position. Les baguettes doivent être en position ouverte. Tout en vous tenant sur ce périmètre, ramenez les baguettes à leur position initiale, c'est-à-dire parallèles au sol. Pour déterminer si vous êtes en résonance avec elles, inspirez et expirez profondément. Les baguettes réagissent-elles ? Au moment où vous prenez une inspiration profonde pour la garder, il se peut que votre champ énergétique se contracte ; en principe, les baguettes doivent le montrer en se tournant légèrement vers l'intérieur. A mesure que vous expirez, le champ énergétique s'agrandit et les baguettes s'écartent à nouveau l'une de l'autre. Cela signifie que vous êtes maintenant en résonance avec elles.

Maintenant, posez-vous la question suivante : « A quel âge remonte l'origine de cette difficulté ? » Si vous vous interrogez au sujet d'un problème physique, demandez à votre partenaire de se mettre dans l'état d'esprit correspondant. Si c'est vous-même que vous êtes en train de soigner, tâchez de ressentir les symptômes de votre maladie ou de les visualiser mentalement.

Gardez cette sensation ou cette image à l'esprit et commencez à énoncer des intervalles de temps. Le plus facile est de commencer par des intervalles de cinq ans à partir de l'âge actuel. Si la personne a 35 ans, vous demanderez par exemple : « Est-ce que l'origine de ce problème remonte à la période comprise entre 25 et 30 ans ? » Si les baguettes restent immobiles, vous pouvez considérer que la réponse est non. Si elles s'écartent l'une de l'autre, c'est au contraire une réponse positive. Si vous continuez à recevoir des réponses négatives, même entre la naissance et le cinquième anniversaire, demandez si l'origine du problème remonte à la naissance elle-même, ou à la période intra-utérine, ou à la conception ou encore à la période qui l'a précédée. Vous pouvez déterminer la période d'apparition du problème plus précisément en énonçant des intervalles de temps de plus en plus brefs.

Vous pouvez aussi apprendre beaucoup de choses sur vous-même en travaillant sur votre propre reflet dans un miroir ou à l'aide d'une photographie de vous. Il vous est possible d'explorer toutes ces questions par rapport à une autre personne en sa présence ou, en son absence, à l'aide d'une photographie d'elle ou en vous la représentant mentalement. Si vous travaillez avec une photographie, les côtés droit et gauche seront les mêmes que si vous aviez la personne en face de vous.

c) Tester différentes influences

Le suivi du champ éthérique vous permet d'estimer pratiquement n'importe quel facteur affectant le système de vos énergies subtiles. Ces effets, qui peuvent jusqu'ici être restés au niveau du subconscient, peuvent maintenant être amenés à la conscience afin que vous puissiez intervenir pour les modifier. Il peut s'agir de facteurs comme la nourriture, les pensées, les sentiments, les relations avec autrui, l'environnement et les traitements reçus dans le passé. Les décisions présentes ou futures peuvent être évaluées en fonction de leurs effets ou de la projection de leurs effets sur vos champs énergétiques.

Alors que vous vous tenez sur le périmètre du champ énergétique, là où les baguettes s'écartent l'une de l'autre de 45° par rapport à la ligne médiane, vous pouvez invoquer n'importe quelle question. Par exemple, vous pouvez imaginer – le plus précisément possible – le goût, l'aspect et la texture du sucre. Ramenez les baguettes à leur position parallèle de départ. Demandez-vous alors : « Est-ce que ce sucre est bon pour moi si je le consomme maintenant ? » Si les baguettes s'écartent l'une de l'autre, c'est oui. Si elles restent immobiles, vous pouvez considérer la réponse comme négative.

Bien qu'il soit possible de faciliter n'importe quelle prise de décision au moyen des baguettes de sourcier, vous ne devez pas vous fier uniquement à cette méthode pour obtenir des informations. Considérez-la plutôt comme complémentaire de la façon dont vous prenez habituellement connaissance des choses, c'est-à-dire d'une façon de faire qui a fait ses preuves jusqu'ici.

A ce stade, vous avez terminé la première étape du processus de guérison holoénergétique, que nous appelons la *reconnaissance.*
A mesure que vous apprendrez à mieux maîtriser les techniques de la thérapie holoénergétique, vous vous rendrez compte que chacune des étapes s'intègre avec les autres en un tout. Au lieu de percevoir l'ensemble du processus comme une succession d'étapes distinctes les unes des autres, vous le percevrez comme un ensemble se déroulant dans la fluidité. Nous le divisons en quatre parties pour le moment, car il est plus facile pour la plupart des gens d'apprendre quatre phases courtes qu'une seule, plus longue.

▲ Exercice : exploration du transfert d'énergies

L'exercice suivant permet d'apprendre à transférer de l'énergie vers une autre personne, à extraire son énergie, ou encore à déplacer cette énergie de place en place dans votre propre corps ou dans celui de l'autre personne. Pour ce faire, vous devez vous munir d'une orange, d'un couteau et de baguettes de sourcier (facultatives). Si vous ne disposez pas de ces dernières, passez directement au paragraphe « Evaluation au moyen de vos sens » (p. 171).

1. Faites un test biomécanique du champ énergétique de l'orange au moyen des baguettes de sourcier. Commencez par vous placer à un mètre ou un mètre cinquante de l'orange et donnez-vous l'intention suivante : « Montrez-moi le champ énergétique de cette orange. »

2. Inspirez et retenez votre respiration tout en répétant mentalement votre programme. En expirant, « relâchez » le programme et commencez à marcher en direction de l'orange, laissant les baguettes s'écarter librement en arrivant à proximité du périmètre de son champ énergétique. Une orange qui n'a pas été énergétisée préalablement aura peut-être un champ énergétique à peine perceptible.

Energétiser l'orange :

1. Pour énergétiser l'orange, commencez par vous frotter les mains afin de constituer une charge. Ce faisant, respirez profondément plusieurs fois en vous représentant l'énergie montant du sol et passant dans vos pieds. Imaginez que cette énergie donne de la vitalité à vos mains à mesure qu'elle y pénètre.

2. Placez alors vos mains autour de l'orange, mais sans toucher ni celle-ci, ni la surface sur laquelle elle est posée. Concentrez votre attention sur l'orange pour vous mettre en résonance avec elle. Clarifiez votre intention de l'énergétiser.

3. Tout en continuant à vous concentrer sur l'orange, prenez une inspiration. Cela permet de vous mettre plus facilement en résonance et d'activer l'orange. Tout en retenant votre respiration, définissez votre intention, ou programme, qui est de donner une énergie vitalisante à l'orange. Imaginez aussi que celle-ci se transforme peu à peu en une sphère irradiant de la lumière.

4. Expirez maintenant fortement par le nez, chassant l'air vivement de vos poumons, pour insuffler votre énergie à l'orange. En même temps, représentez-vous l'énergie qui se trouve dans vos mains et qu'elles transmettent à l'orange.

5. Répétez cet exercice trois fois pour accroître le transfert de l'énergie.

Evaluation à l'aide des baguettes de sourcier :

Ensuite, vous devez procéder à une évaluation de l'orange énergétisée au moyen des baguettes de sourcier. Si cet exercice donne des résultats satisfaisants, vous remarquerez en principe que le volume du champ énergétique de l'orange a au moins doublé ou triplé.

Extraction de l'énergie :

Maintenant, vous allez passer à la phase suivante, qui consiste à extraire l'énergie de l'orange.

1. Placez vos mains autour de l'orange sans la toucher et mettez-vous en résonance avec elle en concentrant votre attention dessus. Définissez votre intention comme étant de « désénergétiser » l'orange, c'est-à-dire en la dépouillant en quelque sorte de sa charge énergétique.

2. Inspirez par le nez fortement en imaginant que vous aspirez l'énergie du cœur de l'orange. Quand vos poumons sont presque pleins, écartez brusquement vos mains de l'orange, un peu comme si vous vouliez lui arracher l'énergie qu'elle contient. Cela a pour effet de rompre le champ énergétique. Ainsi, vous ne risquez pas de recharger l'orange au moment où vous expirez.

Evaluation au moyen des baguettes de sourcier :

Pour évaluer le champ énergétique de l'orange « désénergétisée », utilisez à nouveau les baguettes. Il se peut alors que le champ soit revenu à son volume initial, voire qu'il soit plus petit.

Evaluation d'après l'aspect, l'odeur et le goût :

Coupez l'orange en deux. Laissez une moitié de contrôle de côté pour effectuer une comparaison par la suite… Energétisez l'autre moitié en procédant comme décrit ci-dessus. Attendez une dizaine de minutes, puis comparez la différence entre la moitié énergétisée de l'orange et l'autre moitié. Prenez note des éventuels changements d'aspect, de parfum, et goûtez la moitié énergétisée.

Evaluation au moyen des sens :

Si vous ne disposez pas de baguettes de sourcier, effectuez cet exercice en faisant appel à vos sens du goûter, de l'odorat et de la vue pour déterminer si vous savez transférer et extraire l'énergie.

1. Prenez une orange fraîche, mûre et coupez-la en deux, puis mettez une moitié de côté ; vous vous en servirez pour la comparer avec l'autre. Energétisez l'autre moitié.

2. Coupez la moitié énergétisée en deux.

3. Prenez un quart d'orange énergétisée et « désénergétisez-la », comme décrit au paragraphe « Extraction de l'énergie » plus haut.

4. Attendez une dizaine de minutes. Comparez alors les quarts d'orange énergétisé et « désénergétisé » avec la moitié de contrôle que vous avez précédemment mise de côté. Prenez note des éventuelles différences d'aspect, de parfum ou de saveur.

Bénédiction de la nourriture ou de nous-même

Dans le cadre d'un programme de santé, nous pouvons faire appel à l'énergie de l'amour, de la joie, de la gratitude, de la paix et de la guérison pour insuffler de l'énergie à nos aliments ou à notre boisson. Ainsi, en ingérant cette nourriture, ces énergies font partie de nous.

J'invite souvent mes patients à boire l'eau qu'ils ont préalablement énergétisée avec leur amour et leur intention de guérir ; c'est une façon de se bénir eux-mêmes.

CHAPITRE VII

Le Moi témoin

« Le Moi transpersonnel qui transcende les frontières propres à chacun reste, pour l'expérimentateur, distinct de l'expérience vécue. Le Moi transpersonnel peut commencer à prendre connaissance de l'éveil du témoin intérieur, ou observateur de l'expérience, qui reste en dehors du contenu de la conscience, c'est-à-dire des pensées, des sentiments, des sensations ou des images. »

Frances Vaughan.

Dans la partie *reconnaissance* de la thérapie holoénergétique (chap. V et VI), vous vous êtes livré à une expérience qui consistait à vous poser des questions et à recevoir des réponses. Au cours de cette exploration de vous-même, il y a eu des moments, en particulier lors des tests biomécaniques, où votre conscience a délaissé sa façon habituelle de sentir et de penser pour adopter une perspective plus détachée. Ce faisant, vous avez fait appel aux ressources du témoin qui est en vous. Peut-être cette transition s'est-elle faite sans même que vous ne vous en rendiez compte. Dans les chapitres qui suivent, vous allez adopter une approche plus volontaire et modifier votre champ de conscience à l'aide des méthodes que nous allons décrire maintenant.

1. Le jugement et le témoin

Dans la vie quotidienne, il est constamment fait appel à notre jugement et à notre appréciation des choses. C'est le cas, par exemple, lorsque nous nous demandons si nous pouvons traverser la rue en toute sécurité ou s'il est préférable d'attendre que le feu passe au vert ; si la secrétaire aura terminé à temps ou s'il faut envisager une alternative ; si l'on va manger de la glace au yaourt ou un sorbet, et ainsi de suite.

Sans doute ces choix ont-ils leur utilité. Mais en thérapie holoénergétique, en particulier dans la phase de reconnaissance, il importe aussi de savoir utiliser son esprit conscient d'une façon différente. Vous devez être capable de prendre du recul, de faire abstraction de vos appréciations et de vos jugements personnels, vous interroger et être disposé à recevoir des réponses fournies par un état de conscience plus vaste que celui auquel vous êtes habitué. Pour ce faire, vous devez être capable de vous placer dans la position d'un témoin extérieur à n'importe quel moment et à volonté. En quoi cela consiste-t-il exactement ?

Roberto Assiagioli (1), fondateur de la psychosynthèse, affirmait : *« Au cœur du Moi, on rencontre à la fois un élément actif et un élément passif, un acteur et un spectateur. La conscience du Moi exige que nous soyons témoin – un témoin pur, objectif et aimant – de ce qui se passe en nous et hors de nous. Vu sous cet angle, le Moi n'est pas une dynamique en soi, mais un point d'observation, un spectateur, un observateur qui regarde s'écouler le courant. Mais il y a une autre partie du Moi intérieur – volontaire, agent directeur – qui intervient activement pour orchestrer les différentes fonctions et énergies de la personnalité pour prendre des engagements et agir dans le monde extérieur. Ainsi, au centre du Moi rencontre-t-on une unité des genres, de la volonté et de l'amour, de l'action et de l'observation (2). »*

Une partie de notre être interprète les informations reçues par le truchement des sens physiques ; les psychologues lui ont donné un nom : le *sensorium*. E. et A. Green (3) signalent que lorsque nous disons : « J'ai mal au doigt », il serait plus juste de dire : « L'excitation des terminaisons nerveuses de mon doigt est projetée dans des zones du cerveau qui, lorsqu'elles sont stimulées et si l'on y accorde suffisamment d'attention, donnent une sensation de douleur. » C'est de cela qu'il s'agit lorsque l'on parle de *conscience du corps* ou de *perception sensorielle.*

Dans le processus d'*interprétation* des informations communiquées par nos sens, nous donnons un sens personnel aux messages que reçoit notre esprit en provenance de nos organes des sens. Nous filtrons l'information qu'elles lui envoient au moyen de nos expériences passées et de nos croyances ; ce qu'il en ressort est notre perception actuelle, tein-

1. *Psychosynthèse : principes et techniques* (Desclée de Brouwer, 1993)
2. Cité dans un article de Sam Keen : *The Golden Mean of Roberto Assagioli* (dans *Psychology Today*, décembre 1974, p. 33).
3. Elmer et Alyce Green : *Beyond Biofeedback.*

tée par notre passé. C'est la partie de notre être chargée de l'interprétation qui rend compte de notre perception du monde.

Il y a quelques années, le philosophe et mathématicien Whitehead disait : « *L'esprit, dans le processus de l'appréhension, a aussi des sensations qui, littéralement, sont des qualités toutes personnelles. L'esprit projette ces sensations de façon à donner un habillage extérieur aux corps appropriés. Ainsi, ceux-ci sont perçus comme ayant des qualités qu'en réalité ils ne possèdent pas, qualités qui sont en fait de pures productions de l'esprit. Ainsi, on attribue à la nature ce que l'on devrait en vérité se réserver à soi-même : la rose pour son parfum, le rossignol pour son chant, le soleil pour sa lumière. Les poètes se trompent complètement. Ils devraient adresser leur lyrisme à eux-mêmes et en faire des odes de congratulations d'eux-mêmes quant à l'excellence de l'esprit humain (4).* »

2. Filtres et prophéties qui se confirment d'eux-mêmes

Nos croyances ont tendance à se transformer en prophéties se réalisant d'elles-mêmes. En effet, nous vivons dans le monde extérieur des expériences qui renforcent nos croyances intimes. Nous choisissons parmi les immenses possibilités de l'existence humaine celles qui apportent de l'eau à notre moulin, qui confirment nos perceptions intimes. Pour appeler un chat un chat, ce que nous voyons est en fait ce que nous croyons avoir vu, et non ce que nous avons effectivement vu. Les filtres de notre conscience se transforment en structures. Et ce sont ces filtres qui nous fournissent une apparence de continuité dans une réalité infinie et en constante évolution. Alors que nous interprétons les informations sensorielles, en fait, en les faisant passer par ces filtres, nous utilisons également ces derniers d'une autre manière, appelée projection.

Nous utilisons le terme de *projection* pour décrire la façon dont nous transférons nos propres croyances, sentiments et perceptions structurées sur le monde extérieur. C'est comme si nous avions un appareil de projection cinématographique dans l'esprit. Depuis la salle de projection de notre conscience, nous projetons constamment un film constitué de nos expériences passées et structurées. Les filtres que nous avons

4. Op. cit. (p. 154).

utilisés pour interpréter nos messages sensoriels sont devenus un film. C'est ce « film » de notre propre création que nous projetons sur le monde extérieur, ce qui fait que les expériences nouvelles que nous vivons se mêlent à celles du passé. Nous ne sommes que rarement conscients de nos projections ; de ce fait, il nous est souvent très difficile de distinguer les informations neuves que nous recevons du vieux film que nous nous projetons.

Dans le cadre de leurs recherches sur le biofeedback, E. et A. Green ont fait les constatations suivantes : « *L'énergie qui déclenche nos sensations est perçue, ou interprétée, en fonction de la nature ou de la structure de notre appareil de perception. Ce que nous voyons et entendons (ou percevons d'une manière ou d'une autre) ressemble à des projections dont le caractère, la nature ou les caractéristiques apparents permettant l'identification obéissent à des règles posées dans notre système corps-esprit. Par exemple, si un aimant extrêmement puissant est placé à l'arrière de la tête de telle sorte que les lignes de force magnétiques interagissent avec le cortex de la zone de la vision, nous voyons des bandes lumineuses colorées traverser notre champ de vision. En réalité, le champ magnétique n'a pas de couleur et il n'est pas non plus une bande de lumière ; toutefois, son interaction avec le cerveau est interprétée (projetée) par notre système de perception de la seule manière qu'il a été formé à percevoir. Si vous stimulez les nerfs de la vue, vous obtenez de la lumière ; si vous stimulez les nerfs de l'ouïe, vous obtenez des sons. Tout ce que nous percevons consciemment est associé à une forme ou une autre d'activité électrochimique dans notre cerveau, mais cette activité ne nous informe pas nécessairement de la véritable nature de ce que nous percevons, surtout si le stimulus provient d'une source parapsychologique [subtile].* »

Ainsi, dans nos échanges avec le monde extérieur, nous filtrons les informations qui nous parviennent et, en même temps, nous projetons sur le mode extérieur celles que nous avons en nous. C'est ainsi que notre propre « film » a un effet sur le monde qui nous entoure.

3. Projection dans le monde énergétique

Energétiquement, nos projections peuvent être considérées comme un ensemble de fréquences qui, quand elles correspondent à leur objet, peuvent susciter une réaction plus vive que celle à laquelle on pourrait s'attendre normalement, autrement dit nous encourager à être conforme aux qualités projetées. Ainsi, une projection peut se réaliser d'elle-même. Si les qualités de l'objet de votre attention ne sont pas en résonance avec votre projection, vous n'exercerez dessus qu'un effet minime.

On dit généralement que la beauté ou l'amour est dans l'œil de celui qui regarde ; si ce que vous regardez possède les qualités que vous projetez, elles seront encouragées et la beauté ou l'amour émaneront de la personne ou de l'objet regardé. Inversement, si vous projetez de l'hostilité sur quelqu'un ou l'invectivez et si cette personne possède certains des traits que vous leur reprochez, ces derniers risqueront d'être activés et vous – ou les autres – pourrez à votre tour voir cette personne vous manifester de l'hostilité ou du mépris.

Les filtres de la conscience sont actifs, même dans des situations où l'on semble percevoir simplement des sensations. Par exemple, dans les ateliers j'invite parfois les participants à tremper une main dans un seau d'eau chaude et l'autre dans un seau d'eau glacée. Ils doivent rester ainsi pendant un moment, puis les retirer et les plonger aussitôt dans de l'eau tiède. Je leur demande alors de décrire ce qu'ils ressentent dans chaque main. Ils affirment que pour la main qui se trouvait dans l'eau glacée, ils ont une sensation de chaleur, alors que pour celle qui a trempé dans l'eau chaude, l'eau tiède semble froide.

Comment la même eau tiède peut-elle sembler chaude à une main et froide à l'autre ? Du point de vue des mains, c'est-à-dire de la conscience physique, il s'agit là d'un double paradoxe. Mais une autre partie de nous-mêmes, le Moi témoin, a un champ de conscience plus large et perçoit les choses plus globalement. Il perçoit l'ensemble du processus et pas seulement ce que les sens semblent lui rapporter. Le Moi témoin est conscient de ces sensations, mais il sait aussi où se trouvaient les mains peu avant. Il tient compte de la façon dont le conditionnement précédent affecte sa perception présente. Le Moi témoin a également accès au « sixième sens », c'est-à-dire à l'intuition.

Si vous décidez de faire cette expérience vous-même, sans doute ne serez-vous pas surpris si l'eau semble à la fois chaude et froide. Vous serez conscient que le fait d'avoir préalablement plongé vos mains, l'une dans de l'eau chaude, l'autre dans de l'eau froide, aura influencé votre perception présente. Votre Moi témoin vous informera que « la perception des sens n'est qu'une partie de l'ensemble, mais qu'il existe d'autres éléments à prendre en compte ». Confronté à ce paradoxe apparent, vous ferez instinctivement passer votre conscience à un niveau supérieur pour l'élucider. En thérapie holoénergétique, ce qui nous intéresse, c'est justement de faire de ce processus instinctif un choix conscient.

4. Identification et détachement

Plus on s'enfonce dans le processus de la thérapie holoénergétique, plus on fait appel à l'intuition et plus il s'avère utile de changer de plan de conscience à volonté. Il faut à la fois pouvoir s'identifier avec la partie de soi-même qui est malade ou affectée et se placer en dehors pour faire de nouveaux choix favorisant une expansion du champ énergétique. Autrement dit, il importe de s'identifier à ses pensées, sentiments et sensations, mais aussi de s'en détacher en même temps (5). En entrant dans la phase de résonance, vous devez concentrer votre attention sur vos sensations, vos sentiments, vos croyances et votre imagerie pour vous identifier à eux qui sont à l'origine du schéma holoénergétique de votre esprit. Ce faisant, ce qui restait de vos refus ou de vos résistances se dissout. Il devient alors plus facile d'accepter votre situation.

Pour passer à l'étape suivante, c'est-à-dire dépasser le stade de l'acceptation et de la compréhension de la phase de résonance (identification), vous devez libérer l'identification et vous placer du point de vue du Moi témoin (désidentification). Passer de l'autre côté de la barrière, de celui du Moi témoin, à la suite de la phase de résonance, c'est un peu comme s'asseoir au sommet d'une colline pour contempler le paysage à la suite d'une longue ascension. L'air y est pur et frais et, de là-haut, vous pouvez voir tout autour de vous. Il en va de même avec votre schéma holoénergétique : vous pouvez l'observer de la même manière que vous regarderiez du haut de la colline le bivouac d'où vous êtes parti.

5. Voir l'ouvrage de Judee Gee : *Comment développer votre intuition. L'éveil de votre être intérieur* (Editions Dangles).

a) Identification et compréhension

Pour percevoir une chose avec précision et la comprendre, vous devez vous identifier à elle, vous fondre dedans, devenir cette chose en quelque sorte. Bouddha nous enseigne que pour comprendre l'objet perçu, nous devons ne former qu'un avec. Ainsi, la perception, la conscience que l'on en a, évolue vers la compréhension en passant par l'identification. Par une identification empreinte d'amour, nous pouvons nous identifier à l'autre et le comprendre. Nous voyons et ressentons ce qu'il voit et ressent. Nous comprenons pourquoi il est ce qu'il est et ce qu'il veut réellement.

S'identifier afin de comprendre, c'est avoir de la compassion. Lorsque la force de la compassion et de la compréhension devient une force vivante, thérapeutique, elle est sagesse.

b) Choix et détachement

Pour choisir de changer une chose ou une situation, vous devez vous en détacher, vous placer en dehors et devenir un participant-témoin, c'est-à-dire un participant objectif, un témoin aimant qui participe et échange activement. Vous pouvez vous libérer de l'identification, mais en gardant la compréhension de ce que vous en avez tiré.

Le détachement est comme un pivot. C'est en quelque sorte le point d'appui où se tient le participant-témoin. Il permet à votre volonté de jouer le rôle du levier, de changer ce avec quoi vous vous êtes identifié. Il est difficile de déplacer une pierre si vous vous tenez dessus. Par contre, si vous vous placez à côté et utilisez un levier, vous pouvez déplacer même des rochers très lourds. Le levier, c'est votre volonté, votre intention et votre imagerie. Mais c'est en s'appuyant sur une compréhension détachée (par le truchement du participant-témoin) qu'il est le plus efficace.

Se placer à côté de la pierre, c'est rompre tout lien avec elle, s'en séparer, nier son existence. Le détachement revient un peu à se placer à côté de la compréhension de la situation et de son intention de la changer.

Molly Brown (6) fait le commentaire suivant : « *A mesure que notre champ de conscience s'élargit, à mesure que nous apprenons à observer*

---

6. Molly Brown : *The Unfolding Self* (p. 26).

sans juger [...] nous accédons à cet état subtil qui consiste à avoir conscience de la conscience, de ce que c'est qui est conscient, le Moi. »

En changeant de point de vue de cette façon, nous pouvons remonter à la source du problème, savoir ce qu'il y a au-delà des déformations dues à nos sens et à nos sentiments. En nous plaçant du point de vue du témoin, nous nous détachons des limitations de notre perception.

Dans les phases de résonance, de libération et de réforme, le Moi témoin est principalement transpersonnel. Il est capable de changer de niveau de conscience et de percevoir une vérité qui dépasse le moi physique, émotionnel et mental. Le Moi témoin non seulement sait ce que les mains ressentent, mais il en connaît aussi la source, le contexte. Lorsque l'on est touché par la maladie, il est facile de se concentrer sur sa réalité pour se définir. C'est la manière dont les mains définissent la température de l'eau : séparément, chacune d'elles « sait » qu'elle a raison et que, par conséquent, l'autre doit avoir tort. Pour interpréter cette expérience, il faut impérativement choisir entre deux options.

Souvent, quand nous sommes malades, une partie de nous-mêmes se sent contractée et détachée ; par rapport à ce qu'elle est en train de vivre, elle « sait » ce qui est « juste ». Tous les « faits » le confirment. Ce n'est que du point de vue de la conscience du témoin, en tenant compte de la source et de la signification de la pathologie et des croyances à l'origine de l'illusion de l'aliénation, que le paradoxe de la maladie peut trouver sa solution. Nous disons « paradoxe » car derrière toute maladie se dissimule une force vitale positive qui a été mise en échec et dont l'expression a été déformée.

5. Le Moi témoin est l'éditeur de nos projections

Le Moi témoin lui-même sait qu'il est possible de modifier les filtres que nous utilisons pour interpréter les informations transmises par nos sens. Il sait que nous pouvons modifier notre perception présente en changeant les informations et les expériences précédentes, maintenant dans notre esprit sous forme de schémas géométriques. Le processus holoénergétique modifie ces informations en défaisant et en reformant ces schémas, c'est-à-dire en modifiant les structures issues des attitudes et des croyances qui colorent notre vécu, et qui, à leur tour, influencent notre perception.

Les croyances et les attitudes « choisissent » directement les perceptions. Que le verre soit à moitié plein ou à moitié vide est un choix relevant d'une attitude, puisque les deux points de vue sont vrais. En thérapie holoénergétique, nous apprenons non seulement à changer d'attitude pour considérer que le verre n'est pas à moitié vide, mais à moitié plein, mais aussi pour le remplir, voire puiser à la source.

L'état de témoin nous permet de considérer les pensées, les sentiments, les paradoxes apparents, l'aliénation et la maladie de telle sorte qu'il devient possible de les intégrer et de les vaincre. La guérison a lieu lorsque l'on intègre l'illusion de l'aliénation pour évoluer vers l'intégration. Dans ce processus, notre Moi témoin n'est pas seulement un allié, mais aussi un modèle. En effet, il nous permet de percevoir notre potentiel dans sa totalité, le tout qui est supérieur à la somme des parties.

▲ Exercices : comment se mettre dans l'état d'esprit du témoin

Dans différentes parties de ce livre, j'ai décrit plusieurs manières de se placer du point de vue d'un observateur extérieur :

– Le processus d'alignement transpersonnel (p. 76).

– Les techniques de respiration, comme la respiration équilibrante (p. 109 et 192).

– « Votre refuge intérieur », ou espace de sécurité (p. 258) et l'appel au Moi supérieur.

– L'appel à l'intuition, comme dans l'exercice « Guide intérieur » (voir Ressource 1, p. 261).

– L'utilisation de la résonance des états d'amour inconditionnel (p. 228) et de pardon (p. 216).

– Le processus de la guérison holoénergétique (chap. XII).

– Dans un état de méditation, concentrer son attention sur la zone du thymus, ou chakra du cœur, appelée aussi « zone témoin ».

Familiarisez-vous avec chacune de ces méthodes. Vous vous rendrez compte que certaines donnent de meilleurs résultats que les autres et qu'il y a des cas où certaines sont plus appropriées.

Le Moi témoin

A chaque fois que vous rencontrerez des instructions pour changer de niveau de conscience, elles seront assorties de commentaires quant à leur application. Au cours de votre travail de thérapie holoénergétique, vous devez garder à l'esprit que le fait de vous mettre dans l'état d'esprit d'un observateur extérieur constitue une étape vers l'unicité, essentielle à la guérison.

Mon moi

Je suis toujours là pour toi. Je suis au-delà de tout attachement. Je transcende la tristesse. Je transcende la peur. J'existe au sein d'un amour irradiant et je suis amour.

Dans la tristesse, viens à moi ; je te prendrai dans mes bras comme le ferait une mère.

Dans la peur, viens à moi ; je prendrai soin de toi, je te guiderai et te protégerai. Viens à moi si l'être cher te quitte ; je t'accorderai mon amour. Viens à moi si tu es déchiré par la culpabilité. Je lèverai le voile de l'illusion et te rendrai ton intégrité.

Dans la peur de l'échec, viens à moi. Je te montrerai la vraie splendeur de ta réussite.

Je suis ton guide, la lumineuse prêtresse de ton temple,

la lumière vivante de ton âme. Je suis entouré des êtres les plus sacrés de l'Univers. Ce sont tes serviteurs.

Toi seul peux m'y rencontrer. C'est par toi que les autres me connaissent, entendent ma sagesse, ressentent mon amour infini, sont rassurés et guéris.

Ta tâche consiste à te libérer pour que je puisse incarner ta vie.

Je te donne tout ce que je suis. Tous mes pouvoirs mystiques sont à ta disposition.

Tout mon amour se languit de couler dans ton cœur. Je te fais don de tout mon savoir. Parle ! Maintenant !

Je suis à tes côtés pour toujours. Appelle-moi, ô mon Moi !

Poème anonyme.

CHAPITRE VIII

La résonance

« L'être humain fait partie d'un tout que nous appelons "Univers", limité dans le temps et dans l'espace. Il se perçoit lui-même, avec ses pensées et ses sentiments, comme distinct du reste, ce qui n'est qu'une sorte d'illusion optique de la conscience. Cette illusion est une sorte de prison, qui nous confine dans des désirs personnels et dans l'affection que nous accordons à quelques proches. Notre tâche doit consister à nous libérer de cette prison en élargissant le cercle de notre compassion pour englober tous les êtres vivants et l'ensemble de la nature dans toute sa beauté. Personne ne peut y arriver complètement, mais nos efforts en ce sens font partie, intrinsèquement, du processus de libération et ils constituent le fondement d'une sécurité intérieure. »

Albert Einstein.

Dans les sociétés anciennes, plus intuitives que la nôtre, lorsque le chaman était sollicité par la tribu pour indiquer quel buffle il fallait tuer, il visualisait le troupeau mentalement. Il l'imaginait, se déplaçait avec lui et s'y identifiait, « devenant » ainsi littéralement le troupeau dans sa représentation mentale. Lorsqu'il sortait de sa transe, il pouvait indiquer avec précision aux chasseurs où ils trouveraient leur gibier. Ces derniers suivaient ses conseils et leur chasse était fructueuse.

Il y avait des chamans pour la chasse, mais aussi pour la maladie. Qu'il s'agisse de trouver le gibier ou d'aider à la guérison, ils avaient une aptitude en commun : celle de ne faire qu'un avec leur sujet. Ce processus est au cœur de ce que nous appelons, en thérapie holoénergétique, la résonance.

C'est un point important car, dans cet état, la résistance au changement est minime. Notre aptitude à la guérison en est renforcée.

Ce que l'on appelle la résonance est la chimie énergétique qui relie les gens. Le charisme, la passion et la compassion entre deux ou plusieurs personnes sont des formes d'expression de la réponse de la résonance.
Au chapitre III, j'ai évoqué la résonance qui se produit quand une structure vibre à la fréquence naturelle d'une autre. Les effets en sont doubles :

– Il y a une réactivité accrue, le champ énergétique de l'une des structures renforçant l'autre, intensifiant ainsi leur interaction. Vous vous rappellerez que j'ai comparé ce phénomène à ce qui se produit lorsqu'une personne en pousse une autre juste au bon moment sur une balançoire. C'est également ce qui se passe quand un soprano chante une note à la fréquence naturelle d'une coupe en cristal : elle se met à vibrer de plus en plus fort. A mesure que les vibrations de la voix du chanteur renforcent celles de la coupe au-delà des capacités de sa structure, la coupe finit par se briser. De même, un régiment qui traverse un pont à pied doit « rompre la cadence » pour éviter cet effet de résonance.

– L'émission et la réception des fréquences des champs énergétiques sont indissociablement liées et se fondent en une même fréquence ; l'une ne peut se faire sans l'autre.

Pris ensemble, ces deux facteurs clefs de la résonance incitent fortement à penser qu'il y a très peu de mouvement inutile. Chaque mouvement est communiqué et produit un effet. Cela signifie qu'il peut y avoir un maximum de changement à un niveau énergétique avec un minimum de dépense d'énergie et de résistance.

1. L'unité, l'amour, le présent

Bien entendu, nous pouvons nous mettre en résonance avec d'autres champs énergétiques, et ce, de diverses manières. Dans l'exemple de l'ivrogne du train (chap. II, p. 34), Terry Dobson a dans un premier temps été en résonance avec la colère et la frustration de celui-ci, tandis que l'ivrogne, à la fin, se retrouve en résonance avec l'affection du vieil homme. En thérapie holoénergétique, **se mettre en résonance avec l'amour** est un choix. C'est alors que nous rencontrons le moins de résistance au changement et que l'on peut le susciter avec le maximum d'efficacité.

La résonance

L'histoire regorge de prophètes, poètes, guérisseurs, voire même de politiciens dont le pouvoir de résonance a rejailli sur les autres. Dans de tels moments, nous vivons dans le *présent absolu.* Il n'y a pas de séparation entre nous-mêmes et autrui, entre nous-mêmes et nos actes. Walt Whitman évoque à ce sujet le moment d'extase où *« le chanteur et la chanson ne font plus qu'un »*. De même, William Butler parlait du sentiment d'unité qui se manifeste quand *« le danseur et la danse ne font qu'un »*. Le Christ nous a invités à aimer nos ennemis, à ne faire qu'un avec eux, à prendre conscience des liens qui nous unissent à eux, autrement dit à nous mettre en résonance puis à agir avec compassion en fonction de la conscience de cette relation. Abraham Lincoln disait que la meilleure manière de vaincre un ennemi est de s'en faire un ami. A partir du moment où vous arrivez à connaître votre ennemi et à l'aimer, ce n'en est plus un.

La résonance de l'amour nous permet d'affronter directement le problème de la résistance. Dans bien des cas nous sommes nous-mêmes notre pire ennemi. Nous résistons au changement, même quand nous l'avons choisi intellectuellement et quand nous savons qu'il est bénéfique et facilite la guérison. Nous engendrons et entretenons nous-mêmes la maladie. Lorsque nous manifestons le désir de changer un aspect malsain de nous-mêmes, nous pouvons choisir de nous y attaquer de front, de le détruire ou d'en faire abstraction. Mais nous avons aussi la possibilité de reconnaître son côté positif en l'apprivoisant, en communiant en quelque sorte avec lui par une résonance affectueuse, puis en faisant du schéma énergétique malsain que nous entretenons un schéma sain.

Il s'agit là d'un processus d'acceptation assorti de l'intention de comprendre et de changer, diamétralement opposé à la résistance. Telle que nous l'utilisons ici, l'acceptation implique qu'il faut reconnaître pleinement la vérité et regarder les choses en face, au lieu de les nier. Accepter ne signifie pas nécessairement approuver ou se résigner, se laisser entraîner ou baisser les bras. Cela signifie se mettre en résonance avec la réalité du moment, autrement dit la reconnaissance au niveau énergétique de la résonance.

Lorsque nous entrons en résonance, nous nous mettons dans un état d'unité. Celle-ci, se produisant dans l'instant présent, est souvent appelée le « point du pouvoir ». A ce moment, nous transcendons le temps et l'espace : il n'y a plus de passé ni d'avenir ; ce qui reste, c'est ici et maintenant. Au moment où nous mettons les fréquences en résonance avec un événement, un objet ou une personne, nous fusionnons énergétiquement avec, dans l'instant présent. Lorsqu'un lien de résonance est établi, nous pouvons influencer, par nos choix, l'avenir, voire même le passé de cet objet ou de cette personne. Il nous est alors possible de détecter et de modifier les schémas énergétiques que nous désirons changer.

Au début de l'utilisation de la résonance, il ne faut pas oublier que toute matière, pensée, croyance, événement ou sentiment possède une fréquence ou un ensemble de fréquences vibratoires naturelles. Lorsque nous nous mettons en résonance avec ces vibrations extérieures, il n'est pas toujours impératif d'être exactement à la même fréquence. En général, il suffit d'être en harmonie vibratoire avec celle-ci.

Les harmonies ont toujours un rapport avec la fréquence naturelle de l'ordre de la moitié, du quart, du double et ainsi de suite. Chacun de nous possède naturellement un sens universel des proportions qui nous permet d'appréhender l'harmonie entre nous-mêmes et le monde qui nous entoure. Nous partageons tous des schémas énergétiques sacrés et des harmoniques qui sont le fondement de ce que nous percevons comme étant beauté, amour, santé, vérité et unité. Grâce à notre sens inné des proportions et de l'ordre, nous sommes à même d'identifier les dissonances et les résonances.

2. Principes de la résonance en médecine moderne

Arrêtons-nous un moment sur la façon dont la médecine moderne utilise le phénomène de la résonance dans la technique connue sous le nom de résonance magnétique nucléaire, ou R.M.N. Voyons maintenant comment ces mêmes principes peuvent s'appliquer à notre travail thérapeutique. La R.M.N. est une technique d'imagerie récente utilisée pour les organes, les tumeurs et la circulation sanguine. Pour comprendre la R.M.N., nous allons d'abord faire un peu de physique.

L'atome d'hydrogène, le plus simple que l'on puisse rencontrer dans la nature, contient en son cœur – le noyau – une particule chargée positivement appelée proton autour de laquelle tourne un électron. Le proton tourne sur son axe en oscillant. Chaque élément possède une oscillation qui lui est propre. Normalement, l'orientation de l'axe des atomes d'hydrogène n'obéit pas à un ordre précis ; par contre, en présence d'un champ magnétique d'une certaine puissance, l'axe de tous ces atomes s'aligne dans la même direction, comme de la limaille de fer en présence d'un aimant.

Lors d'un examen par R.M.N., le patient allongé sur une civière est introduit dans un gros aimant tubulaire, puis l'aimant est activé. Une onde radio en résonance avec le proton d'hydrogène est alors émise en direction du patient. En raison de cette résonance, l'énergie émise est absorbée par le proton, ce qui a pour effet de faire sortir celui-ci de son alignement. En l'absence d'un champ magnétique, le proton d'hydrogène ne réagit pas à cette onde de résonance.

La R.M.N. n'altère aucun des protons des autres éléments constitutifs du corps. Seul le proton d'hydrogène « saute » hors de son alignement, car il est le seul à résonner avec l'onde émise. Lorsque l'émission s'interrompt, le proton retrouve son alignement. Ce faisant, il émet une énergie détectée par une sonde. Celle-ci est alors traduite en instructions transmises à un ordinateur et affichées sur un écran ou imprimée.

La R.M.N. permet d'obtenir une représentation graphique des tumeurs ou de la circulation sanguine des artères coronaires. Comme « l'empreinte », ou « signature » de l'énergie émise par les cellules cancéreuses diffère de celle des cellules saines, cette technique a permis des progrès considérables dans la détection de certaines formes de cancer.

Quel rapport entre la R.M.N. et la guérison ? Alors que les énergies à l'origine des modifications détectées par la R.M.N. sont générées par un champ magnétique et une fréquence radio en résonance avec le proton d'hydrogène, les énergies qui induisent le changement dans une thérapie holoénergétique sont le produit de notre amour et de notre volonté.

Il est possible de créer un champ énergétique induit par l'amour analogue au champ magnétique de la R.M.N. avec nos mains, nos sentiments, nos pensées, voire par notre simple présence, surtout lorsque nous nous trouvons dans un état transpersonnel supérieur. Notre intention de guérir – et les pensées, sentiments et images qui y sont associés – concentrée par notre attention et dirigée par notre respiration, peut être émise en résonance en direction du système corps-esprit. C'est un processus semblable à la manière dont la fréquence radio est dirigée vers le proton d'hydrogène en R.M.N. En l'absence du champ magnétique de la R.M.N., le proton d'hydrogène ne réagit pas à la résonance, il ne « saute » pas.

De même, en l'absence d'un champ suscité par l'amour lors d'une thérapie holoénergétique, les changements ciblés par l'intention ne « sautent » pas réellement. Ils sont donc moins susceptibles de se produire. Le champ suscité par l'amour est l'agent holoénergétique qui active le système corps-esprit, le préparant au « saut thérapeutique », c'est-à-dire à l'intention pulsée en résonance.

3. Les leçons du chaman revisitées

Une fois que l'on a identifié ce qu'il faut changer (phase de reconnaissance), l'étape suivante consiste à cibler la zone d'intervention en concentrant son attention dessus. Comment procéder ? Si l'on a affaire à un traumatisme physique ou émotionnel, ou à un incident critique qui s'est produit tôt dans l'enfance, la meilleure manière de se mettre en résonance consiste à revivre l'événement à l'origine de cette situation. Pour commencer, il faut focaliser son attention sur les sensations et les émotions liées au problème au moment présent ; la mémoire permet de remonter dans le temps et de se mettre en résonance avec le problème, de le revivre avec l'intention de comprendre sa signification et de se libérer de son influence.

Si l'on a affaire à une lésion spécifique ou à une maladie qui a des symptômes physiques, on commencera par concentrer son attention sur cet état de choses. Ce faisant, on entre en résonance avec elle et on peut accéder aux informations qui s'y rapportent et l'activer en vue d'un changement intentionnel. Comment focaliser son attention ? En nous demandant, ou en demandant à l'autre personne, de « pénétrer » mentalement la zone affectée ou perturbée et de décrire ce qui vient à l'esprit, en particulier ce qui a trait aux sensations, aux images et aux sentiments. C'est un peu ce que fait le chaman quand il se représente mentalement le buffle et ne fait plus qu'un avec le troupeau.

Certaines personnes sont davantage orientées sur la vision et, lorsqu'elles décrivent leur état, elles le font par imagerie. D'autres, chez qui le toucher ou l'ouïe sont plus développés, décriront les symptômes en fonction de ce qu'elles sentent ou entendent.

Lorsque l'on travaille avec un partenaire, une autre façon de se mettre en résonance consiste à le faire par *induction.* Cela se produit quand le champ énergétique d'un individu est renforcé ou affaibli par la présence d'un autre. Par exemple, il pourra se renforcer en présence d'une personne qui suscite de l'inspiration, ou bien d'un objet ou d'un endroit sacré. Les danseurs, les acteurs et les sportifs, qui doivent synchroniser étroitement leurs mouvements, font appel au principe de l'induction. Par exemple, ils se livrent ensemble à des exercices consistant à respirer ou à se mouvoir simultanément au même rythme, ou bien à tenir la note pour induire un état de résonance.

Lors de recherches thérapeutiques dans un laboratoire de biofeedback, j'ai utilisé un électroencéphalographe afin de suivre simultanément mon propre E.E.G. et celui de mon patient. Au cours d'une séance de thérapie, l'E.E.G. de mon patient s'est synchronisé avec le mien. Il est probable que mon champ énergétique avait induit un schéma identique dans l'E.E.G. du patient, d'où la résonance entre nos ondes cérébrales respectives. Au cours des périodes où cela se produisait, il s'avérait beaucoup plus facile pour chacun de nous d'accéder intuitivement à des informations pertinentes au sujet de la maladie et à l'énergie thérapeutique de passer entre nous.

L'induction se produit souvent lorsqu'une des personnes passe à un état de conscience transpersonnel, supérieur, en présence d'une autre. Il est alors également possible de faire appel à une orientation supérieure pour se mettre soi-même en résonance.

Dans les paragraphes qui suivent, je vais décrire comment se mettre en résonance avec la pathologie que l'on désire guérir. Pour ce faire, il faut commencer par se mettre à la terre, en alignement, et par se recentrer. Cette préparation permet d'entrer et de sortir à volonté de l'état d'observateur que j'ai décrit dans le chapitre précédent.

a) Préparation

Commencez par retirer la montre et les bijoux, les pièces de monnaies et tout objet métallique que vous portez sur vous. Ils risqueraient de garder des traces des schémas énergétiques sur lesquels vous voulez intervenir. Retirez vos chaussures le cas échéant et desserrez les vêtements qui peuvent causer une gêne.

Trouvez un endroit calme et tranquille où vous pouvez fermer les yeux sans craindre d'être dérangé.

b) Relaxation

Utilisez la méthode de votre choix pour vous mettre dans un état détendu et ouvert. Si vous connaissez une technique de méditation ou de relaxation consciente, appliquez-la. Si ce n'est pas le cas, reportez-vous à la Ressource 1 : « Le Guide Intérieur » (p. 258) ; vous y trouverez un exercice de relaxation qui vous y aidera.

c) Mettez-vous à la terre

Une fois en état de relaxation, prenez lentement plusieurs inspirations abdominales. Ce faisant, imaginez que vous inspirez de l'énergie provenant du centre de la Terre et qui remonte à votre cœur en pénétrant par la base de votre colonne vertébrale. En expirant doucement, imaginez que cette énergie est libérée dans le centre de votre poitrine, dans le chakra du cœur.

Vous devez vous sentir calme et détendu, mais en même temps plein d'énergie. Si vous avez l'impression d'en avoir un peu trop, vous pouvez évacuer le trop-plein en imaginant une corde partant de votre plexus solaire (ou de la base de la colonne vertébrale, suivant votre convenance) vers le centre de la Terre. Prenez une profonde inspiration en imaginant le trop-plein d'énergie qui quitte votre corps en s'écoulant le long de la corde. Le cas échéant, répétez cet exercice deux ou trois fois jusqu'à ce que vous vous sentiez parfaitement présent et à l'aise.

d) Mettez-vous en alignement

Une fois que vous êtes détendu et mis à la terre, respirez plusieurs fois, lentement et profondément. Ce faisant, imaginez que vous aspirez de l'énergie du cosmos, la faisant pénétrer par le sommet de votre tête (le septième chakra) et redescendre par le sixième et le cinquième chakra jusqu'au quatrième, c'est-à-dire celui du cœur.

Maintenant, exhalez lentement vers le centre de la poitrine. A chaque inspiration, imaginez que vous recevez l'énergie universelle du cosmos, puis que vous la libérez dans le centre du cœur, vous mettant ainsi en alignement avec l'esprit.

e) Centrez-vous

Une fois détendu, à la terre et en alignement, prenez encore une inspiration profonde en imaginant que vous tirez de l'énergie de deux sources en même temps : du cosmos et de la Terre. Imaginez que ces énergies se rejoignent dans le chakra du cœur. Lors de la fusion de ces énergies dans votre cœur, imaginez une explosion de lumière radieuse en expansion qui submerge votre corps tout entier à mesure que vous expirez.

Vous êtes maintenant à la fois détendu, à la terre, en alignement et centré. Cela a pour effet de changer votre état de conscience, vous permettant de rester concentré, mais ouvert, et de laisser le champ libre à votre intuition.

Vous voilà maintenant prêt à entrer en résonance avec ce que vous voulez changer. Si, à un moment ou à un autre, vous le souhaitez, vous pouvez vous réfugier dans votre « lieu de sécurité » pour faire appel à votre guide intérieur, à votre Moi supérieur (voir p. 258 et suivantes pour plus de détails). Fiez-vous alors à votre intuition pour obtenir soutien et orientation.

4. Entrez en résonance avec ce que vous désirez changer

Installez-vous de façon à vous sentir à l'aise. Pour commencer, vous pouvez vous tenir debout, vous asseoir ou vous allonger confortablement sur le dos. La position assise est généralement la plus efficace pour une thérapie holoénergétique sur soi-même. Elle permet de se détendre plus rapidement que la position debout et de mieux travailler avec les mains dans le champ énergétique des parties inférieures du corps. Certains préfèrent se tenir debout, car ils trouvent que cela autorise un flux d'énergie plus important, même s'il peut en résulter une plus grande tension musculaire et, peut-être, des difficultés pour garder l'équilibre les yeux fermés. Le plus sage est donc de faire quelques essais pour trouver la position qui vous convient le mieux. Il peut être également utile d'enregistrer les étapes ci-après.

▲ Exercice : la respiration équilibrante

Cet exercice de respiration permet d'équilibrer les hémisphères droit et gauche du cerveau pour tirer le meilleur parti à la fois de l'intuition et des fonctions de raisonnement (pour des raisons pratiques, j'ai recopié l'exercice du chapitre IV, p. 109 ; vous pouvez vous y reporter pour plus de précisions).

1. Installez-vous dans une position confortable et détendue.
2. Fermez doucement les yeux.
3. Expirez à fond et détendez-vous.
4. En prenant une nouvelle inspiration, imaginez que l'air pénètre dans vos poumons par la narine gauche et monte jusqu'au centre du front.
5. En expirant, imaginez que l'air s'échappe par la narine droite.
6. Ensuite, inspirez par la narine droite, en imaginant que l'air remonte jusqu'au centre de votre front. Expirez par la narine gauche.
7. Répétez cet exercice de façon à accomplir sept cycles (une inspiration suivie d'une expiration constituent un cycle complet).
8. Au huitième cycle, respirez par les deux narines en même temps. Retenez alors votre respiration quelques instants et concentrez votre attention sur le centre de votre front.
9. Expirez en imaginant que l'air s'échappe par le centre de votre front. Cela a pour effet d'ouvrir le sixième chakra – ou centre énergétique – qui est le centre des fonctions intuitives de l'esprit.

Tout en faisant cet exercice de respiration, essayez de lui donner le plus de sens possible. Par exemple, en inspirant pensez à la sensation de fraîcheur que procure l'air en entrant dans les narines et de chaleur en ressortant. L'air fait bouger les poils qui tapissent les conduits nasaux. Efforcez-vous de sentir ce mouvement.

Vous pouvez aussi « respirer » de la lumière ou des couleurs, voire un parfum, comme celui d'une rose. Si vous voulez équilibrer ou renforcer l'énergie d'un chakra particulier, reportez-vous au tableau des chakras (fig. 2, p. 56) et imaginez que vous respirez la couleur correspondante.

Lorsque les hémisphères du cerveau sont mis en équilibre de cette façon, la conscience passe à une dimension transpersonnelle. Dans cet équilibre synchrone, on assiste à une fusion, qui s'accompagne d'une libération d'énergie que certaines personnes perçoivent comme une lumière appelée, selon certaines traditions orientales, « perle bleue ».

En pratiquant cet exercice, vous remarquerez peut-être que quelquefois, en arrivant au sentiment de paix et d'unité qui en résulte, vous percevrez aussi cette lumière bleue signalant une fusion énergétique des hémisphères droit et gauche du cerveau et que votre conscience est passée au niveau transpersonnel.

Si vous ne percevez pas cette lumière bleue, il n'y a pas lieu de vous en préoccuper outre mesure. Ce qui compte, c'est d'arriver à un état de détente et de paix, voire une sensation d'unité, d'appartenance à un tout.

Dans cet état, vous vous rendrez compte qu'il faut une énergie considérable pour entretenir un sentiment d'aliénation. La sensation d'unité paraîtra beaucoup plus naturelle et normale. C'est dans cet état qu'on est le plus à même de se débarrasser d'habitudes, de façons de penser ou de ressentir les choses, qui entretiennent l'aliénation et maintiennent en place les modèles énergétiques, ou holoformes, qu'il s'agit de changer.

5. Prendre la décision de guérir

A ce stade, posez-vous la question suivante : « Maintenant, suis-je vraiment disposé à guérir ? »

Il faut répondre honnêtement. Si vous avez réellement le sentiment que vous ne souhaitez pas vivre cette expérience thérapeutique, dites-vous « Pourquoi pas ? » Ensuite, approfondissez cette question. Si la réponse est non, ne cherchez pas à aller plus loin. N'oubliez pas que la guérison doit se faire en son temps, à son rythme.

Si vous ne vous sentez pas disposé à continuer pour le moment, dites-vous simplement que le moment viendra. Considérez que le fait de répondre honnêtement non maintenant fait partie du processus de guérison, ce qui est le cas. Si vous obtenez une réponse positive, passez à l'étape suivante.

6. Concentrez-vous sur la zone témoin

Pour commencer, concentrez votre attention sur la zone témoin, c'est-à-dire le thymus, et sur le centre énergétique du cœur pour relier les états physique, personnel et transpersonnel. La zone témoin se trouve au centre de la poitrine, à une distance comprise entre 10 et 15 cm en dessous du niveau des épaules. Pour activer le système corps-esprit afin de favoriser le changement, créez un champ d'amour en invoquant une période à laquelle vous avez le plus aimé ou vous êtes senti le plus aimé. L'accumulation d'énergie dans cette zone amène au niveau de la conscience les expériences liées à la maladie que vous voulez soigner.

Pour cette raison, nous préconisons de désigner une main comme étant « la main émettrice », l'autre comme « la main réceptrice ». En règle générale, vous vous sentirez plus à l'aise si vous utilisez la main dominante pour énergétiser, c'est-à-dire la main droite si vous êtes droitier.

a) La main émettrice

Activez le thymus et le centre du cœur en plaçant la main dominante à une distance comprise entre 10 et 15 cm du corps, les doigts étendus mais sans les crisper, la paume face au centre de la poitrine. Cette main est celle qui « insuffle de l'énergie », celle que vous utiliserez pour constituer une charge dans votre champ énergétique en vue du changement.

L'intention permet de transférer et de transformer l'énergie. L'utilisation spécifique des mains et de la respiration permet d'en augmenter la puissance. Bien qu'elle ne soit pas indispensable dans une thérapie holoénergétique, la présence des mains dans le champ énergétique facilite le transfert ou la transformation.

Pour énergétiser la zone, vous devez imaginer que votre main est en feu, qu'elle irradie de l'énergie. Déplacez-la lentement en avant et en arrière au-dessus de la zone témoin du thymus pour créer un flux d'énergie. Ce mouvement stimule l'aptitude à percevoir les sensations au centre de votre poitrine. Il se peut que vous ayez alors une sensation de picotement, de chaleur, de froid, que vous perceviez comme une pulsation ou une pression.

b) La main réceptrice

Examinez votre zone témoin en plaçant votre autre main (la main réceptrice) à une distance d'une bonne vingtaine de centimètres de votre corps (fig. 11), paume tournée vers le chakra du cœur. En déplaçant la main de haut en bas et de bas en haut entre les épaules et la taille, vous pouvez détecter le point de résonance maximum où la sensation sera la plus forte. Maintenez votre main dans cette position pour renforcer le champ et mettre votre perception au diapason avec les changements susceptibles de se produire dans le champ énergétique à cet endroit. La main réceptrice aide à le contenir et à le renforcer, vous permettant ainsi de « contrôler » cette énergie. A ce sujet, vous pourrez vous reporter utilement à l'exercice de perception des énergies subtiles à la fin du chapitre II (p. 55) (1).

7. Entrez en résonance

Inspirez profondément comme si l'air passait par votre thymus/ chakra du cœur et retenez votre respiration. Tout en expirant lentement, laissez venir à votre esprit une représentation des zones sur lesquelles vous voulez intervenir. S'il s'agit d'un symptôme physique, rendez-vous mentalement dans cette partie du corps. Toutefois, si votre système corps-esprit attire votre attention sur une autre partie du corps, fiez-vous à sa sagesse et concentrez-vous sur celle-ci.
Si vous travaillez sur une sensation physique comme la douleur, un symptôme ou une maladie, n'hésitez pas à déplacer vos mains de la zone témoin vers la zone affectée. Votre attention passera ainsi du général au particulier. Si vous n'arrivez pas à atteindre la zone affectée, maintenez votre main au-dessus de la région du thymus et du plexus solaire pour lui insuffler de l'énergie tout en concentrant votre attention sur ce que vous ressentez en provenance de la zone affectée.

Décrivez ce qui vous vient alors à l'esprit avec des mots, qu'il s'agisse d'une sensation, d'une image ou d'un symbole. *Quelles sont vos*

1. Pour des raisons de simplicité, nous avons partagé les fonctions d'énergétisation et de détection entre les deux mains. Cependant, il faut savoir qu'en réalité, toutes deux peuvent émettre et recevoir de l'énergie. Nous vous invitons donc à vous exercer en séparant ces deux fonctions, comme dans l'exemple donné ici, ou bien en les combinant dans les deux mains. Vous pourrez alors déterminer par vous-même quelle est la méthode qui vous convient le mieux.

sensations ? Quelles images vous viennent à l'esprit ? Quelles sont leur taille, leur forme, leur couleur ? Percevez-vous aussi des sons ?

En concentrant votre attention sur les sensations et les images dont vous prenez conscience, vous entrez en résonance avec le symptôme physique ou le problème auquel vous souhaitez remédier. En apportant de l'énergie à cette zone avec les mains, prenez une profonde inspiration comme si vous vouliez que l'air la traverse. Gardez votre respiration tout en gardant la sensation, le symptôme ou l'image clairement à l'esprit. En expirant, également en imaginant que l'air passe par la zone sur laquelle vous intervenez, laissez-vous porter par votre esprit et pénétrez la représentation mentale ou holoénergétique de la maladie ou du problème. En vous concentrant de la sorte, vous pourrez atteindre vos émotions les plus profondes. *Quelles émotions ressentez-vous lorsque vous êtes immergé dans cette énergie ?* Décrivez-les en même temps que vous vous laissez aller à les ressentir. Ces émotions sont sous-tendues par des pensées. A quoi pensez-vous alors ?

A chaque étape, vous êtes en résonance avec les schémas holoénergétiques qui ne vous sont plus d'aucune utilité. Autrement dit, vous mettez le doigt sur les croyances profondément enracinées en vous et qui ont été à l'origine de l'inconfort et des dysfonctionnements actuels.

Alors que vous vous trouvez dans la forme holoénergétique, rappelez-vous la dernière fois que vous avez eu des émotions semblables. Laissez-vous aller à les revivre. Laissez-vous porter par vos sentiments. Décrivez ce qui s'est produit le plus précisément possible. Le cas échéant, prenez des notes ou enregistrez vos commentaires sur un magnétophone, ou racontez la scène à un proche. *Quelles étaient vos croyances et quelles décisions avez-vous prises alors à propos de vous-même, des autres ou du monde qui vous entoure ?* Au début, vous aurez peut-être l'impression de ne pas avoir réellement pris une décision ou fait un choix. Pourtant, soyez certain que c'est bien le cas. En effet, il vous fallait interpréter ce qui s'était produit et en tirer une conviction, même s'il s'agissait d'un choix fait sous la contrainte ou la menace, pour survivre, ou bien résultant de connaissances limitées. En revenant sur le moment où vous avez fait ce choix, vous commencerez à comprendre et ferez ainsi le premier pas en direction d'une reprise de contrôle sur votre vie. Si vous éprouvez des difficultés pour identifier cette croyance, imaginez ce que

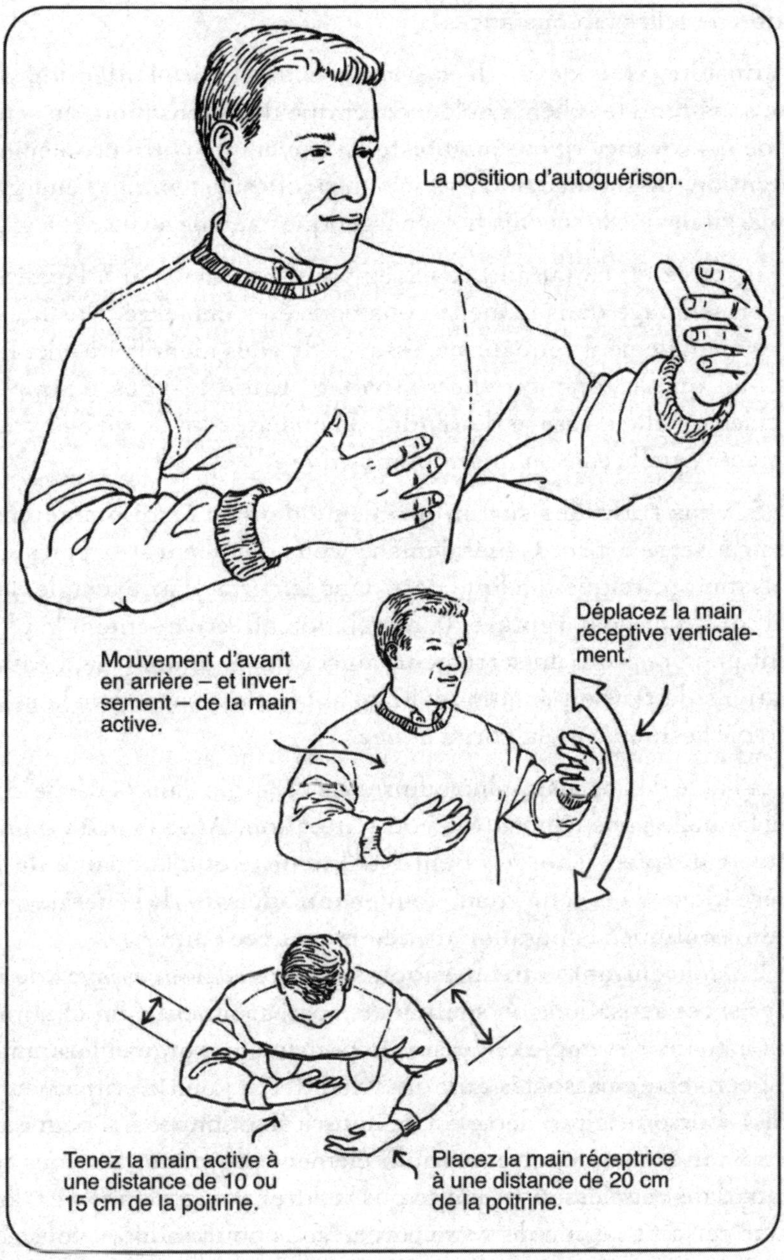

Figure 11 : **autoguérison**

vous avez peut-être cru, qui ait pu favoriser l'apparition ou la réapparition de telles circonstances.

Ensuite, vous devez découvrir et comprendre l'intention positive qui sous-tend le schéma holoénergétique de la sensation, du sentiment et de la croyance qui se manifeste au travers de votre problème. Cette intention, dissimulée derrière vos difficultés, est en fait l'énergie de la force vitale que le schéma holoénergétique cherche à vivre et à exprimer.

Inspirez et, ce faisant, replacez-vous mentalement à l'extérieur de la forme/image dans laquelle vous vous êtes immergé. Ensuite, visualisez mentalement cette forme, essayez de vous identifier à elle. Demandez-lui quelle fonction elle s'attribue. Efforcez-vous d'apprécier le service qu'elle a essayé de rendre. Demandez-lui ce qu'elle veut réellement. Quelle est son intention positive ?

Si vous travaillez sur un problème d'ordre émotionnel, laissez-le venir à votre esprit. Généralement, vous commencerez par avoir une sensation physique quelque part dans le corps. Par exemple, les gens qui souffrent de la rupture d'une relation affective sentent le plus souvent une pression, un serrement, au centre de la poitrine. D'autres situations de tension émotionnelle peuvent s'exprimer par la sensation d'avoir l'estomac ou la gorge nouée.

A l'aide de vos mains, introduisez de l'énergie dans la partie du corps sur laquelle vous concentrez votre attention. Avec la main qui sert de détecteur, soyez d'abord attentif à l'intensité et à la qualité du niveau énergétique dans cette zone. Tout en introduisant de l'énergie avec une main, continuez l'opération de détection avec l'autre.

En concentrant votre attention sur cette région, essayez de remarquer si ces sensations ou sentiments correspondent à un chakra particulier (dans l'exemple ci-dessus, la poitrine, la gorge et l'estomac sont respectivement associés aux quatrième, cinquième et troisième chakras). Lorsque le problème est de nature émotionnelle, il peut être utile de savoir qu'il comporte aussi un élément physique. En vous immergeant dans cette émotion, vous vous rendrez compte qu'elle est associée à une certaine région de votre corps. Vous pourrez alors vous concentrer soit sur la sensation, soit sur le chakra affecté, pour être plus étroitement en résonance avec le problème.

La résonance

Même en commençant, vous pouvez vous rendre compte qu'une pensée holoénergétique ou qu'un schéma émotionnel ou sensoriel que vous avez le désir de changer est associé à la fonction d'un chakra spécifique. Dès lors que vous en admettez la réalité, vous pouvez placer vos mains au-dessus de ce chakra et commencer la séance de thérapie. Suivez les instructions données plus haut pour découvrir l'intention positive qui se dissimule derrière le problème et la comprendre.

Si vous avez affaire à un traumatisme émotionnel ou physique, introduisez de l'énergie dans la partie du corps affectée en vous servant de vos mains. Ce faisant, amenez votre attention sur l'événement qui est à l'origine du traumatisme, comme par exemple un accident de voiture ou un viol. Dans la mesure du possible, revivez mentalement l'événement ; cela vous permettra d'entrer en résonance avec les circonstances dans lesquelles il s'est produit et de vous mettre au diapason avec les sentiments, les pensées et les croyances que vous aviez alors, ainsi qu'avec les décisions prises à ce moment-là.

En général, notre premier réflexe est d'éviter de nous rappeler les pensées et les sentiments associés à un traumatisme. En thérapie holoénergétique, cependant, on concentre son attention et son énergie sur les sensations associées à ce traumatisme, on les « respire » en quelque sorte. Ce faisant, des sensations, des souvenirs viennent à se manifester et nous ramènent souvent à leur origine. Si l'on se sent prêt à fondre en larmes, il ne faut pas hésiter et se laisser aller à pleurer pour vraiment vivre ce que l'on ressent. Je le répète, il faut suivre les instructions données plus haut pour découvrir l'intention positive qui sous-tend le problème ou la difficulté et la comprendre.

CHAPITRE IX

La libération

« Les blocages sont comme la buée sur le miroir de la salle de bains… ils nous empêchent de nous voir. La forme brumeuse qui s'y reflète devient un monstre effrayant et l'on préfère s'enfuir plutôt qu'essuyer le miroir.
Vous détestez-vous vous-même à cause du miroir ? Alors pourquoi vous détester à cause de votre brouillard mental ?
Essuyez simplement le miroir, vous vous découvrirez tel que vous êtes. »

Lazaris.

1. Les résistances au changement

La guérison comporte un aspect important souvent négligé qu'il est pourtant très utile de prendre en considération lors d'une thérapie holo-énergétique. Il s'agit de la résistance que nous opposons lorsqu'il s'agit de défaire et de libérer des schémas énergétiques qui entretiennent la dissonance dans notre système corps-esprit. Se débarrasser de ces formes malsaines ou les changer implique que l'on ne doit pas se limiter à l'inconfort auquel elles sont associées. Il faut faire face à l'inconnu ou rechercher d'autres types de rapports avec nous-mêmes et le monde qui nous entoure. Une partie de notre être demande : « Si j'abandonne cela, de quoi ma vie sera-t-elle faite ? » En se posant cette question, il se peut que l'on découvre une certaine résistance au changement.

Pourquoi hésiter à abandonner les formes actuelles ? Une personne qui est en arrêt maladie en tire un avantage pécuniaire. Elle n'a pas nécessairement envie de l'abandonner pour retourner faire un travail qui ne la satisfait peut-être pas. Les avantages de la maladie peuvent aussi être plus subtils : ils permettent de se faire dorloter, de recevoir une affection qui semble inaccessible autrement.

Bernie Siegel (1) fait remarquer que la maladie physique « peut être un moyen d'obtenir de l'amour ou des attentions. Elle peut devenir pour le patient la seule manière de rester en contact avec le monde extérieur, de contrôler sa vie dans une certaine mesure. » Il en fait une « blessure précieuse ».

La maladie peut monopoliser l'attention, barrant la route à l'ennui ou évitant d'approfondir certaines questions fondamentales de la vie ; ces dernières empêcheraient peut-être de réaliser les rêves les plus chers. Elle peut également servir à attirer l'attention des autres, à se sentir important. En fait, ces avantages émotionnels peuvent n'être qu'une illusion mais, dans le cadre d'une thérapie holoénergétique, il convient de les examiner à fond et de résoudre le problème qu'ils posent.

Par exemple, un de mes patients m'a un jour confié qu'étant enfant on ne faisait attention à lui que lorsqu'il était malade ou blessé. Avec le temps, il avait donc appris à manipuler les autres en jouant les victimes pour les inciter à s'occuper de lui. Il se rendit compte que sa maladie, la sinusite chronique, était en réalité de l'irritation contre l'impuissance et la honte dont il souffrait pendant son enfance, et qui continuait à le hanter à l'âge adulte. A cause de son affection, il était aussi obligé de se restreindre dans une activité qu'il aimait beaucoup, la randonnée en montagne au printemps, à cause du pollen. Lorsqu'il prit conscience de cette situation, il découvrit que son intention positive profonde était de connaître l'amour et de recevoir de l'affection. Il choisit alors de se débarrasser holoénergétiquement des bénéfices marginaux de sa maladie, et de celle-ci par la même occasion, en s'alliant à l'image du schéma pathologique et en l'orientant vers les plans supérieurs de son objectif.

Bien que cette décision soit rarement consciente, on peut cependant arriver à se rendre compte que la maladie sert de prétexte pour éviter d'assumer ses responsabilités d'adulte, pour blâmer ou punir – soi-même ou autrui – puis pour s'apitoyer sur son propre sort. La souffrance silencieuse du martyr sert souvent à exercer un certain contrôle sur les autres en les faisant culpabiliser.

Outre ces « avantages » marginaux que procure la maladie, il n'est pas rare que les circonstances que l'on souhaite modifier soient liées à des

1. *Amour, médecine et miracles* (Robert Laffont, 1989, coll. Réponses-Santé et J'ai Lu, 1990, coll. New Age).

blocages plus directs entravant la guérison, comme par exemple la honte, la peur, la colère, la culpabilité, le doute et l'apitoiement sur soi-même. Ces blocages doivent eux aussi être intégrés au processus global de la guérison.

Les "blessures précieuses"

Les avantages de la maladie :

- on est victime : cela permet de manipuler les autres en mettant à profit une faiblesse apparente,
- on est martyr : le fait de souffrir en silence permet de punir quelqu'un en lui donnant un sentiment de culpabilité,
- on fait l'objet d'attentions : on a le sentiment d'avoir une certaine importance,
- on évite : les responsabilités qu'implique la nécessité de grandir, du mûrir, l'ennui.

Blocages :

- la peur : associée aux notions de séparation, d'aliénation et de perte de l'amour,
- la colère : souvent associée à la perception de la perte de pouvoir ou de contrôle,
- la culpabilité : associée à la colère, à laquelle on estime ne pas avoir le droit de céder simplement pour avoir agi à l'encontre d'un système de valeurs accepté de tous,
- l'apitoiement sur soi-même : associé au désir de blâmer, de punir, qu'il s'agisse de soi-même ou des autres,
- la honte : une fois intégrée, elle favorise l'éclosion d'un sentiment d'inutilité.

A mesure que l'on avance, une fois que l'on a identifié ce que l'on désire changer et que l'on s'est mis en résonance avec, il peut être utile de se rappeler que quelle que soit la manifestation physique, on a la possibilité de faire de nouveaux choix. Ils changeront nos rapports avec la maladie ou avec les symptômes eux-mêmes.

Selon Abraham Maslow : « *La vie est une série continuelle de choix. C'est l'individu tel qu'il est qui détermine principalement les choix effectués (ses objectifs personnels, son courage ou sa peur, ses sentiments de responsabilité, la force de son ego ou sa "volonté"). En ce qui concerne cette personne, il n'est plus possible de parler de "détermination" dans le sens de "détermination due uniquement à des forces extérieures". La personne, dans la mesure où elle est un être bien réel, est elle-même responsable de son sort. Chacun est, en partie, "son propre objectif" et le réalise lui-même (2).* »

▲ Exercice : l'alliance

Faites l'expérience suivante pour connaître le mode de fonctionnement du principe de l'alliance :

1. Placez l'index de la main droite dans la main gauche (ou inversement si vous êtes gaucher).
2. Serrez-le de façon à ce qu'il vous soit impossible de le retirer.
3. Essayez tout de même de le retirer, tout en le serrant aussi fort que possible avec l'autre main, ce qui doit vous sembler difficile.
4. Maintenant, très rapidement, enfoncez le doigt dans la direction opposée puis retirez-le immédiatement. Cela devrait s'avérer beaucoup plus facile.

Vous pouvez refaire cet exercice avec un ami pour vous rendre compte de ce qu'implique le fait d'être tenu par quelqu'un contre son gré, puis essayez de vous libérer par la technique de l'alliance.
Ce n'est pas une astuce. Appliquez cette technique à plusieurs reprises pour bien comprendre son fonctionnement.

Il peut être très utile de comprendre ce principe, car il fait suite à la reconnaissance, à la résonance et à la libération, que l'on applique dans le cadre d'une thérapie holoénergétique : la libération ne se fait pas toujours uniquement par la lutte, le retrait, la négation ou la résistance. Elle se fait aussi par une reconnaissance pleine et entière ainsi que par une résonance avec l'énergie qui nous domine.

Les processus de la reconnaissance et de la résonance apprennent à s'accepter tel que l'on est, à se dire la vérité au sujet de la maladie dont on souffre et de son mode de fonctionnement. La forme la plus com-

2. Abraham Maslow : *Vers une psychologie de l'être* (Fayard, 1972).

plète de cette acceptation est l'amour. S'aimer soi-même est la meilleure façon de sceller une alliance et de se mettre en résonance avec soi-même.

Il ne faut pas oublier que s'accepter tel que l'on est ne signifie pas pour autant se résigner aux circonstances du moment. Cela signifie accepter la vérité telle qu'elle est, puis avoir la volonté d'agir pour la transformer. Certains pensent que l'acceptation est incompatible avec le changement. En thérapie holoénergétique, accepter signifie reconnaître, entrer en résonance, prendre ses responsabilités, se faire honneur à soi-même en identifiant ce qui est vrai pour soi maintenant que l'on est disposé à changer.

Comment se dire la vérité ? Comme je l'ai fait remarquer précédemment, il existe d'autres moyens de savoir en dehors de la pensée rationnelle. Il est possible d'éveiller l'intuition pour accéder à une connaissance directe, intérieure.

L'une des meilleures façons de développer cette aptitude est la pratique de la méditation. Il faut donc trouver la méthode qui convient le mieux pour soi et se détendre pour arriver à une certaine sérénité (3). C'est alors que le champ de conscience s'élargit et que l'on peut percevoir les pensées, les sentiments et les sensations que l'on a en soi.

En règle générale, on n'a pas conscience de son propre corps, sauf quand on ressent une douleur quelconque. C'est pour cette raison qu'il convient de laisser le système corps-esprit exprimer holographiquement certaines vérités importantes à propos de soi.

▲ Exercice : prendre conscience de soi

1. Restez assis tranquillement et confortablement pendant une vingtaine de minutes, les yeux fermés. Ordonnez à votre corps de se détendre le plus possible et soyez attentif à l'évolution de sa décontraction.

2. Inspirez et expirez lentement et régulièrement par le nez. Concentrez votre attention sur l'espace qui sépare les deux narines. Cela aura pour effet d'apaiser votre esprit. Si votre esprit vagabonde, ramenez-le doucement mais fermement à l'espace compris entre vos narines.

---

3. Voir l'ouvrage de Judee Gee : *Comment développer votre intuition* (Editions Dangles).

3. Au bout de trois ou quatre minutes, attirez votre attention sur vos sensations physiques. N'essayez pas à tout prix à déceler une sensation, contentez-vous simplement de remarquer s'il y a des régions du corps dont vous n'avez pas conscience du tout. Y en a-t-il d'autres qui attirent votre attention, par une tension quelconque ou par une autre sensation ?

Concentrez-vous sur les sentiments ou sur les pensées suscités par ces sensations ou cette absence de sensation. Cela vous permettra de découvrir ce dont vous n'aviez pas conscience jusqu'ici.

Quand vous vous sentirez prêt, prenez une inspiration profonde et ouvrez les yeux.

Une autre méthode peut s'avérer utile pour développer son intuition : faire appel à son Guide intérieur (*Ressource 1,* p. 258). Si l'on choisit de ne pas travailler seul ni avec son guide intérieur, il peut être judicieux de le faire en compagnie d'un ami d'esprit ouvert, sur qui l'on peut compter pour dire la vérité sans jugement ni arrière-pensée.

Il y a quelques années, un psychiatre est venu me trouver car il souffrait d'une douleur dans le dos qui empirait progressivement. A l'époque, il lui était difficile de rester assis. A l'Université, des années plus tôt, il s'était blessé en jouant au football, mais il avait continué la partie en dépit de sa blessure et de la douleur.

Presque dix ans plus tard, il continuait à faire de longues journées de travail sans tenir compte des symptômes physiques qui lui indiquaient qu'il avait besoin de repos. Au cours de la thérapie, il commença à communiquer avec son corps au moyen d'un schéma holoénergétique, lui demandant de lui révéler la vérité. Son système corps-esprit lui dit sa colère de ne pas être écouté. Il avait besoin de repos et de tranquillité, mais aussi d'amour. Il lui dit que la douleur était le seul moyen qu'il avait trouvé pour se faire entendre. Le psychiatre fut profondément étonné et ému par cette communication. Il avait découvert l'intention positive qui sous-tendait sa douleur.

Au cours de notre séance holoénergétique, il se rendit compte qu'il était persuadé de ne pas mériter d'être aimé. Toute sa vie, il avait recherché l'approbation des autres et avait essayé de se prouver qu'il était digne d'être aimé en travaillant dur et par une pratique intensive du sport. Pourtant, ni le travail, ni le sport ne lui avaient permis d'atteindre son but. Ce n'est que lorsqu'il se souvint d'avoir été blessé lors d'un match de football à l'université qu'il prit conscience de sa conviction de ne pas être digne d'être aimé. C'est ce qui lui permit de se débarrasser de la forme holoénergétique qui avait entretenu son besoin de prouver sa valeur.

Une fois qu'il eut découvert cette croyance erronée et s'en fut débarrassé holoénergétiquement, la douleur disparut immédiatement ; il fut à nouveau capable de se pencher sans souffrir. Il commença alors à mener une vie bien différente. Il consacra davantage de temps à prendre soin de lui-même, s'accorda plus d'attentions et s'ouvrit plus spontanément à l'affection que lui témoignaient les autres.

Les solutions possibles

Dans les arts martiaux, on connaît toute une série de réactions possibles face à une menace, une attaque ou un abus. On peut :

1. ***Lutter*** : on fait alors appel à la force physique ou à la résistance émotionnelle par la discussion, par une contre-attaque verbale, et ainsi de suite.

2. ***Se retirer de la lutte*** : on peut s'enfuir, nier ou éviter de faire face à la situation, mettre ainsi une certaine distance entre elle et soi.

3. ***Négocier*** : on peut entamer un dialogue pour régler le problème verbalement.

4. ***Eviter d'agir*** : on peut simplement ne rien faire et continuer à vivre comme si la menace n'existait pas.

5. ***Créer la surprise ou faire diversion*** : on peut recourir à la tactique de la diversion ou brouiller les pistes pour tromper l'adversaire ou, dans certains cas, soi-même.

6. ***S'allier à l'adversaire*** : on peut donner temporairement l'impression d'accepter la situation et se joindre à l'adversaire pour orienter son énergie différemment, voire la transformer. *(Terry Dobson, professeur d'arts martiaux et auteur d'ouvrages dont j'ai tiré cette liste, enseigne le fonctionnement de ce procédé dans l'exercice « Alliance », p. 203).*

2. L'intention positive

Cet exemple constitue une leçon particulièrement instructive. Toute énergie vitale comporte une intention positive. Derrière les comportements, les actes, les réactions et les réponses se dissimule toujours une intention positive, bien que celle-ci n'ait peut-être pas toujours pu ou su s'exprimer ou se concrétiser. Une intention positive est le désir de vivre une expérience intérieure à laquelle on tient, c'est-à-dire quelque chose que l'on ressent, que l'on voit ou que l'on entend en soi-même. Il peut s'agir d'une image, d'une pensée ou d'un sentiment qui engendre le bien-être et reflète la force vitale que l'on a en soi. Il faut bien comprendre qu'il y a une différence entre ce que l'on veut accomplir par ses paroles, par ses actions ou ses réactions, par ses buts, par ses réalisations et ses convictions d'une part, et, d'autre part, l'intention positive qui sous-tend tout cela : le désir de liberté, d'amour, de paix, de maîtrise de soi, de bonheur et de compréhension. Une fois que l'on a pris conscience de ce que l'on veut vraiment, il est beaucoup plus facile d'abandonner toute résistance au changement et tout attachement à une forme familière.

Alors que l'on est en résonance avec le schéma holoénergétique ou l'image que l'on désire changer, on peut se mettre en position d'observateur et demander à ce schéma ou à cette image ce qu'il ou elle veut réellement. Cette démarche peut aider à découvrir l'intention positive qui sous-tend les symptômes ou comportements indésirables. Cette intention est une expression de ce que veut le Moi supérieur. Il devient alors possible de l'utiliser pour transformer le schéma à modifier au cours du processus de reconstruction. Pour ce faire, il faut donner à l'intention positive l'image d'une représentation holoénergétique, par exemple un symbole ou une présence, ou bien une personne qui incarne le mieux les qualités de cette intention.

En thérapie holoénergétique, on commence par identifier ce que l'on désire changer. Ensuite, on entre en résonance avec. Enfin, on le *défait*. Pour défaire un schéma énergétique, on fait consciemment le choix de se débarrasser de l'ancienne forme et de la *transformer*. Au moyen des méthodes de respiration décrites précédemment, on expire avec force, comme pour chasser le schéma indésirable – qu'il s'agisse d'une croyance erronée, d'une pensée ou d'une image – hors du corps depuis la région affectée. Cette opération se termine holoénergétiquement par le retrait volontaire de l'énergie libérée à l'aide des mains ; cela a pour effet de créer un espace vide dans lequel il est possible de créer une nouvelle forme, choisie plus consciemment.

Une autre méthode de transformation d'un schéma holoénergétique consiste à laisser absorber l'image du schéma original par celle de son intention positive. La technique la plus efficace consiste à remonter à la source, ce qui permet d'approfondir le processus holoénergétique (se reporter à la *Ressource 2,* p. 265).

Après avoir transformé un schéma holoénergétique, on laisse le système corps-esprit recouvrer son harmonie naturelle, soit spontanément, soit en introduisant le schéma énergétique harmonieux ou l'image de l'intention positive que l'on vient de découvrir et qui favorise le bien-être et le sentiment d'unité.

A la suite de cette libération holoénergétique, il est judicieux de pardonner. Au moment de la libération, on se débarrasse de la forme ancienne et on rencontre l'harmonie qui en résulte. On cesse de faire ou de se faire des reproches pour les difficultés rencontrées au cours de la maladie. Ce processus de pardon, que nous décrivons à la fin de ce livre, nous permet de libérer les énergies qui nous enchaînent et nous aveuglent.

Cette description du processus de libération jette les bases des instructions qui suivent. Je le répète, il est essentiel de les lire attentivement avant de les mettre en pratique.

▲ Exercice : la libération commence par une intention

1. Posez-vous la question suivante : « Ai-je le désir de me débarrasser de ce schéma, de cette croyance ou de cette image aujourd'hui pour le ou la remplacer par ce que je veux réellement ? » Toutes les croyances et toutes les images sont des illusions. Pourquoi, dans ce cas, ne pas en choisir de plus bénéfiques ? Vous pouvez abandonner toutes celles qui ne vous servent plus à rien et opter pour de nouvelles, plus constructives.

Par exemple, dans l'un de mes ateliers un homme découvrit qu'il croyait ne pas mériter d'être aimé. Ce choix, il l'avait fait avec l'aveuglement d'un enfant qui aurait grandi dans une famille désunie. Il reconnut avoir effectivement fait ce choix et se rendit compte qu'il pouvait parfaitement en faire un autre s'il le désirait, mais cette fois en tenant compte des connaissances et de l'expérience plus riches qu'il possédait désormais. Il choisit donc de s'estimer digne d'être aimé et d'aimer. (Il est possible de remplacer holoénergétiquement l'image du schéma ou de la maladie indésirable par une représentation de ce que l'on veut réellement ; le système corps-esprit réagira positivement.)

2. Une fois arrivé à la conclusion que vous désirez effectivement vous libérer de ce schéma, de cette croyance ou de cette image, prenez une inspiration en vous imaginant que l'air traverse la région affectée, le chakra de votre choix, ou la zone du thymus. Gardez votre respiration tout en pensant à ce dont vous avez choisi, en toute honnêteté, de vous libérer.

Le fait de retenir votre respiration permet d'accumuler une charge d'énergie et d'attirer l'attention du subconscient. Cela a aussi pour effet de mettre le corps en résonance plus étroite avec la terre ; vous êtes alors en communication avec une plus grande partie des ressources énergétiques de votre corps et vous les mobilisez.

3. Effectuez cette opération tout en insufflant de l'énergie dans la zone témoin, un chakra spécifique ou une région du corps que vous avez ciblée au cours de la phase de résonance, à l'aide de vos mains, par la pensée ou par les sentiments (fig. 11, p. 197).

4. Chassez l'air de vos poumons avec force au travers de la zone énergétisée, avec l'intention de vous libérer du schéma dissonant, de l'image indésirable ou de la maladie. Expirez violemment et avec l'intention de défaire l'ancienne forme de pensée. Visualisez la transformation de cette forme énergétique. Alors que vous chassez l'air de vos poumons au travers de cette région du corps, renforcez votre action sur ce champ énergétique en retirant brusquement votre main ou vos mains du champ, cette fois avec l'intention d'extraire l'énergie libérée. Imaginez que vous « aspirez » l'énergie hors du champ pour la libérer et la transformer.

5. Accordez-vous quelques instants de repos. Profitez-en pour goûter votre libération de la forme énergétique dissonante.

6. Revenez alors sur la région affectée et introduisez à nouveau de l'énergie à l'aide de vos mains et en concentrant votre attention. Que ressentez-vous maintenant ? Quels changements intérieurs se sont produits ?

7. A l'inspiration suivante, faites pénétrer l'énergie de la terre par la plante des pieds. Gardez votre respiration quelques instants, puis expirez avec force en imaginant que l'air passe par la région qui vient d'être libérée et entraîne avec lui ce qui pouvait subsister de l'ancien schéma. Répétez cette respiration de purification encore une fois.

Vous avez donc créé un vide là où se trouvait une forme spécifique. Vous vous êtes libéré de schémas de pensée qui entretenaient un état pathologique ou, du moins, un malaise. Le vide s'est transformé en une source d'évolution et de transformation.

Vous pouvez maintenant choisir comment transformer la zone énergétique que vous avez libérée. Vous pouvez la remplir ou la laisser se remplir avec une énergie spirituelle, ou bien avec une forme, une image, une croyance ou une intention positive de votre choix, plus harmonieuse et plus favorable à ce que vous voulez faire de votre vie.

3. Le pardon : la libération finale

Une fois la phase de libération holoénergétique terminée, un dernier niveau de libération devient accessible : le pardon. Bien que le processus du pardon exposé ci-après soit facultatif, il n'en constitue pas moins un puissant outil de guérison.

Beaucoup de ceux qui ont clos la phase de libération de cette façon ont ensuite connu des changements profonds dans leur vie.

Un cas où le pouvoir du pardon est apparu particulièrement évocateur s'est produit immédiatement à la suite d'un atelier que j'avais organisé. Après la phase du pardon, exposée au cours d'une démonstration, la dame avec laquelle j'avais travaillé reçut un message de la réception de son hôtel l'informant que quelqu'un l'avait demandée au téléphone. Lorsqu'elle appela le numéro laissé par la personne, elle découvrit qu'il s'agissait de son ancien ami, à qui elle venait justement d'accorder son pardon. Ils ne s'étaient plus parlé depuis plus d'un an !

Tel que je le décris ici, le pardon est plutôt une démarche intérieure qu'un acte consistant à aller au-devant de la personne avec laquelle on a eu un différend pour lui dire que tout est pardonné. Dans ce cas, il signifie se débarrasser d'une forme énergétique que l'on gardait à l'esprit. S'en libérer, par le pardon, c'est se libérer soi-même. Ainsi, l'énergie employée jusque-là à l'entretien de la colère, d'une déception ou d'une blessure, redevient disponible pour agir positivement et de manière saine, aussi bien pour soi que pour les autres. Pardonner, c'est « par-donner » de l'amour aux autres.

A la lumière de la compréhension qui découle d'une attitude de compassion, on peut choisir de pardonner non pas ce qui s'est passé, mais les raisons pour lesquelles un événement s'est produit. Plus important encore, c'est soi-même qu'il convient de pardonner. Les enfants, par exemple, quand ils sont encore dans la phase égocentrique de leur croissance, peuvent avoir le sentiment de mériter des reproches pour avoir fait une chose ou une autre. Quand un père décède ou abandonne le foyer, l'enfant peut avoir l'impression que c'est par sa faute. Les enfants peuvent aussi éprouver un sentiment de culpabilité lorsqu'ils sont victimes de mauvais traitements physiques ou émotionnels, ou encore d'abus sexuels. C'est pour cette raison qu'une fois adultes ils doivent apprendre à se pardonner eux-mêmes et à se débarrasser de ces interprétations erronées des événements vécus pendant l'enfance.

Le pardon permet souvent une libération, de soi-même ou des autres. La colère ou la douleur que l'on ressent et à laquelle on s'accroche rappelle constamment une souffrance passée. Accorder son pardon à quelqu'un est en fait un acte d'amour propre, qui revient à se libérer de l'ancienne forme et créer ainsi un espace dans lequel une nouvelle forme peut prendre place.

Le plus souvent, il n'est même pas nécessaire d'informer la personne qu'on lui a pardonné. Pourtant, des patients, des amis ou des participants à mes ateliers – comme celui évoqué plus haut – me rapportent régulièrement que la personne pardonnée semblait le savoir. Il n'est pas rare que celle-ci se manifeste peu après, pour reprendre contact sur de nouvelles bases.

J'ajouterai que peu importe si la personne à qui l'on pardonne se trouve à proximité, très loin, voire même décédée. Le plus important, dans le pardon, c'est qu'il favorise la guérison de celui qui le dispense en achevant de le libérer des formes énergétiques à l'origine de la maladie.

Voici la marche à suivre dans le processus du pardon :

▲ Exercice : le pardon

1. Installez-vous confortablement et détendez-vous, de préférence en un endroit où vous êtes sûr de ne pas être dérangé pendant une dizaine ou une quinzaine de minutes.

2. Choisissez la ou des personnes à qui vous voulez pardonner. Demandez-vous si vous êtes sincère.

3. Fermez les yeux et prenez plusieurs inspirations abdominales profondes pour vous détendre.

4. Concentrez-vous sur votre plexus solaire.

5. Placez une main à une distance de 10 à 20 cm du corps, au-dessus du plexus solaire. Avec l'autre main, efforcez-vous de sentir le champ énergétique à mesure qu'il se charge. Energétisez cette région du corps, comme vous l'avez fait dans la phase de résonance et de libération du champ énergétique associé à votre maladie.

6. Inspirez profondément, comme si vous respiriez par le plexus solaire. Gardez votre respiration un moment puis, en laissant l'air s'échapper de vos poumons par le plexus solaire, évoquez mentalement l'image de la ou des personnes à qui vous voulez pardonner, en entourant chacune d'un cercle de lumière violette.

En créant un cercle, votre esprit conscient envoie à votre subconscient un message l'informant qu'il doit limiter le champ énergétique à ce cercle, afin d'enfermer en quelque sorte tous ceux à qui vous voulez pardonner. Vous pourrez ainsi transmettre vos émotions sans vous soucier de blesser ces personnes ou d'être blessé par elles.

7. Communiquez mentalement avec leur image, sans tenir compte de ce que ces personnes ont fait, ou non, pour causer votre problème. Il est important d'exprimer à l'intention de leur image tout ce que vous avez gardé en vous, y compris les sentiments de douleur, de colère, de regret, de tristesse, bref, tout ce que vous leur reprochez.

Une partie de vous – votre schéma holoénergétique – peut avoir le désir de les punir, de les frapper ou de les injurier. Plus vous vivez et exprimez ces schémas et sentiments (du moins en pensée), les amenant à une intention positive, plus le pardon et la guérison sont complets.

Par les sentiments et l'imagination, vous accédez à la résonance des incidents critiques. Si vous reconnaissez l'existence de vos sentiments et vivez en accord avec eux, vous pouvez les transformer holoénergétiquement. Une fois libéré de ceux qui engendrent blocages et contractions, l'énergie circule spontanément en direction de la région où se trouvait la blessure et la remplace par de nouveaux schémas.

8. Il faut vous rendre compte que les personnes à qui vous n'aviez pas pardonné étaient en quelque sorte prisonnières de vous. Vous montiez la garde devant la porte de la prison. Vous leur rappeliez – et vous rappeliez à vous-même – la dissonance entre elles et vous. Comme le geôlier, vous avez créé entre elles et vous des liens reposant sur le reproche et la punition. Pardonner revient à libérer, à laisser aller, à libérer l'énergie qui vous retient.

9. Réfléchissez un instant à votre désir de leur pardonner. Regardez-vous, debout devant la porte de la prison et sur le point de les relâcher dans la lumière. Le pardon est un acte d'amour de soi. Pour pardonner, il n'est pas nécessaire d'oublier ni d'aimer ceux à qui vous avez choisi de pardonner. Il s'agit simplement de les « relâcher ». Cela aura pour effet de libérer votre énergie ; elle sera alors disponible pour votre propre évolution. Insérez la clef du pardon, ouvrez la porte de la prison en grand et apprêtez-vous à relâcher ces personnes dans la lumière.

10. Concentrez votre attention sur votre plexus solaire et prenez une profonde inspiration tout en gardant à l'esprit l'image de ceux à qui vous avez choisi de pardonner.

11. Chassez l'air de vos poumons brusquement et avec force par le plexus solaire. Relâchez et supprimez complètement l'image de ces personnes en faisant tourbillonner l'énergie dans la pièce où vous vous tenez, la libérant dans la lumière et lui rendant son potentiel maximum. A l'aide de vos mains, défaites le champ éthérique en

retirant en même temps l'énergie indésirable de la région affectée. Répétez cette respiration de transformation encore deux fois.

12. Ensuite, à l'aide des mains, imaginez que vous vous couvrez le plexus solaire avec une lumière dorée.

13. Concentrez-vous maintenant sur le centre de votre poitrine et placez vos mains sur le centre du cœur. Dorénavant, quand vous communiquerez avec ceux à qui vous avez pardonné, verbalement ou non, arrêtez-vous un instant, concentrez-vous sur le centre de votre poitrine et communiquez avec le cœur.

14. Maintenant, évoquez mentalement une image de vous-même à l'époque de votre enfance, de votre adolescence, à l'âge adulte, ou à ces trois périodes. Dites-vous mentalement ce que vous voulez vous pardonner à vous-même. Prenez une inspiration profonde en imaginant que l'air passe par le chakra du cœur… Tendez vos bras devant vous et embrassez votre image. En relâchant lentement votre respiration depuis le centre de la poitrine, efforcez-vous de ressentir le pardon que vous vous êtes accordé. Dites-vous que tout est pardonné et réconciliez-vous avec vous-même.

Ce qui suit est une transcription d'une démonstration du processus de pardon que j'ai faite lors d'une conférence donnée à Seattle. Dans ce dialogue, les initiales « LL » sont les miennes, « PA » représentant la participante.

LL : Avez-vous le désir de libérer cette personne et de lui pardonner ?

PA : Oui.

LL : Très bien. Fermez les yeux. Respirez profondément et détendez-vous.

A l'audience : Si je place une main sur le chakra du cœur en me tenant en face de la patiente avec l'autre main dans son dos, je crée un champ énergétique et j'entre en résonance avec elle.

A la participante : Remarquez-vous quelque chose quand j'appose mes mains sur vous ?

PA : Oui, dans le dos.

LL *aux autres participants :* Quand on se concentre sur le thymus et le chakra du cœur, il y a transfert d'énergie. Il faut un certain temps au corps pour l'absorber, mais une fois que c'est fait, on commence à ressentir un picotement dans la main réceptrice. Certaines personnes ont une sensation de chaleur, d'autres de fraîcheur ; d'autres encore ressentent une pression ou une pulsation.

A la participante : Prenez une inspiration profonde, gardez l'air dans vos poumons un moment puis, en expirant lentement, représentez-vous mentalement les personnes à qui vous voulez pardonner. Efforcez-vous d'en avoir une image nette. Entourez mentalement chaque image d'un cercle violet. Indiquez à chacune de ces personnes ce pour quoi vous voulez la pardonner, ce qu'elle a fait ou aurait dû faire.

Laissez-vous aller à ressentir votre colère, votre tristesse, votre peur, votre honte ou votre culpabilité avant de leur pardonner effectivement. Il faut vous dire que vous avez gardé ces personnes prisonnières, en quelque sorte, et que vous avez maintenant décidé de les libérer. Par vos reproches et vos punitions, en les enchaînant, vous avez limité aussi bien votre propre liberté que la leur. Aussi, en les libérant, vous vous libérez vous-même également.

Maintenant, regardez-vous debout à la porte de la prison. Insérez la clef du pardon. Ouvrez la porte en grand et laissez-les sortir à la lumière pour les libérer. Vous n'avez pas besoin d'oublier les leçons apprises, ni de les aimer ; contentez-vous de les relâcher symboliquement par l'intention, par l'imagerie et par la respiration. Cela libérera votre énergie et vous pourrez alors l'employer pour votre propre évolution.

PA : (Hoche la tête pour indiquer qu'elle est prête.)

LL : Concentrez votre attention sur votre plexus solaire et prenez une inspiration profonde tout en gardant l'image de ces personnes à l'esprit. Pensez maintenant à votre intention de leur pardonner et de les relâcher. (LL prend une inspiration profonde.) Lorsque je dirai « Relâchez ! », contentez-vous de relâcher votre respiration par le plexus solaire. Ensuite, libérez totalement ces images en faisant tourbillonner l'énergie dans la salle et en la relâchant dans la lumière.

PA : (Chasse l'air de ses poumons.)

LL : (Inspire.) : Prenez une autre inspiration et expirez (la participante répète l'exercice de respiration pulsée et synchronisée).

Maintenant, concentrez-vous sur le centre de votre poitrine. A l'avenir, quand vous communiquerez avec ces personnes, verbalement ou non, faites simplement une pause pendant quelques instants, concentrez-vous sur votre cœur et communiquez avec eux depuis cette région du corps.

Ensuite, visualisez votre propre image, mais cette fois sans l'entourer d'un cercle violet, et communiquez silencieusement ce que vous avez choisi de vous pardonner à vous-même. Une fois la communication terminée, prenez une profonde inspiration par le centre solaire et prenez votre image dans vos bras. En expirant par le centre solaire, laissez-vous aller pour ressentir les effets du pardon.

PA : (Hoche la tête.)

LL : Tout est pardonné. Réconciliez-vous avec vous-même en fusionnant avec votre image.

Lorsque la phase de libération holoénergétique est terminée, vous êtes prêt à aborder l'étape suivante, celle de la *reconstruction.*

CHAPITRE X

La reconstruction

« Revenir à la source, c'est trouver la signification ; poursuivre les apparences, c'est la manquer. »

Sengtsan (troisième patriarche du zen).

« En repensant maintenant à certaines choses qui me paraissaient catastrophiques à l'époque, je me rends compte qu'elles ont permis la structuration d'aspects très positifs de ma vie et de ma carrière. »

Joseph Campbell.

Une vieille histoire parle d'un voyageur qui s'est égaré dans une région qui lui est totalement inconnue. Remarquant un cultivateur qui laboure son champ, il s'arrête et va le trouver. Le fermier arrête son tracteur et le regarde, interrogateur.

– Je me suis perdu, dit le voyageur. J'aurais besoin d'aide.

– Savez-vous où vous êtes ? demande le fermier.

– Oui, répond le voyageur, j'ai vu le nom de la ville à environ un kilomètre d'ici, en venant.

– Et savez-vous où vous voulez aller ? demande le fermier.

Le voyageur hoche la tête en indiquant sa destination.

– Alors, vous n'êtes pas perdu, dit le fermier. Vous avez seulement besoin que l'on vous indique comment vous y rendre.

Dans les deux dernières phases de la thérapie holoénergétique, il peut y avoir un moment, généralement assez court, où l'on se sent comme ce voyageur. On sait où l'on est, c'est-à-dire que l'on ressent de la douleur, un malaise, de la peur, de l'agitation ou de la confusion. En même temps, on sait où on voudrait être : là où l'on sera libéré de l'anxiété, de la maladie et en paix. Mais on se sent un peu perdu.

Dans la phase de reconstruction, nous allons donc trouver les indications et l'objectif qui nous font défaut. Nous allons aussi redécouvrir la force de notre guide intérieur, car il ne nous a jamais quitté.

1. Le choix du changement

En libérant le schéma énergétique que l'on désire changer, on a créé un vide. Il devient alors possible de laisser le système corps-esprit et le champ éthérique retrouver leur harmonie et leur équilibre naturels. Mais on peut également choisir de créer un nouveau schéma énergétique qui favorise le bien-être et donne un sentiment d'indivisibilité, tout en donnant un nouvel objectif, un nouveau sens à sa vie.

Pour ce faire, replacez les mains dans le champ autour de la région du corps ou autour du chakra sur lequel vous avez travaillé jusqu'ici. Concentrez-vous sur la nouvelle image, sur l'intention positive, et créez une nouvelle croyance ou un nouvel objectif que vous introduirez dans cette zone. Respirez profondément par le chakra de la couronne pour alimenter cette nouvelle image ou croyance en énergie. Ensuite, expirez lentement en direction de la zone pour la remplir avec la nouvelle forme énergétique que vous voulez y introduire, avec la lumière de l'amour, qui est une forme équilibrante et thérapeutique universelle.

Par exemple, vous pouvez remplir le vide créé avec une image traduisant la santé. Ce peut être utile quand on doit traiter une lésion physique. Dans ce cas, recherchez une illustration de l'organe, du tissu ou de la cellule affectée dans un ouvrage d'anatomie. Ensuite, visualisez cette représentation de santé et d'indivisibilité remplissant la zone affectée (1).

Si vous ne disposez pas d'une illustration de l'organe sain, ou si vous ne souhaitez pas faire appel à une image pour remplacer la forme énergétique que vous avez libérée, vous pouvez recourir à un symbole pour créer une forme saine. Par exemple, vous remplirez la zone affectée par un symbole parlant du résultat que vous voulez obtenir. Ce peut être une étoile, une échappée de soleil, un bleu profond, un lac serein, une flamme pourpre, un arbre, une fleur ou tout simplement notre planète flottant tranquillement dans l'espace. Vous pouvez introduire la sensa-

---

1. Pour plus de détails à ce sujet, le lecteur pourra se reporter utilement au livre de Lennert Nilsson : *Le corps victorieux* (Le Châne, 1986) ou à d'autres ouvrages d'anatomie.

tion de picotement ou de chaleur pour traduire la sensation de guérison et de bonne santé. Le recours à un symbole, un sentiment ou une image de santé évoque les fréquences énergétiques naturelles et équilibrées de l'organe sain.

Dans la phase de reconstruction du traitement de problèmes principalement émotionnels, on peut remplir la zone à soigner avec l'intention positive qui sous-tend le problème ou la maladie, avec une nouvelle foi (« Je suis digne d'être aimé… J'apprends à profiter de l'instant présent… ») ou avec de la lumière et de l'amour. Ces derniers ont une fonction d'harmonie universelle. Ils relient la région affectée à la structure universelle et lui rappellent la fréquence naturelle qui est la sienne lorsqu'elle est en bonne santé. L'énergie de l'amour, quand elle a une fréquence plus élevée, peut également empêcher le retour de la forme ou du schéma pathologique.

Il est également possible de remplir le vide créé avec le nouvel objectif, la nouvelle vision, le nouveau rêve. Il ne faut pas oublier que l'énergie qui, jusque-là, servait à entretenir la maladie ou le malaise, vient tout juste d'être évacuée. Désormais, elle est donc disponible pour des objectifs en alignement avec l'intégralité de votre potentiel, ou Moi supérieur.

2. Identification d'un objectif

Nous naissons tous avec une combinaison unique au monde de qualités et d'aptitudes qui nous définissent. C'est à partir du moment où nous arrivons à les connaître, à les accepter et à les exprimer que nous pouvons vivre une vie créative et qui satisfait nos aspirations. Toutes ces qualités et aptitudes sont des reflets de l'énergie spirituelle présente dans notre vie. En prendre conscience permet de se mettre en alignement avec son objectif. De nombreuses traditions spirituelles soutiennent qu'il n'y a qu'un objectif universel dans la vie : se connaître et être soi-même, tout en ne faisant qu'un avec le reste de l'Univers. Chacun exprime cet objectif universel à sa propre manière (2).

2. Certaines informations contenues dans cette section proviennent de *Discovering Your Soul's Purpose* (A.R.E. Press, Virginia Beach, 1984).

Pour prendre conscience de votre propre objectif, vous pouvez revenir sur certains moments de votre vie où vous avez éprouvé un sentiment de réussite ou de succès :

1. Repensez aux succès que vous avez remportés. Laissez-vous aller à revivre ce que vous avez ressenti alors. Il se peut qu'en ces moments, vous ayez donné le meilleur de vous-même, que vous vous soyez montré sous votre meilleur jour ou, tout simplement, que vous ayez connu un grand bonheur, une sorte d'extase. Y a-t-il eu des moments où ce que vous faisiez vous donnait un sentiment de plénitude, d'accomplissement ? Durant lesquels vous vous sentiez « dans le coup », où vous avez eu l'impression de communier avec ce que vous faisiez.

2. Dressez une liste des qualités et aptitudes qui vous ont permis de vivre ces événements ou qui ont permis aux circonstances d'évoluer en votre faveur.

3. Repensez aux qualités et aptitudes personnelles qui vous permettent de tisser des liens avec les autres, avec les choses, de vous tenir au courant de ce qui se passe.

Admettez que celles qui vous ont permis de vivre tout cela étaient déjà en vous. Elles représentent la force spirituelle qui vous anime. En apprenant à les connaître et en les acceptant comme vôtres, vous apprenez à définir votre objectif. Autrement dit, vous apprenez à déployer votre aptitude à réussir dans la vie. Les succès qui apportent les satisfactions les plus profondes découlent du choix de tirer parti de ce que l'on a d'unique en soi, de « suivre son inspiration ».

Un élément important de la découverte de son objectif est le fait d'être conscient des qualités, des aptitudes et des valeurs qui font son unicité, ainsi que de ce qui permet de l'atteindre. Beaucoup de gens réussissent sans avoir conscience de la façon dont ils procèdent. C'est en en prenant conscience qu'ils découvrent leur objectif.

Il existe une autre façon de prendre conscience de son objectif propre. Pour cela, il faut revivre des temps forts de sa vie. Pour aider ses patients à le faire, Maslow (3) leur demandait de *« repenser au moment ou à l'expérience la plus agréable de leur vie ; aux moments où l'on a connu le plus grand bonheur, l'extase, le ravissement, par exemple en étant amou-*

---

3. Abraham Maslow : *Vers une psychologie de l'être* (op.cit.).

reux, en écoutant de la musique ou en étant "saisi" par un livre ou un tableau, ou en revivant un grand moment de créativité. »

Les expériences les plus marquantes se produisent tantôt dans ces circonstances ordinaires, tantôt dans des circonstances extraordinaires, mais leurs effets sont identiques. D'un seul coup, sans que l'on s'y attende, des façons de penser et de ressentir s'évanouissent. On s'ouvre alors à une autre partie de soi-même ; on a le sentiment de se « réconcilier » avec soi, un sentiment d'unité et d'indivisibilité.

Accordez-vous quelques instants pour repenser à certains temps forts de votre propre vie. Ils peuvent avoir eu lieu à un moment où vous vous trouviez dans la nature, lors d'un concert, au cours d'une compétition sportive, lors d'une séance de méditation ou simplement pendant une conversation avec un ami. La caractéristique la plus importante de cette expérience est le sentiment d'être davantage soi-même et, en même temps, d'avoir l'impression de ne faire qu'un avec l'activité dans laquelle on est engagé à ce moment-là.

Bien que ces temps forts aient pu se produire en des circonstances tout à fait banales, on ne les en a pas moins perçus comme exceptionnels. Mais il est également possible que l'on se soit trouvé, à ce moment-là, dans un état de conscience peu ordinaire, comme par exemple lors d'une séance de méditation ou dans un rêve.

Très souvent, ces expériences marquantes ont lieu spontanément et sans effort. On a l'impression de n'avoir rien fait de particulier pour les susciter. Au cours de telles expériences, on est souvent tenté de se dire que l'on a trouvé sa vraie nature et que l'on aimerait se sentir ainsi plus souvent.

Après y avoir réfléchi un moment, notez, en quelques mots ou en quelques phrases, ce qui caractérise ces expériences. Ensuite, à partir de ce que vous avez écrit, formulez une phrase qui exprime l'essentiel dans ces expériences, par exemple :

– « Pureté de l'être, plénitude du moment, communion avec l'Univers. »

– « Amour inconditionnel, donné et reçu. »

– « En harmonie avec le monde qui m'entoure, spontané, libre. »

Des phrases comme celles-ci vous aideront à percevoir intuitivement votre objectif ultime, la source de votre inspiration et ce qui vous rend heureux. Les temps forts de votre vie vous permettent d'avoir un aperçu de la force spirituelle provenant du Moi supérieur et qui vous habite.

3. Trois niveaux de changement

En thérapie holoénergétique, le changement se fait par la prise de connaissance, par l'amour et par un choix conscient. Il prend naissance d'abord aux niveaux émotionnel, mental, de l'intuition et spirituel, ensuite seulement au niveau physique. Il existe trois manières d'aborder les phases de libération et de reconstruction énergétiques : la traduction, la transformation et la transcendance, les « trois T » du changement. Chacun d'eux est associé à un changement sur le plan de la conscience.

a) La traduction

Lorsqu'un bon traducteur transcrit une pensée ou un sentiment d'une langue dans une autre, la forme change, mais le contenu (la source) reste identique ou ne change que très peu. Ainsi, un poème d'amour évoquera approximativement les mêmes sentiments en anglais, en français, en chinois ou en russe. De même, en thérapie holoénergétique, la traduction de l'énergie n'a que très peu d'impact sur sa source, voire pas du tout, alors qu'elle change la « langue » dans laquelle le schéma holoénergétique est exprimé.

Lorsqu'un homme quitte son travail en courant pour se défouler parce qu'il est fâché contre son patron, il traduit sa colère en action. Pourtant, le problème qui est à l'origine de cette colère n'a pas changé. Ce qui a changé, c'est que l'homme a traduit cette source du langage de la pensée et des sentiments dans celui du mouvement physique.

La traduction se fait sur le plan émotionnel, quand on place une émotion en un endroit où elle peut se dissiper. C'est par exemple le cas quand on traduit sa colère en action, ou quand on passe d'une émotion à une autre. Les sentiments qui engendrent la contraction des champs énergétiques comme la pitié peuvent être mués en empathie, l'entêtement en persistance, la tendance à porter des jugements en discernement, les pensées négatives comme : « Je suis indigne d'être aimé » en affirmations comme : « Je mérite d'être aimé. »

Le principe clef qu'il convient de garder à l'esprit dans le processus du changement par la traduction est que la source, elle, ne change pas ; autrement dit, le schéma holoénergétique sous-jacent qui a déclenché la circonstance que l'on désire changer reste intact et continue à vous affecter. Il continuera à fonctionner comme un schéma dissonant, à reproduire et à attirer les pensées, sentiments ou actes indésirables tant que vous ne serez pas remonté jusqu'à la source pour le transformer.

Le procédé de la traduction peut donner d'excellents résultats au niveau symptomatique et c'est une part importante du processus de guérison. L'imagerie et la visualisation peuvent s'avérer utiles pour dissiper les symptômes, voire permettre la guérison. Dans la pratique, on traduit le symptôme, on le convertit en un symbole ou en une image. Ensuite, on change cette image et, le plus souvent, cela se répercute sur le symptôme.

Par exemple, il est possible de traiter les symptômes de l'herpès au niveau de la traduction. La lésion, qui donne souvent une sensation de brûlure, peut être visualisée symboliquement comme des charbons ardents. En imaginant que l'on verse symboliquement de l'eau froide sur la braise, on éteint celle-ci. Ensuite, au niveau physique, la rougeur, la douleur et le gonflement disparaissent ; le changement par la traduction a eu lieu.

En acupuncture, ainsi qu'avec certaines autres formes de thérapie corporelle, le praticien peut dériver le flux énergétique d'une région du corps vers une autre, afin de rétablir l'équilibre ou d'amener les énergies là où elles sont plus utiles.

Quand on se dit que le verre n'est pas à moitié vide, mais à moitié plein, on peut dire qu'on effectue un changement par un procédé de traduction puisqu'en fait la quantité de liquide (le niveau de la conscience) qui s'y trouve reste identique.

En règle générale, la traduction précède la transformation. Quand on traduit un symptôme en une image ou en un symbole, puis que l'on confronte l'incident ou le choix critique, les croyances profondes qui en sont à l'origine, pour dévoiler l'intention positive, on peut dire que le processus de transformation est lancé. Il se poursuit par la libération et la reconstruction, par la fusion et le développement holoénergétique de l'image.

b) La transformation

La transformation consiste à accéder à un niveau de la conscience où l'on n'est pas seulement conscient du malaise dû aux circonstances actuelles, mais aussi à leur source, c'est-à-dire au schéma holoénergétique qui en est la cause et qui l'entretient. En remontant à la source d'une maladie, d'une émotion ou d'une croyance, on élargit son champ de conscience. C'est lorsque la perception à un niveau de conscience supérieur et durable de la source de la maladie est associée à des changements énergétiques évoqués consciemment que la guérison holoénergétique a lieu. Ce processus est plus qu'une traduction, en ce sens qu'il implique à la fois la perspicacité et la compréhension psychologiques, mais aussi le changement de schémas énergétiques indésirables qui se manifestent sous la forme de sentiments et de pensées, de choix et de décisions, de croyances et d'attitudes associés à la maladie.

Avec le processus de la traduction, le champ de conscience s'étend et se contracte continuellement à un niveau donné. On peut n'avoir conscience que de la page que l'on est en train de lire puis, l'instant suivant, de la pièce où l'on se tient. Pendant le sommeil, on est moins conscient qu'en état d'éveil. Le changement holoénergétique prend place quand la conscience est élargie, et durablement, par le passage à un niveau supérieur. Comme le rappelle Metzner (4), la transformation implique que *« la structure et le fonctionnement de notre psyché deviennent différents. »*

Chacun des niveaux de la conscience a son propre schéma vibratoire, sa propre structure et sa propre fonction. Les qualités vibratoires des niveaux supérieurs de la conscience s'étendent et redonnent forme à son contenu, changeant les perceptions, les pensées, les sentiments, les choix et les croyances.

La transformation est un mouvement en direction d'un niveau de conscience différent. La volonté et l'aptitude à voir la vérité sur soi-même y sont plus fortes. Les schémas énergétiques à l'origine de la maladie sont comme une ancre qui maintiendrait l'individu à une structure ou à une forme de conscience donnée. Lorsqu'on s'en libère, on est libre de s'élever à un niveau de conscience supérieur et, par conséquent, à une perception plus nette de la source de la maladie. Aux niveaux

---

4. Ralph Metzner : *Opening to the Light* (p.2)

vibratoires supérieurs, on peut accéder à ce qui est à l'origine du problème et donne sa forme à un schéma énergétique particulier.

La transformation et la guérison peuvent se produire sur les plans physique, émotionnel, mental ou spirituel, les résultats pouvant s'exprimer sur n'importe lequel de ces plans.

Au niveau physique, la transformation se traduit souvent – mais pas systématiquement – par un changement de comportement et d'apparence. Par exemple, la Bible rapporte qu'à la suite de sa transformation, Saül, d'ennemi de la foi en est devenu un ardent défenseur. De même, il existe des exemples de grands criminels devenus des citoyens modèles. D'autres, après avoir vécu une expérience de transformation, voient leur pratique spirituelle et leur chemin de vie confirmés sans changement extérieur apparent. Les maîtres zen aimaient à rappeler qu'une transformation spirituelle n'empêche nullement de retourner ensuite à son activité habituelle de bûcheron ou de porteur d'eau.

Comme le fait observer Metzner (5) : *« L'apparence physique ne change pas nécessairement lors d'une transformation de la conscience ou du Moi... Dans la maladie et lors de la guérison, la forme physique et l'apparence peuvent changer considérablement. Quiconque a guéri d'une tumeur, spontanément ou par suite d'une intervention psychique, a induit une sorte de transformation alchimique des éléments physiques du corps. »*

Sur le plan émotionnel, la transformation permet une prise de conscience et une intégration durables de sentiments suscitant expansion et contraction, ainsi que de leur origine. Il est possible de traduire le stress en sensation de détente par certains exercices respiratoires. Toutefois, c'est en remontant à la source de ce stress pour le réduire durablement que l'on transforme ces sentiments.

Sur le plan mental, l'élargissement du champ de conscience obtenu par la transformation permet d'assumer la responsabilité de l'origine de la maladie, d'évacuer la forme énergétique indésirable qu'elle produit, puis de faire un nouveau choix en vue du changement. C'est comme si on était en mesure de restructurer psychiquement les expériences qui entretiennent les croyances dissonantes, afin de pouvoir faire des choix entièrement nouveaux, mais sans avoir à subir les formes qui régissaient précédemment notre vie. On est alors capable

5. *Op. cit.* (p. 3).

d'entendre les murmures du corps au lieu d'attendre les cris de la maladie ou du traumatisme.

Sur le plan spirituel, l'élargissement du champ de conscience associé au processus de transformation trouve souvent son expression dans une perception plus nette de soi-même et dans une reconnaissance de valeurs transpersonnelles comme la joie et la gratitude. Plus on est conscient, plus on établit de corrélations, et plus on est en mesure d'établir de rapports entre les choses et avec soi-même. Plus le champ de conscience est vaste, mieux on se connaît et mieux on se comprend. De cette compréhension découlent une disposition à pardonner et une compassion accrues ; on a moins tendance à porter des jugements et à faire des reproches. De la compréhension et de la compassion vient la sagesse.

L'amour permet de se lier plus facilement aux autres. Quand on cherche la réalité, c'est l'amour qui y conduit. Il permet de remonter à la source de la maladie, d'avoir une vision plus large de soi-même et de se rendre compte que l'on est partiellement responsable de la réalité

dans laquelle on vit. L'amour peut aussi aider à transformer n'importe quelle émotion et pensée en la reliant à sa source. L'amour est la plus puissante des énergies de transformation.

On peut se transformer et progresser par l'amour et la joie, ou bien dans la peine et la souffrance. Certes, la peine et la souffrance ont dû permettre à beaucoup de gens de prendre conscience de l'origine de leurs problèmes. Cependant, il ne faut pas oublier qu'il est possible d'obtenir le même résultat par l'amour et dans la joie. L'amour et la joie s'accompagnent du pardon et de la capacité à cesser de juger ou de se juger, de faire ou de se faire des reproches ; nos défenses tombent alors d'elles-mêmes et l'on peut voir la réalité telle qu'elle est réellement. L'amour et la joie de la transformation deviennent alors des principes directeurs, ils indiquent la marche à suivre pour choisir de progresser.

Lorsque l'on transforme une situation, on libère une énergie qui ne servait jusque-là qu'à entretenir l'aliénation. En maintenant cette illusion, on utilise son énergie en quelque sorte pour garder fermée la porte derrière laquelle se trouve une quantité bien plus grande d'énergie. En se libérant de cette illusion, par la transformation et la transcendance, la porte s'ouvre d'un seul coup. Toute l'énergie qu'elle retenait devient disponible et s'ajoute à celle qui maintenait la porte fermée.

Pour revenir à l'analogie du verre à moitié vide, rappelons que, du fait de la transformation, il est devenu à moitié plein, parfois au point de déborder par suite de l'expansion du champ de conscience. Il ne s'agit pas là seulement d'un glissement dans la perception de la réalité ; cela représente aussi la libération, issue de la transformation, d'une énergie abondante, qui permet la guérison, l'évolution, la création.

c) La transcendance

Avec la transcendance, on passe à un autre niveau de conscience. On peut alors se mettre au diapason avec une forme donnée. En commençant par entrer en résonance avec cette forme, avec son essence, on fait un saut quantique ; on transcende la dualité de la forme. On peut alors connaître toutes les formes prises par cette énergie et les libérer ou les utiliser à sa guise.

Beaucoup de ceux qui ont vécu des expériences N.D.E. (6) rapportent avoir connu des moments de transcendance. Dans les processus de transformation et de transcendance, il y a en quelque sorte « mort » de l'ancienne forme. La transformation se traduit par l'apparition d'une forme nouvelle, plus évoluée, capable de libérer ou d'absorber plus d'énergie ; la transcendance, elle, se traduit par un saut de la conscience au-delà de l'Univers de la forme. On est alors libéré de celle-ci, libre de choisir et d'être.

La transformation est un élément naturel de l'évolution et tout le monde est capable de transcendance. C'est en choisissant consciemment d'évoluer en direction de l'indivisibilité que l'on peut guérir au sens le plus large du terme. Cette conscience élevée du moi et de l'Univers est ce qui distingue la guérison véritable d'une guérison des seuls symptômes ; elle traduit la résolution du problème de la pathologie.

Grâce à la transcendance, non seulement le verre n'est plus à moitié vide, mais on dispose d'un océan entier, source de toute la vie.

6. N.D.E. pour near-death experience : expérience vécue par une personne morte cliniquement et revenue à la vie (N.d.T.). En français : E.F.M. : expérience aux frontières de la mort.

4. Phase de reconstruction : la méthode

Replacez les mains dans le champ autour de la région du corps sur laquelle vous intervenez. Introduisez mentalement votre intention, croyance ou objectif nouveau et sain dans cette zone. Respirez profondément depuis votre espace transpersonnel par le chakra de la couronne pour insuffler de l'énergie à la nouvelle image ou à la nouvelle foi. Expirez lentement vers cette zone pour la remplir avec la forme ou la lumière empreinte d'amour.

Remplissez la zone libérée avec l'image saine que vous avez à l'esprit. C'est particulièrement utile si vous souffrez d'une lésion physique. Par exemple, vous pouvez mémoriser l'image d'un organe, d'un tissu ou d'une cellule saine et vous la représenter remplissant la zone laissée vide. Vous pouvez également faire appel à un symbole représentant l'image saine ou l'intention positive ; le fait d'introduire ce symbole évoque la fréquence naturelle de l'organe sain.

Lorsqu'il s'agit d'un problème émotionnel, il est possible de remplir l'espace vide par une nouvelle croyance, une intention positive ou de la lumière et de l'amour. La lumière et l'amour permettent de rétablir l'harmonie. Ils rappellent à la structure naturelle ce qu'est une disposition d'esprit saine. L'énergie aimante d'une fréquence supérieure peut également empêcher le retour de l'ancien schéma éliminé.

Vous pouvez aussi remplir le vide créé avec votre objectif, votre intention positive, votre vision ou votre rêve. L'énergie qui servait à entretenir l'ancienne forme a maintenant été évacuée et il vous est possible de la rediriger. Vous pouvez désormais vous aligner avec votre essence spirituelle et lui permettre de remplir le vide laissé par l'élimination de l'ancien schéma.

Après la reconstruction, l'amour inconditionnel scelle le changement.

▲ Exercice : l'amour inconditionnel

Ce processus permet à l'énergie de votre affection de mettre le point final, de sceller la guérison. Vous pouvez l'enregistrer à l'aide d'un magnétophone, puis repasser l'enregistrement à la suite du pardon.

1. Accordez-vous d'abord un moment pour vous familiariser avec vous-même. Vous devez en quelque sorte imaginer que vous êtes

votre meilleur ami et vous allez vous emmener à l'endroit qui vous est le plus agréable au monde. A ce stade, vous devriez déjà ressentir un amour entier et inconditionnel pour vous-même, pour chaque cellule, chaque atome, chaque organe de votre corps, chaque partie de votre être. Il s'agit d'un amour que l'on peut comparer à aucun autre, exempt de toute forme de jugement, au-delà du temps et de l'espace, voire de toute compréhension rationnelle.

2. Prenez une profonde inspiration en imaginant que vous emplissez vos poumons avec de la lumière. Laissez-la remonter dans vos épaules, redescendre dans vos bras jusqu'au bout des doigts. Laissez-la aussi remonter dans le coup et remplir votre tête. Imaginez que cette lumière d'amour remplit votre tête au point qu'elle commence à déborder du haut de votre crâne comme une fontaine d'amour, à retomber sur votre corps en le caressant affectueusement.

3. Tout en concentrant votre attention sur le sommet de votre tête, le centre de la couronne, abandonnez-vous à l'amour de votre Moi supérieur pour vous. Cet amour est toujours présent ; vous n'avez donc pas à apprendre à y faire appel ni à le mériter. Tout ce que vous avez à faire, c'est l'accepter.

Imaginez, sentez la présence d'une boule irradiante de lumière située à 20 ou 30 cm au-dessus de votre tête. Laissez-la descendre doucement par le sommet de votre crâne jusqu'au centre de votre poitrine. Imaginez-vous, sentez comme vous irradiez l'amour que votre Moi supérieur éprouve pour vous. Laissez cette lumière d'amour se répandre dans tout votre corps, dans tout votre être. Laissez-la entrer.

4. Demandez maintenant à votre Moi supérieur de :

- guérir ce qui doit l'être ;
- faire ce qui doit être fait ;
- vous conduire à l'indivisibilité…

pour que lui et vous ne fassiez plus qu'un.

5. Concentrez-vous à nouveau sur le centre de votre poitrine pour ressentir cet amour total et inconditionnel que vous et votre Moi supérieur ressentez pour vous-même. Prenez une profonde inspiration, gardez-la quelques instants, puis expirez en exhalant une explo-

sion de lumière depuis le centre de votre poitrine en direction de chaque cellule, de chaque atome de votre corps, de la moindre partie de votre être, pour les faire scintiller comme des étoiles.

Analogie des trois T

● La **traduction** peut se comparer au fait de passer d'une station FM à une autre, avec moins de messages publicitaires et des programmes plus intéressants et plus agréables à écouter. Elle permet de trouver plus de temps pour se détendre et guérir.

● La **transformation** peut se comparer au fait de devenir directeur des programmes de la station de radio et à augmenter sa puissance d'émission, à étendre les émissions aux autres longueurs d'onde et à la télévision, ainsi qu'à changer la programmation. On ne se contente plus de rendre compte de l'actualité, on la fait. On peut alors écrire les journaux et la musique qui favoriseront la guérison et l'évolution.

● La **transcendance** ressemble à la communication par un moyen dépassant le spectre électromagnétique de la radio et de la télévision, permettant de savoir et de créer instantanément. C'est un saut quantique dans l'océan de la conscience universelle.

Troisième partie

CHAPITRE XI

La réunification

« Tous les devenirs et le moi doivent être considérés comme des évolutions du mouvement qui a lieu en notre véritable moi, comme une entité unique qui habite notre corps et non se limiter à celui-ci. Dans nos rapports avec le monde qui nous entoure, nous devons consciemment être ce que nous sommes vraiment, c'est-à-dire ce moi unique qui devient tout ce qu'il nous est donné d'observer. Tout le mouvement, toutes les formes, toutes les énergies, tous les événements doivent être perçus comme faisant partie de notre moi unique et réel dans de nombreuses existences, comme le jeu de la Volonté, du Savoir et du Plaisir du Seigneur dans Son existence infinie. »

Sri Aurobindo.

Joan participa à l'un de mes ateliers et, peu après, prit la décision d'appliquer les techniques qu'elle y avait apprises pour remonter à l'origine de ses éruptions de fièvre (herpès de la lèvre). Avant de se livrer à cette autothérapie, Joan souffrait d'éruptions d'herpès environ trois fois par an.

La dernière fois, l'éruption s'était produite lors de la visite d'un ami. Elle était en train d'organiser ses vacances et espérait qu'il pourrait passer Noël avec elle et sa famille. Au lieu de cela, il lui dit qu'il avait déjà pris ses dispositions pour passer les vacances avec un ami. Elle en fut extrêmement déçue et blessée :« Je me suis sentie m'éloigner de lui et j'ai ressenti une brûlure déchirante dans le cœur, j'avais l'impression d'avoir la poitrine en feu », dit-elle. Le Le jour qui suivit cette discussion, elle se leva avec une éruption d'herpès à la lèvre.

C'est alors qu'elle se sentit disposée à faire le nécessaire pour guérir.

C'est alors qu'elle se sentit disposée à faire le nécessaire pour guérir. Elle utilisa la méthode d'autothérapie décrite dans les chapitres précédents, avec l'aide d'une amie qui avait accepté d'être son témoin et d'enregistrer ses réactions. Voici donc le récit de Joan : Elle commença par les étapes de relaxation, d'alignement et de recentrage. Elle posa ensuite les cinq questions qui initient la phase de reconnaissance.

- Question 1 : **Qu'est-ce que je souhaite changer ?**

« Mes accès d'herpès. »

- Question 2 : **Qu'est-ce qui m'incite à changer maintenant ?**

« C'est douloureux. C'est purulent et peu agréable à regarder. Je ne veux plus souffrir. Je veux comprendre le message contenu dans ces éruptions pour ne plus être sensible au virus. Je veux en être complètement guérie. »

- Question 3 : **Dans quelle mesure suis-je responsable du présent état de choses ?**

« Je ne sais pas. J'ai des éruptions à peu près trois fois par an et je ne sais pas pourquoi. C'est inconscient. »

- Question 4 : **Qu'est-ce que ces éruptions m'empêchent de faire, d'être ou d'avoir ? Qu'est-ce qu'elles me permettent de faire, d'être ou d'avoir ? Quel bénéfice pourrai-je tirer de tout cela ?**

« Je ne peux pas bouger les lèvres librement ni embrasser quand j'en ai envie. J'ai peur d'avoir une éruption à chaque fois que je suis stressée. J'ai l'impression que les boutons de fièvre veulent me transmettre un message et je sais que cela me rendrait plus forte de le connaître.

« Je ne sais pas ce que m'apporte cette éruption. » (Remarque à l'attention du lecteur : il est intéressant de noter que les réponses de Joan à ces questions sont incomplètes. Ce manque de clarté n'est pas rare dans la phase de reconnaissance rationnelle de la thérapie holoénergétique. Comme nous le verrons par la suite, ces questions permettent néanmoins de se conditionner pour la reconnaissance intuitive qui suit.)

- Question 5 : **Quel résultat est-ce que j'attends de tout ce processus ?**

« Je veux guérir la source de ces boutons de fièvre et ne plus jamais les voir réapparaître. »

Confortablement assise sur le canapé de sa salle de séjour, Joan commence alors la phase holoénergétique de sa thérapie en déplaçant doucement les mains au-dessus de la zone du thymus et du centre solaire. Après une profonde inspiration, elle expire lentement et dirige son attention et son « troisième œil » vers le bouton d'herpès de sa lèvre. Elle place alors les mains à une distance de 10 à 20 cm de ses lèvres.

Pour entrer en résonance avec le symptôme, Joan concentre sa conscience sur le bouton de fièvre, s'identifiant avec lui. Elle décrit la région affectée comme si elle la voyait du point de vue du symptôme lui-même. Elle lui demande : « Si tu pouvais me parler, que me dirais-tu ? »

Parlant au nom de la lésion, elle répond : « Je suis en éruption et j'ai l'impression d'être en feu. Je suis rouge et gonflé, et tout le monde me remarque, en plein milieu du visage de Joan. Je lui fais mal lorsqu'elle remue les lèvres. Je pique et je brûle. »

Certaines pensées traversent l'esprit de Joan : « J'ai mal. Je ne peux pas remuer les lèvres, sinon j'aurai encore plus mal. Ne pas parler. Ne pas embrasser. Je devrais me cacher le visage pour que personne ne voie comme je suis laide. Je pourrais contaminer quelqu'un en l'embrassant ; j'ai donc une excuse pour ne pas le faire et garder mes distances. »

Elle s'interrompt un moment, puis : « Je suis en colère contre moi-même pour ne pas avoir vraiment dit ce que je voulais dire, pour ne pas dire que je le voulais pour moi toute seule. Je suis en colère parce que je n'ai pas dit ce que je ressentais réellement. Et je suis fâchée contre lui. »

Joan remonte alors à la première fois qu'elle a éprouvé le même sentiment. Elle se souvient d'un jour, pendant son enfance, où sa mère lui donnait le sein : « Ma mère me donne le sein et mon frère Robert me regarde. Il ne veut pas de moi. Je prends sa place. Le message qu'il me transmet est que je le prive de quelque chose. J'ai l'impression que je ne devrais pas boire tout le lait, que je ne devrais pas accaparer la poitrine, l'attention et l'amour de ma mère. Mais je ne suis qu'un bébé et j'ai besoin de tout cela pour vivre. Je ne prendrai donc pas tout ce dont j'ai besoin, ainsi mon frère m'aimera. Je serai moins exigeante pour que mon frère m'aime. »

Chez Joan, c'était cela, l'incident critique. A ce moment de l'enfance, elle avait inconsciemment acquis la conviction qu'elle était égoïste parce qu'elle voulait ce dont elle avait besoin. Son inconscient lui disait : « Si j'ai ce dont j'ai besoin, quelqu'un d'autre souffrira. Je ne dois pas exiger d'avoir tout pour moi, je ne mérite rien. » Elle prit alors inconsciemment une décision. Elle fit un choix critique : ne jamais demander ce dont elle avait besoin car, si elle l'obtenait, quelqu'un d'autre en serait privé.

Elle se rendit compte alors que lorsque son ami avait refusé son invitation à passer les vacances ensemble, elle s'était mise en résonance avec cette vieille conviction. Elle avait l'impression de mal agir en demandant ce qu'elle voulait ou ce dont elle avait besoin, en l'occurrence que son ami passe Noël avec elle.

« J'étais persuadée, dit Joan, que réclamer l'attention de mon ami était faire preuve d'égoïsme. Si j'obtenais ce que je voulais, son amie serait lésée. Je serais punie pour mes exigences égoïstes. Je ne mérite pas toute cette attention, je ne mérite pas d'avoir tout le lait pour moi. Je suis convaincue que c'est alors que mon système immunitaire a laissé l'herpès reprendre le dessus et se manifester par une éruption sur ma lèvre, mon point faible. »

Joan se demanda alors par quoi remplacer cette conviction et la maladie qui en découlait. Sa réponse fut : « Je crois que je mérite ce que je veux. C'est sain et c'est juste de vouloir pour moi toute l'affection, toute l'attention de la personne que j'aime et qui m'aime. Ce n'est pas pour cela que les besoins d'une autre personne ne seront pas satisfaits. »

Joan avait enfin une vision claire de ses croyances les plus profondes. Elle reconnaissait qu'elle devait se libérer de ce schéma. « Je veux abandonner l'idée que je suis égoïste, simplement parce que je veux ce dont j'ai besoin. Je veux abandonner l'idée que si j'obtiens ce dont j'ai besoin, quelqu'un d'autre souffrira. »

Elle poursuivit : « J'ai pris une inspiration en imaginant que l'air traversait le bouton de fièvre et, en la retenant, j'ai formulé clairement mon intention de me débarrasser totalement de cette croyance. Ensuite, j'ai expiré avec force en imaginant que l'air traversait à nouveau le bouton douloureux et avec la sensation que j'avais complètement changé cette vieille conviction. Tout en chassant l'air de mes poumons, j'ai brusquement éloigné les mains de la région de mes lèvres pour rompre le champ énergétique. J'ai répété cette opération plusieurs fois, en imaginant que la racine de tout le symptôme était arrachée et transformée. »

Dans le vide créé, Joan forma une nouvelle image d'elle-même. Elle replaça ses mains dans la région affectée et y concentra sa nouvelle conviction et son intention.

« Je me vis alors en pleine santé, libre de parler, d'embrasser et d'exprimer mes besoins. J'avais acquis la conviction que je mérite ce dont j'ai besoin. J'ai aussi vu mes lèvres complètement guéries. En regardant la zone douloureuse de ma lèvre, je me suis sentie bien différente de celle que j'étais encore quelques instants auparavant. L'énergie qui entretenait le virus de l'herpès avait complètement disparu. J'avais fini. En respirant par le chakra de la couronne, je sentis cette nouvelle foi se renforcer en moi. J'imaginai alors une lumière d'amour, porteuse de santé, qui inondait la région de mes lèvres. »

« A l'inspiration suivante, j'imaginai que la lumière et l'amour de la santé m'emplissaient. Je me vis complètement guérie, libre de parler, d'embrasser et d'exprimer mes besoins. »

Au moment où j'écrivais ces lignes, Joan n'avait pas eu une seule éruption d'herpès depuis trois ans.

Alors que le récit de Joan concerne une pathologie de longue date, la thérapie holoénergétique peut tout aussi bien s'appliquer dans les cas de maladie aiguë. En voici un exemple : en visitant Hill of the Hawk, à Big Sur (1), il m'a été donné de soigner une femme, Jennifer, qui s'était fait piquer par une abeille en marchant dessus.

Je l'ai priée de s'asseoir, de prendre une inspiration profonde et de relâcher sa respiration en direction de la douleur, puis de se concentrer sur la forme énergétique de cette dernière – forme, taille, couleur – et de la décrire. Ce faisant, elle créa un champ thérapeutique avec les mains autour de la région douloureuse.

Je lui ai alors demandé ce que la douleur voulait lui signifier. J'ai partagé avec elle notre intuition que l'incident était lié à la nécessité d'être plus attentive à sa façon de marcher. Elle confirma immédiatement qu'elle devait en être plus consciente. Elle semblait savoir exactement ce que cela impliquait, bien que je ne lui aie pas demandé d'entrer dans les détails.

J'ai invité Jennifer à donner une présence, une forme à cette signification, à cette intention positive, par exemple celle d'une personne

---

1. Big Sur est un lieu réputé pour la beauté de ses falaises, dans la région de Monterey, en Californie (N.d.T.).

qui personnifiait ces qualités, d'une énergie archétypique ou d'un symbole quelconque. Je lui ai alors demandé de garder cette présence, ou forme, à l'esprit en même temps que la forme et la couleur originales qui représentaient sa douleur.

« Dites à la douleur que son message a été reçu et remerciez-la de vous avoir aidé à prendre conscience de ce que vous deviez savoir. Informez-la qu'elle a rempli son devoir et que maintenant il est temps de retourner, au travers de la lumière, au néant. Elle saura ce que cela signifie, soyez-en sûre.

« Maintenant, respirez en imaginant que l'air passe par la piqûre de l'abeille, et gardez votre respiration tout en continuant à vous concentrer sur la forme de la douleur. Toujours en retenant votre respiration, dites-lui mentalement qu'il est temps de retourner à la lumière. Chassez alors avec force l'air de vos poumons en direction de l'image de la douleur, en le faisant passer par l'endroit où vous avez été piquée, avec l'intention de la libérer et de la relâcher dans la lumière. »

A mesure qu'elle expirait, j'ai extrait l'énergie expulsée à l'aide de mes mains, avec intention, tout en inspirant moi-même. « Invoquez l'image de la signification positive, ai-je alors dit à Jennifer. Gardez-la clairement à l'esprit tout en prenant une inspiration profonde. Expirez alors lentement dans la région que vous êtes en train de soigner, afin d'y insuffler la nouvelle image. Avec la prochaine respiration, inondez-la avec une belle lumière bleu de glace, rafraîchissante… et dites-vous que le problème est résolu. »

Lorsque j'eus terminé, la douleur avait disparu. Il ne restait que quelque chose ressemblant à la trace laissée par une petite piqûre au milieu d'une petite zone blanche, mais le gonflement et la douleur consécutifs à la piqûre de l'abeille avaient disparu. En guise de précaution supplémentaire, j'ai conseillé à Jennifer de mettre de la glace dessus.

Je la revis quelques heures plus tard. Elle était très heureuse de m'apprendre que son pied allait parfaitement bien et qu'elle ne ressentait plus aucune douleur.

CHAPITRE XII

La thérapie holoénergétique pas à pas

« La recherche de l'unité est au cœur de la quête du Guerrier. Pourtant, ce à quoi tu aspires est ce que tu es déjà, au fond de toi. C'est ton mythe personnel, ce que tu dois rendre conscient, mettre en forme, exprimer par la créativité. Le soleil symbolise la voie et illumine le but à atteindre, le cœur humain. »

Ralph Blum.

1. Les cinq étapes de la thérapie

ETAPE 1 : LA RECONNAISSANCE : connaissance rationnelle

La première étape de la thérapie holoénergétique est la quête d'informations sur les circonstances présentes, ce qui se fait la plupart du temps en posant des questions et en écoutant tranquillement les réponses.

Commencez par vous détendre et vous « mettre à la terre »

1. Installez-vous confortablement en position assise, debout ou allongée, suivant ce qui vous convient le mieux.

2. Détendez-vous. Choisissez l'exercice de relaxation qui vous convient le mieux (voir p. 259).

3. Mettez-vous « à la terre ». Respirez lentement, calmement. Ce faisant, imaginez que vous aspirez de l'énergie depuis le centre de la terre et qu'elle remonte par le bas de la colonne vertébrale jusqu'au chakra du cœur.

4. Mettez-vous en alignement. Respirez lentement et calmement. En respirant, imaginez que vous tirez de l'énergie provenant de l'espace. Imaginez-la entrant par le sommet de votre tête et redescendant jusqu'au centre de votre poitrine. Maintenant, expirez en direction du chakra du cœur.

5. Recentrez-vous. Respirez lentement et calmement. Ensuite, prenez une profonde inspiration et imaginez que vous faites entrer simultanément les énergies en provenance de la Terre et du cosmos, par la base de la colonne vertébrale et par le sommet de la tête, et qu'elles se mêlent au niveau du chakra du cœur.
Accordez-vous quelques instants pour jouir de cet état particulier, où vous vous sentez détendu et « centré ».

Cinq questions clefs :

Posez-vous les cinq questions qui suivent. Le cas échéant, vous pouvez les enregistrer sur un magnétophone, en prendre note ou demander à un ami de servir de témoin et de prendre des notes à votre place.

1. Qu'est-ce que je veux changer ?

2. Qu'est-ce qui m'incite à le faire maintenant plutôt qu'à un autre moment ?

3. Dans quelle mesure, selon moi, suis-je responsable de mon état actuel ?

4. Qu'est-ce que cette maladie ou situation m'empêche de faire, d'être ou d'avoir ? Et qu'est-ce qu'elle me permet de faire, d'être ou d'avoir ?

5. Et maintenant, que faire ? Quel résultat est-ce que je souhaite obtenir ? Quelle issue est-ce que j'envisage ?

Schémas pathologiques caractéristiques :

La phase de reconnaissance de la thérapie holoénergétique comporte un élément important, qui est l'identification du schéma de la pathologie. Recherchez la présence d'un tel schéma ainsi que, éventuellement, d'autres schémas de ce type, en vous aidant de la liste ci-dessous :

– Difficultés à recevoir les témoignages d'amour.

– Difficultés à accepter le plaisir.

– Difficultés à exprimer la colère.

– Difficultés à pardonner.

– Difficultés à accorder sa confiance.

ETAPE 2 : LA RECONNAISSANCE : connaissance intuitive

A l'aide des baguettes de sourcier, **évaluez l'étendue de votre champ éthérique et de vos chakras** (le cas échéant, reportez-vous à la fig. 2, p. 56). Cette étape est facultative.

La respiration équilibrante

Pour passer facilement dans un état transpersonnel qui facilite la guérison, vous pouvez choisir de pratiquer l'exercice de respiration équilibrante (p. 109).

ETAPE 3 : LA RÉSONANCE

Interrogez-vous

Posez-vous la question suivante : « Est-ce que je désire vraiment que la guérison ait lieu maintenant ? » Si ce n'est pas le cas, n'insistez pas. Si vous vous sentez prêt, procédez en suivant les étapes ci-après (voir fig. 12 p. 245). (La plupart des gens qui ne se sentent pas prêts à continuer lorsqu'ils en sont à ce stade commencent à s'interroger à ce

sujet. En répétant ultérieurement la première partie de l'étape 1, vous pourrez plus facilement vous interroger sur votre volonté de permettre la guérison.)

Concentrez votre attention

Concentrez-vous sur le thymus, c'est-à-dire sur la zone témoin, et sur le chakra du cœur situé à une distance comprise entre 10 et 15 cm en dessous des épaules, au centre de la poitrine. Placez-vous en état d'observation et faites appel à votre guide intérieur, à votre Moi supérieur, pour qu'il vous aide à localiser la source de votre problème.

Placement des mains

Pour simplifier les choses, considérez que votre main droite est celle qui donne l'énergie et que la main gauche sert à la déceler, que c'est la main réceptrice (vous pouvez inverser cet ordre si vous êtes gaucher) :

– *Instructions pour la main qui dispense l'énergie :* énergétisez votre thymus/chakra du cœur en plaçant la main droite à une distance comprise entre 10 et 20 cm du corps, les doigts étendus et la paume tournée vers le cœur. Imaginez que votre main irradie de l'énergie. Son déplacement d'avant en arrière et inversement crée un flux énergétique puissant qui peut affiner votre perception de certaines sensations comme un picotement, de la chaleur, une pulsation ou une pression au centre de la poitrine.

– *Instructions pour la main réceptrice :* examinez votre champ énergétique en plaçant l'autre main à une distance comprise entre 20 et 25 cm du corps, la paume tournée vers le chakra du cœur. Déplacez cette main de haut en bas et de bas en haut entre la région des épaules et la ceinture afin de déterminer le point de résonance maximum, qui se trouve là où la sensation perçue est la plus forte. Gardez la main dans cette position pour renforcer le champ et détecter les modifications éventuelles.

Mettez-vous en résonance

Prenez une profonde inspiration et gardez votre respiration. En expirant lentement, laissez le problème ou ce qui vous cause du souci vous venir à l'esprit.

1. S'il s'agit d'un symptôme physique, efforcez-vous de sentir les régions de votre corps où il se manifeste et concentrez votre attention dessus.

2. S'il s'agit d'un problème d'ordre émotionnel, concentrez votre attention sur la partie du corps où vous éprouvez une sensation physique (estomac noué, gorge serrée, mal de tête, etc.).

3. Si cela vous convient mieux, vous pouvez aussi vous concentrer sur le ou les chakras associés au malaise que vous ressentez. Le choix d'un chakra donné peut reposer sur une évaluation biomécanique effectuée à l'étape 1 ; vous pouvez aussi en choisir un dans le tableau (p. 52 et 54) ou la liste (p. 152 à 154) des chakras ou encore laisser votre intuition le faire pour vous.

4. Lorsque vous êtes confronté à un traumatisme physique ou émotionnel, invoquez l'événement qui l'a déclenché et revivez-le afin de vous mettre en résonance avec les circonstances, les sentiments, les pensées, les croyances et les choix d'alors.

5. Si vous travaillez sur une sensation, un symptôme ou une maladie physique, une fois que vous avez déterminé à quel endroit il ou elle se manifeste, vous pouvez déplacer les mains depuis la zone du thymus vers celle de la région affectée pour mieux cibler votre intervention. Si vous ne pouvez atteindre cette zone avec les mains, gardez-les au-dessus de la zone du thymus.

Décrivez vos sensations

Décrivez ce qui vous vient à l'esprit, qu'il s'agisse d'une sensation, d'une image ou d'un symbole, le cas échéant en vous aidant d'un magnétophone. Posez-vous les questions suivantes :

1. Où, dans votre corps, se trouve cette sensation, cette image ou ce symbole ?
2. Qu'est-ce que vous sentez, voyez ou entendez ?
3. Quelles images vous viennent à l'esprit ?
4. Quelle est la taille, la forme ou la couleur de ces images ou sensa tions ?
5. Sont-elles associées à un son ou à une voix ?

Prenez une inspiration profonde et plongez-vous dans cette sensation ou image. Immergez-vous dedans totalement. Décrivez ce que vous ressentez.

Alors que vous êtes immergé dans ce schéma holoénergétique, remontez le plus loin possible dans votre passé, jusqu'à la première fois où vous avez eu une sensation similaire. Revivez cette expérience le plus intensément possible.

Qu'êtes-vous venu à penser à votre propre sujet ou à propos des autres à la suite de cette expérience ?

Découvrez l'intention positive

Vous savez maintenant où vous en êtes. Le moment est venu de découvrir et de comprendre l'intention positive qui sous-tend le schéma holoénergétique de cette sensation, de ce sentiment, de cette croyance qui se manifeste sous la forme d'un problème physique ou autre. (N'oubliez pas que l'intention positive qui se dissimule derrière votre problème est l'énergie positive de la force vitale de ce que le schéma holoénergétique qui est en vous veut réellement connaître.)

Pour découvrir cette intention positive, prenez une inspiration ; ce faisant, retirez-vous mentalement du schéma holoénergétique dans lequel vous venez de vous immerger. Placez-vous du point de vue de votre moi témoin afin de ressentir ou de voir ce schéma comme s'il se trouvait en dehors de vous. Sachant qu'il recèle la volonté d'une force vitale positive, interrogez le schéma pour savoir ce qu'il veut réellement ressentir et vivre. Faites en sorte que cette force vitale sous-jacente se manifeste par une forme, une image ou un symbole. Peut-être y a-t-il une personne ou une présence, réelle ou imaginaire, vivante ou morte, qui représente à vos yeux cette intention de force vitale.

Une fois que vous avez découvert l'intention positive que recèle le schéma énergétique à changer, vous pouvez éliminer, désassembler le schéma dissonant original ; vous pouvez aussi faire en sorte qu'il soit absorbé par la manifestation de son intention positive ou se transforme en celle-ci.

ETAPE 4 : LA LIBÉRATION

La phase de libération se divise en cinq parties :

1. Posez-vous la question suivante : « Ai-je le désir de me libérer dès aujourd'hui de cette croyance, de ce schéma ou de cette image pour le ou la remplacer par ce que je veux réellement ? »

2. Une fois que vous vous êtes assuré de votre volonté de vous libérer, prenez une inspiration en imaginant que l'air traverse la région affectée, le chakra choisi ou la zone du thymus. Gardez votre respiration tout en évoquant mentalement ce dont vous avez choisi, en toute honnêteté, de vous libérer.

3. Expirez avec force en faisant passer l'air par la région que vous avez énergétisée, avec l'intention de vous débarrasser de ce schéma dissonant. Chassez énergiquement l'air de vos poumons et avec l'intention de défaire la pensée ou la forme originale. Assurez-vous que le schéma indésirable est dissout. Tout en expirant de cette façon, renforcez votre action sur le champ énergétique en éloignant vos mains avec l'intention d'extraire l'énergie. Imaginez que vous retirez littéralement l'énergie de votre corps et que vous la libérez dans un monde extérieur sans forme.

4. Accordez-vous quelques instants pour apprécier le sentiment de bien-être provenant de la libération du schéma original.

5. Inspirez profondément en imaginant que vous « pompez » de l'énergie au travers de vos semelles depuis le centre de la terre. Conservez votre respiration un moment, puis expirez avec force, en imaginant que l'air traverse la zone de votre corps qui vient d'être libérée. Vous la libérerez ainsi complètement de toute influence résiduelle du schéma énergétique qui s'y trouvait. Répétez cet exercice respiratoire.

A ce stade, vous devez avoir créé un vide. Vous pouvez maintenant choisir de « remplir » la région libérée, comme décrit à l'étape 4 ci-après.

ETAPE 5 : LA RECONSTRUCTION

Replacez vos mains dans le champ autour de la région sur laquelle vous vous concentrez. Introduisez mentalement la nouvelle image évoquant la santé recouvrée, votre désir de force vitale, votre nouvelle foi ou votre nouvel objectif. Inspirez profondément à partir de votre espace transpersonnel, par le sommet de votre tête, pour insuffler de l'énergie à cette nouvelle vision. Expirez lentement en imaginant que l'air traverse la région à guérir pour qu'elle s'emplisse de la lumière de l'amour.

Dans la zone que vous venez de libérer du schéma dissonant, vous devez introduire une vision saine. C'est particulièrement utile si vous soignez une lésion physique. Par exemple, vous pouvez vous reporter à une représentation d'un organe, d'un tissu ou d'une cellule saine, puis imaginer que cette image occupe la zone où se trouve la lésion (1). Le recours à un symbole représentant l'image saine ou l'intention positive évoque la fréquence naturelle de l'organe sain.

Lorsque la pathologie est d'ordre émotionnel, vous pouvez emplir la zone qui vient d'être libérée du schéma dissonant avec une nouvelle foi, une intention positive, de la lumière ou de l'amour. La lumière et l'amour jouent aussi un rôle d'harmoniques reliant la structure traitée à la fréquence naturelle qui est la sienne quand elle est saine ; ils lui permettent de « s'en souvenir ». L'énergie de l'amour, d'une fréquence supérieure, peut également éviter la réapparition du schéma dissonant.

Vous pouvez aussi combler le vide créé avec le nouvel objectif, le nouveau sens que vous donnez à votre vie, la nouvelle vision ou le rêve que vous vous êtes donné à l'étape 1. Vous êtes maintenant libéré de l'énergie employée jusqu'alors à entretenir la forme dissonante. Il est donc possible de lui donner une nouvelle direction. Vous pouvez l'aligner avec votre essence spirituelle et permettre à celle-ci de combler ce vide.

Pour savoir comment accéder aux schémas holoénergétiques et les transformer, reportez-vous à la *Ressource n° 2* (p. 265).

---

1. Vous trouverez des représentations de structures saines dans *Le corps victorieux* de Lennert Nilsson (op. cit.) ou d'autres ouvrages d'anatomie.

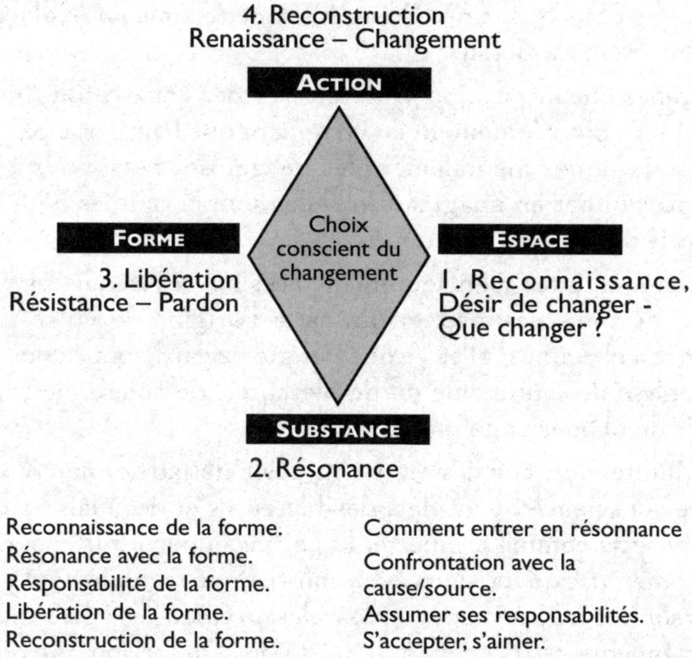

Figure 12 : **le choix conscient de changer.**

Le pardon

Le pardon est la phase finale de la guérison. Il libère des formes énergétiques qui ont contribué à l'apparition de la maladie. Si vous le souhaitez, vous pouvez introduire le pardon dans les phases de la libération ou de la reconstruction.

1. Installez-vous confortablement dans un endroit où vous êtes sûr de ne pas être dérangé pendant au moins un quart d'heure.

2. Choisissez la personne à qui vous voulez pardonner et demandez-vous si vous êtes réellement désireux de le faire.

3. Les yeux fermés, respirez profondément, lentement, par l'abdomen. Vous remarquerez que vous vous détendez de plus en plus à chaque respiration.

4. Concentrez votre attention sur le plexus solaire.

5. Placez une main à une distance entre 10 et 20 cm de votre corps, au-dessus du plexus solaire. Avec l'autre main, détectez l'accumulation de l'énergie dans le champ. Energétisez cette zone en déplaçant votre main lentement au-dessus.

6. Prenez une inspiration profonde, retenez votre respiration un moment, puis expirez lentement en imaginant que l'air passe par le plexus solaire… Evoquez mentalement les images des personnes à qui vous voulez pardonner en imaginant qu'elles sont entourées d'un cercle ou d'un ovale de lumière violette.

7. Communiquez silencieusement à ces images ce que ces personnes ont fait, ou omis de faire, et qui est à l'origine de votre problème. Exprimez à chacune d'elles ce que vous avez gardé pour vous jusqu'ici, qu'il s'agisse de sentiments ou de blessures, de colère, de tristesse ou du désir de blâmer et de punir.

8. Maintenant, considérez votre désir de pardonner. Vous devez prendre conscience qu'au-delà des blessures et des blâmes, des sentiments positifs comme la liberté, la paix, l'amour ou la joie cherchent à s'exprimer. Jusqu'ici, vous avez emprisonné mentalement l'image de ces personnes à l'intérieur de vos blessures ou de votre désir de les blâmer. Imaginez-vous devant la porte de cette prison, introduisant la clef dans la serrure, ouvrant la porte toute grande pour libérer l'image de ces personnes et, par conséquent, les sentiments qu'elles évoquent.

9. Tout en concentrant votre attention sur votre plexus solaire, prenez une inspiration profonde et gardez à l'esprit l'image de ceux que vous avez choisi de libérer.

10. Expirez brusquement et avec force par le plexus solaire, en extirpant l'énergie dissonante de cette zone à l'aide de vos mains. En expirant, libérez-vous complètement de ces images et laissez-les se dissiper, en faisant tournoyer l'énergie dégagée et en la projetant dans la lumière. Répétez cette opération plusieurs fois.

11. A l'aide de vos mains, imaginez que vous recouvrez votre plexus solaire avec une lumière dorée.

12. Ramenez votre attention et vos mains à votre cœur. A l'avenir, lorsque vous communiquerez avec ceux que vous venez de pardonner, verbalement ou non, concentrez-vous sur votre cœur et communiquez avec eux à partir de là.

13. Evoquez mentalement une image de vous-même, par exemple lorsque vous étiez encore enfant ou adolescent, ou à l'âge adulte, ou bien les trois en même temps. En silence, mais avec émotion, exprimez à l'intention de votre image tout ce que vous voulez maintenant vous pardonner. Quand vous avez terminé, prenez une inspiration profonde, en imaginant que l'air passe par votre cœur. Tout en expirant lentement depuis le cœur et en direction de l'image de vous-même, efforcez-vous de ressentir ce sentiment d'être pardonné. Le cas échéant, imaginez-vous que vous vous embrassez affectueusement. Dites-vous mentalement que tout est pardonné et réconciliez-vous avec votre image.

L'amour inconditionnel, point d'orgue de la thérapie

Dites-vous pendant un moment que vous êtes votre meilleur ami. Prenez-vous « par la main » et rendez-vous à l'endroit le plus agréable, le plus paisible que vous connaissiez. Laissez-vous aller complètement ; vous devez alors commencer à ressentir, au centre de la poitrine, un amour inconditionnel pour vous-même, pour chaque cellule, chaque atome, chaque organe de votre corps, chacune des parties de votre être. Il s'agit d'un amour qui ne souffre aucune comparaison, aucun jugement, qui se situe hors du temps et de l'espace, voire de toute compréhension.

Inspirez lentement et emplissez vos poumons à fond. Votre poitrine doit se dilater, s'emplir de la lumière de l'amour. Laissez cette lumière remonter dans vos épaules et redescendre dans vos bras jusqu'à la pointe de vos doigts.

Laissez la lumière remonter par le cou pour emplir votre tête. Imaginez que cette lumière d'amour emplit complètement votre tête et qu'elle déborde par le sommet du crâne comme s'il s'agissait d'une fontaine d'amour, retombant en cascade sur votre corps, le caressant avec amour.

Maintenant, tout en concentrant votre attention sur le sommet de votre crâne, sur le centre de la couronne, laissez-vous aller à jouir du sentiment délicieux de l'amour qu'éprouve votre Moi supérieur pour vous. Cet amour est éternellement présent ; vous n'avez donc pas à vous soucier d'apprendre à le susciter ou de le mériter. Il vous suffit de le recevoir. Imaginez une boule de lumière radieuse à 15 ou 20 cm au-dessus de votre tête. Laissez-la descendre lentement par le sommet du crâne jusqu'au centre de la poitrine. Vous devez avoir le sentiment d'irradier littéralement l'amour de votre Moi supérieur. Laissez cette lumière d'amour imprégner votre corps et votre être tout entier. Laissez-la vous pénétrer.

Maintenant, demandez à votre Moi supérieur de :
– guérir ce qui doit être guéri ;
– accomplir ce qui doit être accompli ;
– vous conduire vers l'indivisibilité pour ne faire plus qu'un avec lui.

Concentrez-vous à nouveau sur le centre de votre poitrine. Laissez-vous aller encore à ressentir cet amour inconditionnel que vous et votre Moi supérieur éprouvez pour vous-même. Prenez une profonde inspiration et gardez votre respiration un moment, puis expirez en imaginant que vous émettez une explosion de lumière du centre de la poitrine en direction de chaque cellule, de chaque atome de votre corps, de chaque partie de votre être, pour qu'ils scintillent et brillent comme les étoiles dans le ciel nocturne.

2. Guérir les autres

Lorsque la thérapie s'applique à une autre personne, vous pouvez suivre le processus décrit ci-dessus. Toutefois, il convient d'éclaircir certains points :

– Comme nous l'avons vu, en tant que guérisseur vous devez commencer par vous mettre en phase avec la terre, en alignement et vous centrer. Invitez alors votre patient à se détendre de la façon qui lui convient le mieux. Personnellement, l'expérience m'a enseigné qu'il est généralement plus efficace que le guérisseur et le patient se tiennent tous deux debout. Cependant, si cela pose problème, il est également possible de se tenir assis soi-même, tandis que le patient peut choisir de s'asseoir ou de s'allonger.

– Avant de poursuivre, je pense qu'il est préférable de lui expliquer comment doit se dérouler le processus, en particulier en ce qui concerne les techniques respiratoires et le recours aux tests biomécaniques. Ainsi, il ne sera pas nécessaire de le faire par la suite, ce qui risquerait de perturber la thérapie.

– Au cours de la phase qui consiste à dresser le bilan holoénergétique de la personne et au cours de la thérapie elle-même, des questions peuvent surgir. Dans ce cas, il est bon que la personne ait la possibilité de décrire ses pensées, ses sentiments et ses émotions, intérieurement ou à haute voix.

– L'évaluation des centres énergétiques (chakras) de l'autre personne est utile si vous, ou elle, ne savez pas sur quelle région du corps vous devez vous concentrer en premier. Suivant les cas, vous pourrez choisir de ne pas passer par cette étape.

– Si vous travaillez avec une autre personne, votre présence, avec ce qu'elle comporte d'amour ou d'affection, permet d'entrer plus facilement en résonance avec son champ énergétique. Vous parler et placer vos mains sur ses épaules peut également permettre d'approfondir encore la résonance entre vous.

Au cours de ce processus, vos mains engendrent un champ énergétique à l'action thérapeutique au-dessus de la région du corps sur laquelle l'autre personne a choisi de se concentrer (voir fig. 13). Placez une main devant, l'autre derrière la région du cœur ou du thymus de votre patient et établissez une liaison transpersonnelle à l'aide du processus d'alignement transpersonnel (voir p. 76). Considérez la main de derrière comme le récepteur de vos perceptions ; c'est elle qui vous indique que vous êtes entrés en résonance, par une sensation de pulsation, de pression, de chaleur ou de picotement (2).

Quand vous et votre patient êtes prêts à éliminer le schéma énergétique sur lequel vous vous concentrez, inspirez et gardez votre respiration en même temps. Au moment où l'autre personne expire, inspirez vigoureusement pour faciliter la dissipation. Tout en inspirant, retirez vivement vos mains en imaginant que vous extrayez de la sorte l'énergie libérée du champ énergétique de votre patient.

La transformation est alors terminée. La personne guérie sait ce qui convient le mieux à sa guérison. Quant à vous, en tant que guérisseur, votre rôle est de lui faciliter les choses, de lui ouvrir la voie et de la laisser choisir le chemin qui lui semble le plus court vers la guérison complète.Enfin, n'oubliez pas que le pardon et l'amour inconditionnel sont des modules qui, appliqués conjointement avec les techniques de la thérapie holoénergétique, créent une synergie qui accélère l'ensemble du processus.

---

2. Ce faisant, n'oubliez pas que votre but est d'aider votre patient à percevoir chacun des schémas holoénergétiques impliqués et de les transformer. Pour plus de détails à ce sujet, reportez-vous à la Ressource n° 2, à la fin du livre.

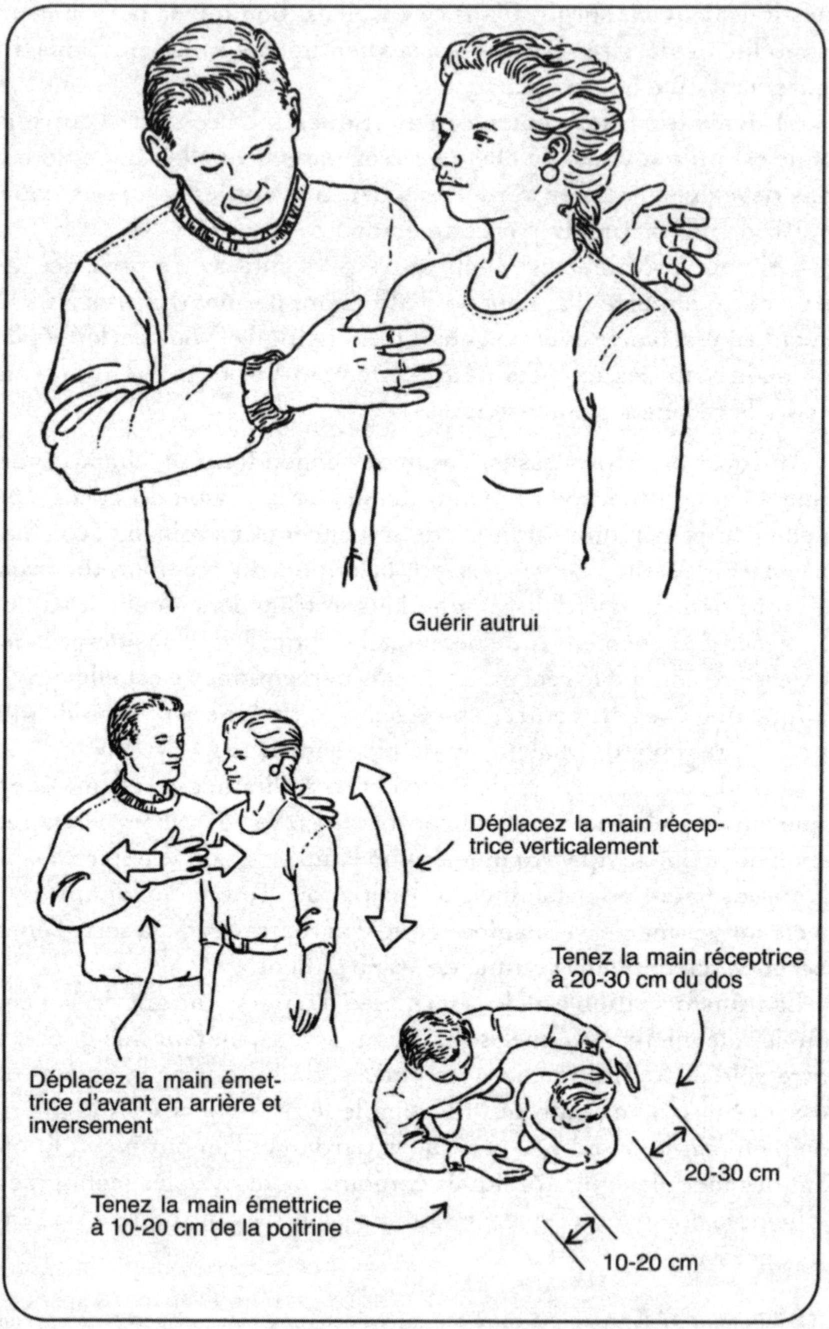

Figure 13 : **holothérapie avec un patient.**

Aide mémoire de la thérapie holoénergétique

– Retirez votre montre et les bijoux que vous portez, ainsi que les pièces de monnaies et autres objets métalliques de vos poches.

– Détendez-vous.

– Mettez-vous « à la terre », en alignement ; recentrez-vous.

– Passez en revue votre vécu holoénergétique.

– Evaluez vos centres énergétiques (facultatif).

– Effectuez l'exercice de respiration équilibrante (facultatif).

–- Demandez-vous : « Ai-je vraiment le désir de guérir maintenant ? » Il se peut qu'à ce stade, vous ayez besoin de faire appel à un guide pour avoir une vision plus claire de votre situation.

– Concentrez-vous sur la zone témoin, c'est-à-dire le thymus, ainsi que sur le chakra du cœur.

– Mettez vos mains en position.

– Prenez une profonde inspiration et gardez votre respiration un moment. Expirez en imaginant que l'air passe par le thymus et par le chakra du cœur. Laissez votre problème ou votre maladie émerger sous la forme d'une sensation, d'un sentiment ou d'une image. Faites appel à votre intuition pour percevoir son emplacement, sa taille, sa forme, éventuellement sa couleur.

– Placez les mains au-dessus de la région affectée (facultatif).

– Mettez-vous en résonance avec le problème qui vous préoccupe ou avec cette région du corps. Revivez les événements ou les sentiments qui vous viennent à l'esprit.

– Remontez en arrière, jusqu'à la première fois où vous vous souvenez avoir eu une impression semblable.

– Identifiez les croyances critiques et l'intention positive qui se dissimulent derrière le problème auquel vous êtes confronté. Donnez à l'intention positive une manifestation symbolique.

– Demandez-vous si vous avez réellement le désir de vous libérer de ce schéma et de le transformer.

– Libérez-vous de cette forme en l'expulsant au travers de la région affectée, du thymus ou du centre solaire, puis rompez le champ énergétique avec les mains.

– Replacez vos mains dans la zone affectée.

– Invoquez la nouvelle image, évocatrice de bonne santé, l'intention positive, ou la lumière de l'amour et laissez-la insuffler de l'énergie dans la région affectée.

– Pour ce faire, utilisez vos mains et la technique de la respiration depuis l'espace transpersonnel.

Humanité (3)

Debout ensemble sur le seuil du temps
Entre un passé disparu et un avenir inconnu ;
Les voiles se déchirent un à un, les portes s'ouvrent une à une ;
Sagesse intemporelle, lumineuse pour qui sait voir,
Tu nous prodigues tes fruits et nous libères de nos chaînes ;
Transcendant l'esprit, tu nous guides hors du labyrinthe,
Par les couloirs du temps ;
Jusqu'au bout de la joie et de la douleur,
Reddition à l'amour, aveuglément, complètement ;
Abandon de toute fierté et de toute peur humaine,
Certitude, enfin, que la paix est proche ;
Le regard perdu dans la face du Créateur,
Rencontre merveilleuse au-delà du temps et de l'espace ;
Pénétrons dans la demeure de Père-Mère et Fils,
Eveil béni, nous savons que nous sommes Un.

3. Ce poème a été écrit par Betsy Mc Gregor, pédiatre, à la suite d'une thérapie avec nous.

CHAPITRE XIII

Implications pour l'avenir

« Seul le semblable peut connaître le semblable, seul le semblable peut agir sur le semblable. Nous ne pouvons savoir que ce que nous sommes : rien ne peut être enseigné à l'esprit, qu'il ne recèle déjà comme savoir potentiel dans l'âme de la créature en devenir. Aussi, toute la perfection dont l'homme est capable en apparence n'est-elle qu'une réalisation de la perfection éternelle de l'Esprit qui l'habite. Nous avons connaissance du Divin et nous devenons le Divin, car nous Le sommes déjà tout au fond de nous-mêmes. Tout enseignement est révélation, tout devenir est croissance. Le secret en est la réalisation de soi ; la connaissance de soi et l'élargissement du champ de conscience en sont à la fois les moyens et le développement. »

Sri Aurobindo.

1. La guérison conduit à l'indivisibilité

Au cours des dernières années, on s'est beaucoup intéressé à la santé physique, principalement sur le corps, sur la dimension matérielle de l'être. En Occident, nous ne faisons que commencer à nous intéresser aux états de conscience qui favorisent le bien-être et de la guérison. En poursuivant dans cette direction, il est possible de satisfaire le désir de guérison émotionnelle, mentale et spirituelle, ainsi que physique. Nous restons conscients qu'au-delà de toute maladie physique il y a un élément émotionnel et ses corollaires mentaux et spirituels, enfin, que le corps est une extension multidimensionnelle de l'esprit.

De nos jours, les progrès de la science montrent que nous existons en tant que partie d'un océan d'énergie. Esprit et matière n'y sont nullement distincts ; il apparaît qu'en fait ce ne sont que des aspects différents d'un ordre unique et unificateur. A la lumière de ces considérations, le moment est venu d'évoluer d'une orientation corps/matière vers une nouvelle réalité reposant sur l'énergie, la conscience et la globalité.

Il est possible non seulement de guérir par ses propres moyens en prenant davantage conscience de notre état physique, émotionnel, mental et spirituel, mais aussi de guérir ainsi les autres. Le modèle de thérapie énergétique que nous venons de voir décrit l'une des façons de procéder. Non seulement il permet de guérir le moi par des processus psycho-neuro-immunologiques que la science étudie actuellement, mais aussi d'entrer en interaction les uns avec les autres et avec notre environnement par des procédés qui facilitent la guérison. Les recherches décrites au chapitre i, relatives à la possibilité d'exercer une influence énergétique sur les cellules cancéreuses et sur les bactéries, ainsi que certains travaux dans le domaine thérapeutique, étayent la thèse selon laquelle il est possible de s'influencer mutuellement sur le plan énergétique. La plus puissante de ces énergies thérapeutiques étant l'amour. Comme je l'ai écrit au début de ce livre, la guérison se fait naturellement, et c'est l'amour qui guérit.

L'amour favorise la guérison en nous reliant à l'ordre naturel des choses et à l'harmonie inhérente à nos cellules, à notre moi et à la conscience universelle. La guérison par l'amour est un processus qui consiste à atteindre l'indivisibilité. Elle consiste à reformer ce qui s'était fragmenté, divisé, après avoir formé un tout. Ainsi, on peut dire que l'amour et la guérison sont semblables, en ce sens que l'amour permet aussi de retrouver une unité, de faire disparaître l'illusion de la division.

Tout comme la guérison permet de jeter une passerelle entre la maladie et la santé, entre la dissonance et l'harmonie, l'amour comble lui aussi le vide entre la fragmentation et l'indivisibilité, entre la séparation – ou individuation – et l'unité.

A l'instar des silences entre les notes d'une portée, l'amour crée la mélodie par sa présence silencieuse. L'amour nous dit : « Là où deux ou plusieurs personnes se rencontrent, je serai présent. » En tant qu'énergie « de liaison », l'amour ramène la dualité à l'unité et à l'harmonie. L'amour est l'énergie et la conscience de « l'entre deux » qui permet d'évoluer, de progresser.

L'une des implications importantes des principes décrits dans ce livre est le fait qu'il existe des « fenêtres » ouvrant sur l'unité, des procédés permettant de récupérer nos droits de naissance, c'est-à-dire la conscience de l'unité. L'entendement de la nature unificatrice de la conscience est ce qui conduit vers la globalité, autrement dit la guérison.

Ces ouvertures sur l'unité peuvent apparaître par l'équilibrage des contraires et des complémentaires, par la synthèse, par l'établissement de corrélations telles que les analogies, les métaphores et les concepts d'unification, ainsi que par la résonance, la cohérence et la fusion. Ce que nous prenons souvent pour des contraires sont en fait des complémentaires, qui se définissent les uns par rapport aux autres, leur ensemble formant un continuum unificateur.

A mesure que nous progressons en direction de nouvelles visions unificatrices permettant la guérison, il est important de ne pas oublier la valeur de l'individuation, car c'est elle qui peut être à l'origine de l'illusion de l'aliénation. Elle est essentielle à l'évolution du moi et de sa conscience planétaire. La peur que l'on associe souvent à l'illusion de l'aliénation, c'est-à-dire le sentiment d'abandon et de solitude, résulte de l'oubli ou de la négation de la Source de notre unité. Sri Aurobindo médite sur les qualités de cette conscience unificatrice au moment où, de l'aliénation, on revient à la conscience de la source (1) :

« On commence alors à prendre conscience que les autres aussi font partie de soi, ou de variations du moi, le même moi modifié par la nature et placé dans des corps différents. Ou, du moins, vivant dans le vaste moi universel, qui devient de ce fait la réalité supérieure de chacun. En fait, tout se met à changer de nature et d'aspect ; la façon dont on appréhende le monde extérieur est radicalement différente de celle des individus enfermés en eux-mêmes. On commence à prendre connaissance des choses de façon différente, plus directement, sans dépendre des aspects extérieurs de l'esprit et des sens.

Ce n'est pas que la responsabilité de ses erreurs ait disparu, car cela ne se peut pas tant que l'esprit, sous quelque forme que ce soit, reste l'instrument

1. Sri Aurobindo : *On Yoga II : tome One* (Sri Aurobindo Ashram , Pondichery, Inde, 1971, p. 327.

de la transcription de la connaissance ; mais il y a une nouvelle manière d'appréhender le monde, plus vaste et plus profonde, de voir, de connaître, d'entrer en contact avec les choses ; et les limites du savoir peuvent être repoussées presque à l'infini. »

2. Guérisseurs et professionnels de la santé

Le pouvoir thérapeutique de l'amour est un concept relativement récent pour la plupart des membres de notre société. Pourtant, c'est l'une des plus anciennes formes d'interaction humaine. Grâce à lui, nous sommes en mesure de donner, de nourrir et de dispenser des soins et des attentions de façon à recouvrer la santé. Ainsi, la volonté d'apprendre à guérir, qu'il s'agisse de soi-même ou des autres, est de plus en plus manifeste. Au cours des deux dernières décennies, on a vu des médecins et des patients collaborer pour amener à une plus grande conscience des aptitudes à la guérison qui sont en chacun de nous. Dans un premier temps, c'est le grand public qui devra ouvrir la voie. Pour que les guérisseurs soient intégrés à la médecine conventionnelle,

le consommateur, pour un certain nombre de raisons, devra exiger de la part des professionnels de la santé qu'ils reconnaissent l'existence de nouvelles modalités en matière de soins et les intègrent à leur pratique.

Le faible coût du travail des guérisseurs fait que les compagnies d'assurances et, à terme, la Sécurité sociale, devront inciter les patients à consulter en premier ce type de thérapeutes avant de s'engager dans des soins coûteux et qui ne sont peut-être pas indispensables, ou avant d'entamer des traitements médicaux risquant de comporter des effets secondaires. Dans les cas où il sera possible de repousser l'échéance sans danger pour la santé du patient, celui-ci devra se voir proposer de consulter un guérisseur.

Je pense qu'il viendra un temps où, dans un avenir pas si éloigné, le travail du guérisseur fera partie intégrante de la médecine, des soins chirurgico-dentaires, infirmiers, psychologiques et de la chiropraxie. Toutes les professions de la santé feront appel à ces techniques et à ces méthodes, lesquelles seront enseignées dans leurs écoles respectives.

Cet apprentissage redonnera une *dimension humaine* à la pratique de la médecine. Dans un premier temps, les guérisseurs peuvent être perçus comme une menace par certains professionnels de la santé. Du fait de leur formation, leur attitude générale reflétera sans doute du scepticisme ou de la méfiance ; d'autres pourront avoir le sentiment que leur pratique est remise en question.

Mais que se passera-t-il s'ils se mettent à intégrer les pratiques des guérisseurs aux leurs et se rendent compte que cela leur pose problème ? Où cela les conduira-t-il ? Et qu'en est-il des aspects financiers d'une telle évolution ? Si un patient ressort guéri au bout d'une demi-heure de consultation au lieu de se faire hospitaliser pour une intervention coûteuse, quel impact cela aura-t-il sur l'économie du monde médical ? Les professionnels de la santé pourraient alors se rendre compte qu'il faut renoncer à une partie de leur pouvoir au profit des guérisseurs. Cette vision des choses peut être erronée, mais cette crainte est bien présente chez certains.

Il est donc probable que toutes ces considérations risqueront, du moins dans un premier temps, de retarder l'intégration de l'activité de guérisseur aux professions de la santé.

Malgré tout, les méthodes de travail des guérisseurs devraient partout être enseignées au monde médical. Nombre de praticiens se rendront compte que la thérapie holoénergétique est à la fois efficace et économique. Nous avons la conviction que le travail du guérisseur deviendra un module qui pourra être intégré à l'ensemble de la pratique médicale. Il serait préférable de développer un concept modulaire coopératif qui puisse s'intégrer de cette façon à son établissement en tant qu'entités distinctes qui, d'une certaine manière, menacent les pratiques et le statut actuels des professionnels de la santé.

La **guérison par la conscience** est de toute évidence la voie qu'il nous faudra emprunter à l'avenir pour retrouver l'unicité, l'indivisibilité.

RESSOURCE N° 1

Le guide intérieur

« L'intuition, mode de perception qui s'adresse au domaine de l'esprit, peut servir de guide intérieur et aider à identifier des vérités essentielles. »

Frances Vaughan.

Une grande partie des processus de la thérapie holoénergétique prennent place à un niveau énergétique auquel nous ne pouvons accéder qu'au moyen de l'intuition. Dans ma pratique personnelle, j'ai trouvé utile de disposer d'un « guide intérieur » (certains préfèrent d'autres dénominations, telles que « conseiller intérieur » ou « guide spirituel »).

Ces guides intérieurs, comme les personnages d'un roman, se trouvent dans la partie de la conscience humaine que nous appelons le « monde intérieur ». Bien qu'invisible, sauf par l'œil de l'esprit, nous savons que ce monde est réel. C'est dans ce monde intérieur que nous trouvons la source de nos forces, mais aussi les schémas de la maladie que nous souhaitons changer. Disposer de ce guide intérieur pour nous familiariser avec ce territoire revient un peu à se faire accompagner par un ami dans une ville ou un pays que nous visitons pour la première fois.

1. Comment rencontrer votre guide

Dans le processus de la thérapie holoénergétique, vous allez explorer ce territoire intérieur pour identifier les schémas de la pathologie, mais aussi les forces qui sont en vous et qui vous aideront à changer votre vie. De temps à autre, vous vous poserez des questions, ou aurez besoin d'une aide personnelle. C'est alors qu'il pourra être utile de vous tourner vers votre guide. Vous lui poserez les questions que vous me poseriez si j'étais à vos côtés pendant que vous lisez ce livre. Il se peut également que vous ayez des questions à poser à votre guide au sujet de la nature de votre monde intérieur propre. Ici, un guide sera particulièrement utile dans la phase de reconnaissance de la thérapie, c'est-à-dire dans la phase d'identification des origines de la pathologie.

Les points de vue ne manquent pas quant à la nature des guides intérieurs. S'agit-il d'entités réelles menant une existence en dehors de nous-mêmes à un autre niveau de la conscience, ou bien sont-elles le fruit de notre imagination, comme le seraient les personnages créés par un romancier ? Jung, pionnier dans la recherche sur la conscience humaine, connu et respecté dans le monde entier, a fait appel tout au long de sa vie à ces guides pour explorer son monde intérieur. Selon son guide personnel, Philémon, Jung a appris que la « psyché est réelle » et qu'un grand nombre de personnages qui s'y trouvent menaient une vie tout à fait indépendante de la sienne.

Dans les pages qui suivent, vous trouverez des instructions détaillées pour entrer en contact avec votre guide intérieur. Bien que le fait d'en avoir un ne soit pas indispensable pour comprendre les principes de la thérapie holoénergétique présentés ici, la plupart de ceux qui font appel à un guide intérieur y trouvent un soutien utile.

L'exercice permettant de trouver un guide intérieur se divise en trois parties : la première est la relaxation, qui favorise la réceptivité ; la seconde est ce que nous appelons le « refuge personnel » ; et la troisième consiste à faire appel à son imagination pour rencontrer son guide intérieur.

Comme il n'est pas indispensable d'avoir un guide intérieur pour lire ce livre et apprendre à pratiquer une thérapie holoénergétique, vous pouvez choisir de rencontrer un guide maintenant ou bien de remettre cette rencontre à plus tard, quand vous commencerez à utiliser les outils thérapeutiques décrits ici ou à pratiquer l'exercice qui précède.

▲ Exercice : relaxation

Choisissez un moment de la journée et un endroit où vous ne serez pas dérangé pendant une vingtaine de minutes.Accordez-vous la permission de concentrer toute votre attention sur cet exercice pour trouver un guide. Asseyez-vous de façon à vous sentir parfaitement à l'aise, mais l'esprit en éveil.

1. Asseyez-vous le dos droit, les pieds bien à plat au sol, les mains posées doucement sur les cuisses. Laissez retomber vos épaules.

2. Détendez vos orteils et faites en sorte d'avoir la plante des pieds bien au contact du sol. Si vos vêtements vous gênent, desserrez-les.

3. Prenez une profonde inspiration abdominale. Gardez votre respiration un moment. Ensuite, expirez lentement par le nez, par les deux narines. Efforcez-vous de rester pleinement conscient de vos orteils, de la plante de vos pieds, de vos talons et de vos chevilles. Détendez-vous.

4. Inspirez à fond. Gardez votre respiration un moment. Ensuite, expirez lentement par le nez. Amenez votre conscience sur la région des mollets et des cuisses. Détendez-vous.

5. Inspirez à fond. Gardez votre respiration un moment. Ensuite, expirez lentement par le nez. Amenez votre conscience sur la région des fesses et des reins. Détendez-vous.

6. Inspirez à fond. Gardez votre respiration un moment. Ensuite, expirez lentement par le nez. Soyez conscient que votre abdomen est détendu.

7. Inspirez à fond. Gardez votre respiration un moment. Ensuite, expirez lentement par le nez. Soyez conscient que votre poitrine, vos épaules et vos bras, ainsi que les muscles de votre cou sont détendus.

8. Ouvrez la bouche en grand. Bâillez, ou simulez le bâillement. La région autour de vos yeux doit être détendue ; efforcez-vous d'en être conscient, de le sentir. Votre front aussi doit se détendre, ainsi que les muscles autour de la bouche et du nez.

9. Si des pensées ou des sentiments vous traversent l'esprit, vous incitant à penser ou à agir tout de suite, laissez-les simplement flotter comme des nuages dans le ciel.

10. Restez dans cet état d'esprit détendu pendant un moment avant de continuer. Respirez normalement en profitant de cet instant de détente.

▲ Exercice : le refuge intérieur

1. Installé confortablement et très détendu, respirez lentement et tranquillement. Imaginez que vous vous rendez dans l'endroit le plus agréable et le plus paisible que vous connaissiez, comme par exemple un pré, une clairière, une plage, un endroit d'où l'on découvre un paysage magnifique, etc.

2. Laissez-vous aller à goûter l'expansivité, la paix et le sentiment de sécurité que vous procure cet endroit. Faites appel à tous vos sens pour enrichir cette expérience. Vivez-la de toutes les manières possibles afin de pouvoir la revivre le plus intensément possible ultérieurement.

▲ Exercice : rencontre avec votre guide intérieur

1. Alors que vous êtes dans votre refuge intérieur, imaginez que dans quelques instants vous allez vous trouver au bord d'un ruisseau.

2. Imaginez ensuite qu'en suivant son cours, vous approchez d'un bâtiment, comme une cabane, une maison ou un temple. Arrêtez-vous quelques instants pour le ou la regarder. Prenez note des détails pour pouvoir vous les décrire ultérieurement : les matériaux employés, l'aspect de l'entrée et des environs immédiats, comme par exemple la présence d'un jardin et la nature de la végétation.

3. Allez jusqu'à l'entrée et frappez à la porte, ou signalez votre présence d'une manière ou d'une autre. Peut-être entendrez-vous une voix dans votre esprit, ou un signal vous invitant à entrer.

4. Entrez en vous disant que vous êtes bienvenu, en sécurité, qu'ici on prend soin de vous. Regardez autour de vous et prenez note de l'aspect de l'intérieur de l'endroit de façon à pouvoir vous le décrire ultérieurement. Remarquez si les murs sont de couleur claire ou sombre, comment l'endroit est meublé.

5. Quelque part dans ce bâtiment, vous allez rencontrer votre guide, là où vous vous tenez maintenant ou ailleurs. Votre guide avait prévu votre visite et il vous attend. Vous saurez exactement où vous devez le rencontrer. Allez-y maintenant et asseyez-vous confortablement.

6. Remarquez que vous vous tenez face à une porte sans poignée. Il s'agit d'une porte coulissante s'ouvrant de bas en haut, comme celle

d'un classeur de bureau. C'est par cette porte que votre guide va entrer. C'est alors qu'elle commence à s'ouvrir et s'arrête ; vous apercevez les pieds de votre guide. Accordez-vous un instant pour prendre conscience de ce que vous voyez : porte-t-il des chaussures, des sandales, et de quelle couleur ; est-il pieds nus ? La porte continue à s'enrouler vers le haut et arrive à la hauteur de la ceinture. Observez les vêtements de votre guide, s'il est habillé. Peut-être voyez-vous aussi ses mains ; prenez note de leur aspect. Prenez note de sa tenue : porte-t-il des bijoux, une montre, une ceinture, une cravate, etc. ?

A mesure que la porte remonte et le découvre jusqu'aux épaules, regardez s'il porte des vêtements de style ou non, ou quelque chose de particulier. Dans quelle posture se tient-il ? Maintenant, la porte est grande ouverte et vous le voyez tout entier. Regardez l'expression de son visage, la forme et la couleur de ses yeux, la forme de la bouche et du nez, la couleur et la texture de ses cheveux et de sa peau. Que ressentez-vous en le regardant dans les yeux ?

7. Saluez votre guide. Dites-vous mentalement : « Bonjour, je m'appelle… Et vous ? » Votre guide décline alors son nom et s'avance à votre rencontre. Peut-être va-t-il vous saluer chaleureusement comme un vieil ami, vous serrer la main, ou simplement hocher la tête en souriant.

8. Vous êtes maintenant assis tous les deux et entamez la conversation. Vous pouvez vous entretenir de tout ce qui vous passe par l'esprit.

9. Lorsque vous avez envie de mettre un terme à cette conversation, faites-en simplement part à votre guide. Remerciez-le pour sa venue. Dites-lui à votre façon que vous êtes heureux de l'avoir rencontré et que vous le contacterez à nouveau à l'avenir. Dites-vous au revoir.

10. Imaginez maintenant le chemin que vous avez emprunté pour venir. Sortez du bâtiment et retournez à votre refuge intérieur.

11. Lorsque vous êtes prêt, prenez une inspiration profonde, ouvrez les yeux et étirez-vous. Vous devez vous sentir parfaitement éveillé et alerte.

Après avoir rencontré votre guide, repensez-y. Quel est votre sentiment vis-à-vis de lui ? Vous sentez-vous à l'aise avec lui ? Avez-vous l'impression qu'il pourra vous être utile plus tard ? Dans les jours qui suivent, repensez souvent à votre guide, tout comme vous pourriez le faire après avoir passé une soirée avec un nouvel ami particulièrement intéressant. Cela vous permettra de vous familiariser avec lui. Imaginez que vous partagez avec lui vos pensées, vos sentiments et les questions que vous vous posez.

En lisant ce livre, peut-être trouverez-vous utile de partager le fruit de votre lecture avec votre guide, comme vous pourriez le faire avec un ami à propos d'un roman. Si vous avez besoin d'éclaircir certains points, demandez à votre guide de vous rencontrer à votre refuge intérieur pour vous en entretenir.

Si vous ne trouvez pas de guide intérieur la première fois que vous faites cet exercice, ne vous faites pas de souci. Essayez simplement une nouvelle fois à un moment où vous serez plus détendu et réceptif.

Tout au long de ce livre, vous avez rencontré des suggestions relatives à la manière de consulter votre guide ou de vous rendre à votre refuge intérieur. Entre-temps, vous pouvez pratiquer en vous entretenant avec lui de n'importe quel sujet.

Si vous n'êtes pas certain de vouloir garder votre guide, laissez-vous le temps d'y réfléchir ; si vous pensez que ce guide ne vous convient pas, imaginez qu'il se tient devant vous. Remerciez-le pour l'aide qu'il vous offre et dites-lui que vous n'en aurez pas besoin. Faites-lui savoir que vous ferez appel à un autre guide. Refaites l'exercice pour en rencontrer un nouveau.

Traitez votre guide comme une personne ordinaire. Ses conseils et ses connaissances ne sont peut-être pas infaillibles. N'oubliez pas que c'est à vous qu'il revient de faire le choix final de votre guide.

2. Votre refuge intérieur plutôt qu'un guide

Après avoir effectué cet exercice, certaines personnes ne font pas appel à un guide et préfèrent se rendre dans un endroit comme un parc, un pré ou dans une pièce de la maison où elles se sentent créatives. C'est là qu'elles se sentent en sécurité et en paix. Elles y trouvent la lucidité et des sources de connaissance qu'ils ne semblent pas avoir en temps ordinaire.

▲ Exercice : rencontre avec votre Moi supérieur dans votre refuge intérieur

1. Détendez-vous et fermez les yeux. Imaginez que vous vous trouvez dans le lieu le plus agréable et le plus paisible que vous connaissiez.

2. Faisant appel à votre intuition, imaginez ce que serait votre vie si vous vous sentiez totalement vous-même, sans aucune restriction, en toute liberté, au-delà des pensées, des sentiments et des sensations physiques. Votre Moi supérieur, comme une fleur épanouie, vous représente lorsque vous exprimez totalement votre potentiel.

3. Invitez votre Moi supérieur à rester un moment en votre compagnie. Ouvrez-vous à l'amour infini qu'il vous porte.

4. Demandez-lui s'il a un message à vous communiquer. Celui-ci peut se traduire par un dialogue intérieur, une image, une personne, un symbole, un don, un son, une couleur ou bien une sensation.

5. Si vous êtes malade, demandez à votre Moi supérieur de vous aider à guérir complètement et pleinement en accord avec ce qu'il y a de meilleur en vous.

6. Remerciez votre Moi supérieur lorsque vous sentez que la communication est terminée.

7. Quand vous êtes prêt, prenez une inspiration profonde, ouvrez les yeux ; vous vous sentez maintenant complètement éveillé.

Remonter à la source

« Une vague sur l'océan a un début et une fin, elle naît et meurt. Mais le Sutra du Cœur nous enseigne que la vague est vide. Elle est pleine d'eau, mais vide en ce sens qu'elle ne possède pas de moi propre. Une vague est une forme dont l'existence est rendue possible par celle du vent et de l'eau. Si elle ne voit que sa forme, avec son début et sa fin, elle aura peur de la naissance et de la mort. Mais si elle se perçoit comme étant de l'eau, elle s'identifiera à elle et s'émancipera ainsi de la naissance et de la mort. Toutes les vagues naissent et doivent mourir, mais l'eau, elle, est libre de la naissance et de la mort. »

Thich Nhat Hanh.

Le processus qui consiste à remonter à la source est un approfondissement du processus holoénergétique, qui vous permet de découvrir l'origine d'une maladie ou d'un traumatisme, puis d'intervenir directement sur cette origine.

Commencez par vous détendre en respirant profondément à plusieurs reprises. Fermez doucement les yeux, entrez en vous-même et dirigez-vous vers l'endroit le plus agréable et le plus paisible que vous connaissiez. Faites alors appel à votre Moi supérieur – ou guide intérieur – pour qu'il vous aide à résoudre votre problème.

Etape 1 : la reconnaissance

Identifiez le problème ou le sentiment que vous souhaitez changer. Gardez-le à l'esprit et revivez-le. Prenez une inspiration profonde et, en expirant, prenez note de la partie du corps vers laquelle se dirige votre attention.

– Dans quelle partie du corps le problème semble-t-il se poser ?
– Décrivez ce qui vous vient à l'esprit, qu'il s'agisse d'une sensation, d'une image ou d'un symbole.
– Décrivez sa taille, sa forme, sa couleur.

Donnez à cette information intuitive et à cette énergie une forme tangible au travers de laquelle elles peuvent se manifester.

Etape 2 : la résonance

Identifiez-vous à la forme en vous concentrant dessus, tout en inspirant profondément et en gardant votre respiration un moment. En expirant, accompagnez votre esprit jusque dans la forme et immergez-vous dedans.

– Que ressentez-vous une fois à l'intérieur de cette forme ? Décrivez les sensations, les sentiments et les images qui vous viennent à l'esprit.

– Avez-vous une sensation d'oppression, de solitude, d'obscurité, de lourdeur, de douleur ou, au contraire, de légèreté, de paix ou de liberté ?

– Quelles sont vos émotions ?

– S'agit-il de peur, de colère, de tristesse ? Vous sentez-vous blessé, engourdi ou au contraire gai ?

Essayez alors de vous rappeler la première fois que vous avez ressenti des émotions semblables. Revivez cette expérience, avec les mêmes sentiments, les mêmes émotions, le plus intensément possible.

– Qu'en êtes-vous alors venu à penser de vous-même, des autres et du monde en général ?

– Quel credo avez-vous choisi à votre propre sujet et à propos de la vie en général ?

Pour découvrir l'intention de la force vitale qui se dissimule derrière ces sentiments, demandez-vous ce que vous vouliez réellement ressentir au-delà de ces émotions.

– Que vouliez-vous réellement ressentir ?

– Comment vouliez-vous vous voir ?

– Que vouliez-vous entendre dire à votre sujet ?

Représentez-vous cette force vitale comme une forme, une image ou un symbole. Peut-être y a-t-il une personne ou une présence, réelle ou imaginaire, vivante ou morte, qui représente pour vous cette force, par exemple un être mythique ou un grand-parent, une fleur, le ciel, l'océan…

Vous pouvez aussi demander à votre Moi supérieur, à votre guide intérieur, de vous aider à susciter cette nouvelle forme, qui pourra être votre Moi supérieur lui-même.

Etape 3 : la libération

Maintenant que vous avez reconnu et compris les sensations, les sentiments profonds, les choix, les croyances et la motivation de la force vitale que recèle ce problème, vous êtes prêt à changer la forme.

– Prenez une inspiration et retirez votre esprit de la forme originale dans laquelle il était immergé. Une fois que vous en êtes ressorti, emportez avec vous le symbole ou l'image de la motivation de sa force vitale.

– En expirant, sentez ou visualisez à la fois l'image de la forme originale et la nouvelle image de la force vitale qui se trouve devant vous.

– Demandez mentalement à l'image originale ce qu'elle considère comme étant sa fonction. Essayez de déterminer comment elle pense vous avoir servi et satisfait vos besoins jusqu'à ce jour.

– Remerciez-la silencieusement pour son désir de se charger de fonctionner à votre place, même si cela devait engendrer une dissonance, et présentez-lui le symbole de la force vitale positive.

– Faites savoir à l'image originale que toute l'énergie qu'elle a dépensée pour vous sera désormais utilisée par la nouvelle image de la force vitale afin d'accomplir plus efficacement ce qu'elle voulait faire.

– Informez l'image originale que sa tâche est maintenant terminée et que le moment est venu pour elle de retourner d'où elle est venue, de libérer son énergie pour qu'elle soit absorbée et transformée en motivations positives.

– Inspirez en imaginant que l'air passe par la forme originale et par la région du corps (ou le chakra) malade. Expirez ensuite vigoureusement au travers de la zone affectée et de la forme originale, avec la volonté de défaire ce schéma et de vous en libérer complètement. Vous devez le voir ou le sentir changer, se transformer, se dissiper comme la lumière dans l'infini. Répétez ce cycle respiratoire deux fois encore.

Etape 4 : la reconstruction

Concentrez-vous à nouveau sur la zone affectée et prenez note de son nouvel aspect et des nouvelles sensations qu'elle vous donne.

– En imaginant que la nouvelle image se trouve devant vous, demandez-lui de vous donner un moyen quelconque de reconnaître et de se souvenir de la vitalité de sa force vitale.

– Faites-lui savoir que vous voulez vous éveiller à son doux murmure au lieu d'attendre les cris de la maladie.

– Intégrez la nouvelle image à votre vie quotidienne en invoquant un signal par lequel elle puisse communiquer avec vous. Ce signal peut être n'importe quoi : un nombre comme par exemple 33, une rose, une étoile, une couleur, un son ou une sensation inhabituels. Accordez-vous sur un signe quelconque dans le monde extérieur, au moyen duquel elle puisse vous murmurer de vous éveiller à votre Moi.

– Demandez à cette nouvelle image ce que vous avez besoin de savoir maintenant. Si vous avez besoin d'une thérapie, faites appel à votre Moi supérieur, ou guide intérieur, pour qu'il vous accompagne et vous aide dans votre démarche.

– Concentrez-vous maintenant sur la nouvelle image, ou présence. En prenant une nouvelle inspiration, imaginez que vous l'aspirez complètement dans la région affectée, l'emplissant de son énergie. Vous devez alors sentir cette énergie irradier votre corps, votre être tout entier.

– Imaginez votre corps baignant dans une lumière dorée.

– Sachez désormais que la guérison s'est accomplie.

Processus facultatifs : vous pouvez arrêter ici ou choisir de continuer avec les étapes du pardon et/ou de l'amour inconditionnel.

Les cristaux

1. Les structures cristallines, transformatrices de l'énergie

Il est possible d'accumuler de l'énergie et de la diriger avec les mains, mais aussi de la compléter à l'aide de cristaux de quartz. J'ai utilisé des cristaux pour transférer et transformer de l'énergie. Dans certains cas, ils se sont révélés des auxiliaires précieux dans mes travaux thérapeutiques.

Au cours des dernières années, l'utilisation des cristaux dans ce domaine a suscité des controverses. Dans le contexte de la thérapie holoénergétique, leur intérêt réside dans le fait qu'ils possèdent des propriétés compatibles avec le transfert et la transformation de l'énergie. Même s'ils ne sont pas indispensables, ils peuvent donc être utiles (1).

Dans cet ouvrage, j'ai évoqué la façon dont l'énergie peut changer de forme. Au niveau physique, la pression vibratoire se change en charge, ou bien la charge est convertie en vibrations, principalement par les structures cristallines présentes dans le corps, comme les os, la membrane des cellules, les cheveux et les poils et dans l'A.D.N. Ces structures sont piézo-électriques, c'est-à-dire qu'elles convertissent la pression en charge électrique et inversement. Cet attribut leur permet de transporter immédiatement l'information et de transférer de l'énergie.

Comme les os et les autres structures du corps humain, les cristaux de quartz sont piézo-électriques. Si l'on applique une pression à un cristal de quartz, il y a libération d'électrons, donc production d'électricité. C'est en raison de leur effet piézo-électrique que ces cristaux sont largement utilisés en électronique, par exemple dans les horloges à quartz, les appareils de radio et dans les aiguilles des électrophones.

Certains cristaux de quartz peuvent amplifier l'énergie par concentration. Si l'on place un cristal rond et clair sur une pièce de tissu, il concentrera les rayons du soleil à la manière d'une lentille et produira assez de chaleur pour brûler le tissu.

1. Voir l'ouvrage de Barbara Walker : *Cristaux, mythes et réalités* (Editions Dangles).

Les cristaux sont également des transducteurs bioénergétiques, c'est-à-dire qu'ils sont capables de transformer et de transférer l'énergie des êtres vivants. Le quartz peut réduire les énergies subtiles dans le spectre électromagnétique, c'est-à-dire le niveau auquel le corps physique fonctionne principalement. Pour le guérisseur, les cristaux de quartz peuvent aider à concentrer et à amplifier la volonté. Ils sont extrêmement sensibles aux pensées et aux intentions. Cela permet de programmer un cristal pour qu'il recherche une résonance énergétique particulière et de se mettre en alignement avec elle. Lorsque l'on entre en résonance avec ce que l'on désire changer, il est plus facile de libérer le schéma énergétique dissonant.

2. Influence d'un cristal sur un champ éthérique

Si vous disposez d'un cristal de quartz, vous pouvez observer ses effets sur le champ éthérique de votre partenaire.

1. Commencez par évaluer son champ éthérique au moyen des baguettes de sourcier, comme décrit au chapitre VI, au paragraphe « Reconnaissance et connaissance intuitive ». Prenez note de l'emplacement du périmètre du champ.

2. Ensuite, demandez à votre partenaire de tenir un cristal de quartz naturel, la pointe vers le haut, contre le milieu de la poitrine. Effectuez alors un nouveau test du champ éthérique. La présence du cristal doit en principe en permettre une expansion notable.

3. Répétez la procédure avec le cristal pointé vers le bas.

Pour déterminer les effets d'un cristal sur votre propre champ énergétique, mettez-le dans une poche. Ensuite, testez votre champ éthérique. Pour qu'il puisse exercer son influence, le cristal n'a pas besoin d'être placé contre la poitrine, pourvu qu'il se trouve à l'intérieur du champ. Cependant, vous remarquerez des différences selon son emplacement. A vous de faire vos propres expériences en le plaçant dans des endroits et des positions différents à l'intérieur de votre champ éthérique.

Pour vérifier quelle est l'influence d'objets tels que les bijoux, une montre ou des bagues quand vous les portez ou quand vous les mettez dans votre poche, vous pouvez procéder à une évaluation au moyen des baguettes de sourcier et d'un miroir.

Rapports entre conscience et amour

« Tout dépend de ce que nous voyons, de la façon dont nous considérons l'existence, du point de vue de notre âme. Etre et Devenir, Un et Beaucoup, tous deux sont vrais et sont une seule et même chose. »

Sri Aurobindo.

1. Pour une cosmologie opérationnelle

Notre propos est ici d'élaborer un langage commun pour la compréhension de la guérison holoénergétique et de l'amour. Cette cosmologie englobe le paradoxe qui consiste à se connaître soi-même en tant qu'individu, tout en étant conscient de ses rapports avec l'Univers et ce, grâce à l'amour.

L'amour infini est la conscience synergique de l'unité. L'amour en expansion jusqu'à l'infini est la conscience et l'énergie des rapports d'une chose à tout et à rien. Comment cela est-il possible ? L'état du tout/rien est le total de l'état potentiel du repos absolu et du mouvement absolu dont dérive tout le reste. On appelle cet état conceptuel également le fond de l'être, le vide, le champ fondamental, l'ordre replié et l'énergie au point zéro. C'est le domaine de l'Univers.

Quand quelque chose vibre, il y a un balancement régulier d'avant en arrière. A chaque changement de direction, il se produit un arrêt temporaire. A cet instant, sa force d'inertie est nulle. Le principe de l'incertitude de Heisenberg – l'un des piliers de la physique quantique – affirme que quand la force d'inertie d'une particule est connue, sa position ne peut être définie. Autrement dit, quand elle est égale à zéro, elle peut théoriquement se trouver n'importe où.

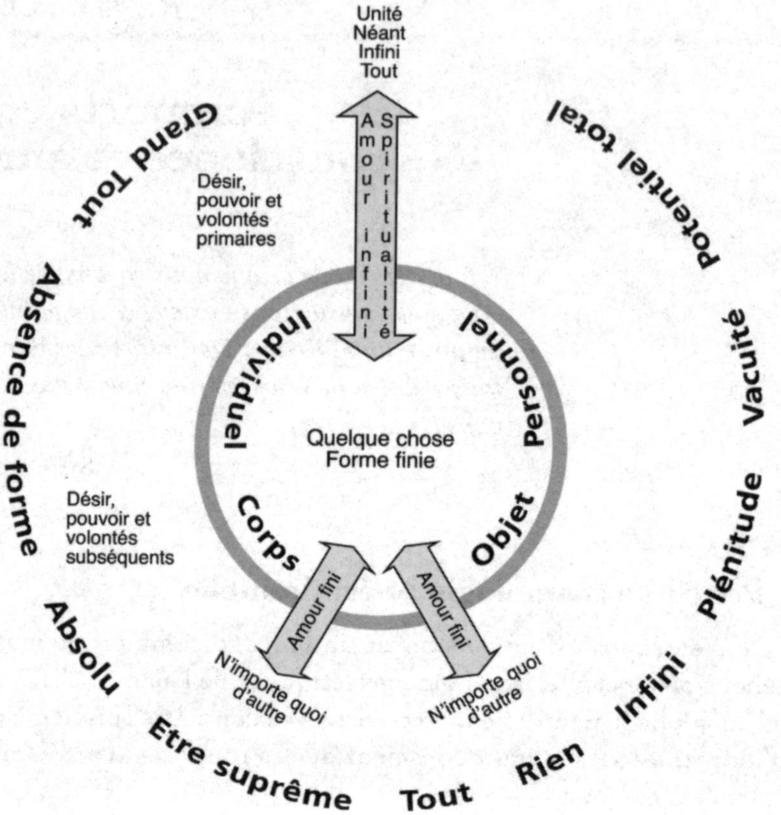

Figure 14 : **cosmologie opérationnelle.**

Itzhak Bentov émet l'hypothèse qu'à mesure que la fréquence d'une vibration s'accroît et que le mouvement entre les périodes de repos se raccourcit, il arrive un moment où les périodes de repos empiètent sur le mouvement. Dans cet état, l'énergie est à un niveau si élevé qu'elle se situe au-delà des fréquences vibratoires. Cela s'applique aussi au « moment angulaire », ou *spin,* où plus le champ est fort plus le spin est rapide, jusqu'à ce que le début et la fin se rejoignent.

Bentov donne à entendre que dans cet état le mouvement est si rapide qu'il est partout à la fois. S'il est partout, il est tout. Il est la pléni-

Voir, de Itzhak Bentov : *Univers vibratoire et conscience* (Editions Dangles)

tude, le tout. Comme il est à la fois tout et partout, il ne peut être mesuré, faute d'élément de comparaison. Il est infini. De ce fait, du point de vue de l'être humain – qui ne peut percevoir le mouvement et le repos que dans un spectre étroit – il est également nulle part et rien. Il est le vide, l'absence de mouvement, le silence (1).

Quand cet état potentiel total de tout/rien est réduit à une vibration, il devient « quelque chose ». Il acquiert une dimension finie.

2. Du tout/rien au « quelque chose »

Les sages et les mystiques ont toujours eu l'intuition que la première étape de cette réduction était la question « Pourquoi ? », ou « Qui suis-je ? », à l'origine de la conscience, c'est-à-dire de l'état initial d'où découle tout le reste.

Le désir du Grand Tout de se connaître lui-même, de répondre à la question « Qui suis-je ? », est la première étape vers la conscience. Il représente le besoin de passer du tout/rien au « quelque chose ». Il s'agit d'un potentiel total d'individuation, de différenciation, de restitution ou de déploiement, qui se transforme en énergie de mouvement. Le désir de se connaître conduit à une séparation de l'état de tout/rien en fréquences vibratoires. Peut-être que tout ce qui se passe lors de toute différenciation – c'est-à-dire lors de la séparation des charges ainsi que des fréquences – est un désir de la nature tout entière de se connaître elle-même et de revenir à l'état du tout/rien, de l'unité/infini (fig. 14).

Le **désir** accroît ou réduit la différence. Il implique le mouvement, en direction de l'objet du désir ou en sens inverse. C'est le désir qui donne sa valeur à tout mouvement. Lorsque l'on obtient l'objet du désir, celui-ci disparaît, le mouvement s'arrête et l'on revient à l'état de repos. Le désir est ce qui nous motive pour nous éloigner de l'unité à la recherche de l'individuation, ou de l'unité vers l'unification et la globalité. Sur le plan physique, le désir est le besoin de se diriger vers la séparation des charges et des fréquences, ou de s'en éloigner. Dans le domaine de la conscience, le désir s'exprime comme étant le besoin d'avancer en direction de l'unité ou de s'en éloigner.

Glossaire de la cosmologie opérationnelle

Désir primaire : désir de passer du "tout/rien", ou unité à "quelque chose" et de quelque chose au tout/rien.

Pouvoir primaire : le mouvement lui-même et l'aptitude à passer de l'unité à quelque chose et inversement.

Volonté primaire : désir persistant et dirigé de se développer depuis l'unité.

Conscience primaire : conscience du désir primaire, du pouvoir, de la volonté et de l'amour.

Conscience pure : conscience sans objet précis. Vacuité, calme, silence.

Amour infini : conscience et énergie du lien existant entre l'unité et "quelque chose".

Amour fini : conscience et énergie du lien existant entre "quelque chose" et n'importe quel autre objet.

Spiritualité : la relation elle-même entre quelque chose ou entre n'importe quoi et l'unité, entre le fini et l'infini, entre la forme et l'absence de forme.

Le mouvement lui-même est **pouvoir.** Le pouvoir potentiel est l'aptitude à se mouvoir, agir ou créer. La volonté d'agir ou de bouger, ainsi que le mouvement lui-même, permettent d'exprimer son pouvoir. En agissant, on exerce son pouvoir potentiel.

La **volonté** est un désir persistant dirigé, et elle s'exprime par l'action (exercice de la volonté) et permet (volontaire) que les choses se fassent. La volonté prend souvent la forme de l'intention, de la détermination, de l'imagination et de l'attente. Le fait de se mettre en alignement avec l'esprit et sa force vitale, et de vivre pour un but sont des manifestations de la volonté. Il en résulte des implications importantes pour la guérison. La volonté de vivre est clairement liée aux objectifs que l'on s'est fixés. Les cas de personnes ayant survécu à une épreuve grâce à leur volonté de vivre ne manquent pas. La compréhension du désir, de la volonté, de l'amour et de la spiritualité permet de favoriser notablement la réalisation de soi.

Evoluer dans la conscience, c'est devenir plus conscient de ce qui se trouvait au niveau de l'inconscient et du subconscient, autrement dit prendre conscience de son Moi. C'est à ce stade que l'on reconnaît le contenu de son propre moi, tel qu'il existe dans la vacuité ou dans les fondations de l'être. Quand celles-ci se mettent à vibrer, le contenu de la conscience prend forme, un peu comme les vagues à la surface d'un océan cosmique. Ainsi, l'interaction du moi avec lui-même produit des ondes dans la conscience.

La **connaissance consciente** est la totalité de l'Univers connu dans l'infini de l'inconnu. Lorsque l'on connaît une chose quelconque, on dit qu'elle est « réelle » ; on parle alors de « vérité ». Connaître et être son moi, c'est ce que l'on appelle la réalisation de soi.

La **conscience** est la pupille de l'œil de la connaissance, qui tantôt se dilate, tantôt se contracte. L'attention est son objectif. Ensemble, connaissance et attention traitent le contenu de la conscience. *L'inconscience,* elle, est le fait de ne pas avoir connaissance du contenu de la conscience. La connaissance sait quel est son contenu. L'attention focalise et retient la connaissance sur le contenu de la conscience.

Amour et pouvoir

- Il est préférable que le pouvoir reste caché tant que la connaissance de l'amour n'a pas révélé de séparation.
- L'amour éveille à la plus grande responsabilité qui soit : la connaissance des relations avec le monde extérieur.
- Agis avec les autres comme tu aimerais que l'on agisse avec toi.
- C'est avec cette connaissance empreinte d'amour que tu peux assumer ton pouvoir de façon responsable.

La conscience et l'amour

Tout ce qui est Un.

Lorsqu'il n'y a que Un, il n'y a pas de conscience.

Le désir de se connaître engendre la conscience.
Dès que Un est connu, la conscience est née.

Le premier échelon en-dessous du Un est le désir :
celui de se connaître :"Qui suis-je ?".

Dès que Un n'est plus seul, les conditions sont réunies
pour l'établissement d'un lien.

La connaissance consciente de ce lien est l'amour.

L'énergie de ce lien est l'amour.

La plus grande partie de ce que nous « savons » se trouve hors de

notre champ de conscience. Un patient sous anesthésie au cours d'une opération « sait » ce qui se passe, mais ne le sait pas consciemment. Plus tard, sous hypnose, il pourra cependant se remémorer les commentaires faits par le chirurgien pendant l'intervention. On a également remarqué que les suggestions positives faites aux patients sous anesthésie permettaient de raccourcir la durée de leur séjour à l'hôpital et d'accélérer leur guérison.

Notre subconscient se charge du traitement homéostatique physiologique du système corps-esprit. Il enregistre, compare et filtre tout ce qu'il capte, un peu à la manière d'un ordinateur, pour savoir comment traiter toutes ces informations.

La **spiritualité** est le rapport entre quelque chose et le tout/rien. De ce point de vue, tout est spirituel. L'amour, par les liens qu'il nous permet d'établir avec le monde extérieur, nous permet de prendre conscience de notre spiritualité. Il y introduit l'énergie du cœur et les sentiments.

C'est l'amour qui enseigne le sens spirituel de la maxime : « Agis avec les autres comme tu aimerais que l'on agisse avec toi. » En donnant et en recevant de l'amour en retour, on prend conscience de ses effets et des responsabilités qu'il implique. Conscient de cela, on peut gérer son pouvoir de manière responsable. C'est cette qualité de la conscience propre à l'amour, associée à la technique du transfert par la respiration, qui devient un instrument particulièrement puissant dans une thérapie.

Dans le modèle de guérison holoénergétique, je décris l'amour comme la conscience du lien qui nous conduit à l'unité. Une fois cette unité réalisée, sujet et objet ne font plus qu'un et disparaissent.

Seul reste l'amour.

L'amour est :

- la conscience de l'unité ;
- l'impulsion énergétique en direction de l'unité ;
- l'action évoquée par cette conscience et cette énergie.

L'amour est :

l'énergie de l'*entre* qui conduit vers l'*au-delà.*

L'amour est :

- espace ;
- silence ;
- unité ;
- tout.

Effets de la volonté humaine sur un système bactérien modèle [1]

J'ai examiné, lors de quatre études extensives, les effets sur les champs énergétiques de la volonté humaine d'accélérer la croissance de bactéries soumises à un produit toxique. Des souches ST1 et ST2 de *Salmonella typhimurium* ont été exposées, dans un environnement stérile, à la croissance d'inhibiteurs, les antibiotiques tétracycline et le chloramphénicol, qui ont tous deux la propriété d'inhiber la synthèse des protéines. La croissance des cellules a été mesurée par spectrophotométrie. Plusieurs échantillons de chaque test ont été exposés à la volonté d'un guérisseur pendant deux minutes pour déterminer si les effets des inhibiteurs de croissance pouvaient être réduits. A chaque échantillon correspondait un échantillon de contrôle, et il a été procédé à une comparaison avec des études extensives sur le périmètre du champ énergétique antérieur.

Le traitement intentionnel, associé à « l'imposition des mains » par Olga Worrell, a eu pour effet de réduire les effets de la tétracycline. Par rapport aux échantillons de contrôle, on a constaté la survie d'un maximum de 121 % de bactéries en plus en présence de 1 µg/ml de tétracycline au bout de 23 heures. La différence maximum observée dans les cultures traitées avec 10 µg/ml de tétracycline était de 28 % de bactéries en plus au bout de 21 heures. Des résultats semblables ont été obtenus pour une dose de 100 µg/ml de chloramphénicol.

Une personne ne manifestant aucune intention particulière se tenait dans la même position par rapport aux échantillons, mais sa présence n'a révélé aucun effet de ce genre sur les bactéries. J'en conclus que le guérisseur exerce une influence qui peut être vérifiée sur la croissance de cultures bactériennes inhibées par différentes doses de différents antibiotiques.

---

1. Extrait d'un article publié dans Psi Research, mars 1983, p. 38-47.

Les lecteurs désireux d'aller plus loin
dans cette recherche peuvent participer
aux conférences et séminaires.
Pour connaître les lieux et dates
des événement organisés en Europe,
vous pouvez contacter :

- Georges NERFIN
lg.nerfin@free.fr
515, chemin des Clos - 06220 Golfe Juan (France)
tél. 04 93 63 88 97

- Marie-Claire BARSOTTI
marieclairebarsotti@hotmail.fr
tél. 03 86 91 01 64
(France, en mai, juin, novembre, décembre)
et 0091 413 2622762 (Auroville, Inde)

- Victoria VICENTE
victoriavicente@centrecelestine.com
Centre Célestine - 5 Côte Vieille
11120 Ventenac en Minervois (France)
tél : 04 68 49 29 24
www.centrecelestine.com

Vous pouvez également vous connecter :

www.laskow.net
et version française :
www.awakeningthroughlove.net/Laskow_net/FR/index.shtml

Table des figures

Table des exercices

Table des matières

Deuxième partie

Troisième partie

Table des matières

Guérir par l'Amour

L'impression de cet ouvrage a été réalisée
par la Nouvelle Imprimerie Laballery
Z.I. rue Louis Blériot - 58500 Clamecy
03 86 27 55 55
pour le compte des Editions Valentine
122 avenue Ernest Renan - 94120 Fontenay-sous-Bois
01 48 75 72 40 - g.dulier@wanadoo.fr

Dépôt légal : novembre 2011
N° d'impression : 111267

Imprimé en France

La Nouvelle Imprimerie Laballery est titulaire de la marque Imprim'Vert®